혁신고등학교 졸업생들이 전하는

진짜 **공부**

혁신고등학교 졸업생들이 전하는

진짜 공부

발행일	2014년 5월 30일 초판 1쇄 발행
	2015년 12월 21일 초판 2쇄 발행
지은이	김지수 외
발행인	방득일
편 집	신윤철
디자인	강수경
마케팅	김지훈

발행처	맘에드림
주 소	서울시 중구 묵정동 31-2 2층
전 화	02-2269-0425
팩 스	02-2269-0426
e-mail	nurio1@naver.com

ISBN 978-89-97206-20-9 13370

※ 책값은 뒤표지에 있습니다.

※ 잘못된 책은 구입처에서 교환하여 드립니다.

혁신고등학교 졸업생들이 전하는

진짜 공부

김지수 외 지음

맘에드림

혁신학교는 2009년 9월 김상곤 교육감이 당선된 후 경기도에서 먼저 시작되었다. 2011년 3월 23개 혁신학교가 지정되며 서울에서도 본격적으로 혁신학교의 닻이 올랐다. 서울, 경기 뿐 아니라 강원, 광주, 전남, 전북 등 진보 교육감이 당선된 지역에서는 모두 새로운 공교육의 모델을 만들어 우리 교육의 뿌리 깊은 폐해들을 극복하기 위한 혁신학교 실험이 시도되고 있다. 지난 5년 동안 혁신학교의 성과들이 나타나면서 전국적으로 확산되어 현재 500여 개를 넘어서고 있다.

혁신학교는 우리 교육사에서 완전히 새로운 시도이고 실험이다. 따라서 누구도 혁신학교의 상에 대해 구체적인 그림을 그리지 못했으며 그 성공을 입증할 수 없었다. 기존의 학교 체제에서 버려야 할 것들은 분명하였으나 새롭게 만들어야 할 것들은 단지 철학과 방향이라는 추상적인 것들뿐이었다. 이제 짧게는 3년, 길게는 5년의 혁신학교 경험을 통해 다양하고 구체적인 혁신학교의 상들이 그 모습을 드러내고 있다.

입시지상주의 사회에서 혁신고등학교를 실험하다

경쟁과 서열 중심의 교육 대신에 소통과 배려의 공동체성을 키우는 교육, 문제풀이식·주입식 수업 대신에 학생들의 참여로 이루어지는 배움 중심의 수업, 지시와 통제 중심의 권위주의적 학교 문화 대신에 상호 존중의 민주적인 학교 문화를 실천하려는 것이 혁신학교의 공통점이다.

그러나 혁신학교가 지향하는 이러한 방향은 특히 입시 위주의 우리 교육 풍토에서 대학 진학을 가장 큰 목표로 삼을 수밖에 없는 인문계 고등학교의 존립 근거와 어떻게 조화를 이룰 수 있는가 하는 문제를 현실적인 과제로 던졌다. 혁신학교가 고등학교에서도 성공할 수 있을까? 모든 사람들이 불안한 눈길로 지켜보고 있었다. 이 책은 우리의 이런 질문에 불안한 마음을 지워도 된다고 답하고 있다. 아니 오히려 경쟁과 서열 중심, 문제풀이식 입시 교육이 아닌 제대로 된 교육을 통해 고등학교 3년이 행복할 수 있을 뿐 아니라 대학 진학에도 도움이 될 수 있다는 가능성까지 보여주고 있다.

서울의 각기 다른 지역 다른 특징을 갖는 4개의 혁신고등학교(배화여고, 삼각산고, 선사고, 인헌고) 졸업생들이 자신이 경험한 3년의 고등학교 교육을 되돌아보며 진학과 진로가 3년간의 고등학교 생활과 괴리되지 않으면서 어떻게 통합적이고 내실 있게 이루어질 수 있는지를 생생하게 보여주고 있다. 사교육의 효과나 계층 효과가 아니라 학교 효과가 무엇인지를 이처럼 잘 보여주는 것이 또 있을까 싶다.

우리 모두는 입시 지상주의 현실 앞에서 고등학교 교육이 얼마나 왜곡되어 있는지 너무도 잘 알고 있다. 소수의 상위권 학생들을 위해 다수의 학생들이 들러리 서며 소외된 3년을 보내야 하는 것이 우리들의 우울한 자화상이다. 설사 성공적으로 대학에 진학한다 하더라도 자신의 적성과 재능을 발견하며, 자신의 미래의 삶에 대해 구체적으로 고민해 볼 겨를도 없이 오로지 성적에 맞는 학교와 학과를 선택해야만 하는 비극이 벌어지고 있다. 그래서 우리는 학교마다 걸러있는 플래카드의 대학 진학생 숫자가 결코 그 학교 교육의 성공을 입증하는 것이 아님을 알고 있으면서도 그 틀에서 벗어나기를 두려워하고 있다.

그러나 이 책에서 이야기되고 있는 혁신고등학교 졸업생들의 경험을 통해 현재의 입시 체제하에서도 자기 성장과 결부된 진로 진학 교육이 결코 불가능한 것이 아니라는 것을 확인하게 된다. 물론 이 책 속의 주인공들은 대부분 입학사정관제를 적극 활용하여 진학한 경우들이다. 입학사정관제는 양날의 칼처럼 부모의 재력으로 적극적인 지원을 받을 수 있는 학생들에게 유리한 면도 있지만, 그 취지를 제대로만 살리면 학교교육의 내실화를 통해 단편적인 암기나 문제 풀이만으로는 발견할 수 없는 다양한 가능성을 가진 학생들에게 진학의 길을 열어줄 수도 있는 제도이다. 그런 점에서 입학사정관제의 비중을 축소하려는 교육 당국의 최근 정책방향은 몹시 안타까운 일이다. 결국 혁신고등학교의 실험은 학교교육의 내실화와 바람직한 입시 제도의 문제로까지 우리의 고민을 확장시킨다.

어려운 여건에서도 헌신적인 노력으로 고등학교 교육의 새 길을 열고 있는 혁신고등학교 선생님들께 존경과 감사의 마음을 전하고 싶다. 그리고 아이의 진로와 진학 문제를 고민하며 오늘도 학부모와 부모 사이에서 갈등하는 대한민국의 많은 학부모들에게, 즐거운 배움 속에서 진로를 찾고자 하는 학생들에게 이 책이 새로운 가능성을 열어 주리라 확신하다.

북서울중학교 교사
강민정

차 례

진짜

김 지 수

배화여고 졸업생

사람을 위하는
따뜻한 '힐링 건축가'

안도 다다오 작품을 보며 건축가를 꿈꾸다

혁신학교에 입학하기 전 나의 모습은 너무도 소극적이었다. 수업 시간 발표를 하고 싶어도 행여나 틀리면 어쩌나 걱정하고, 겁을 먹는가 하면 참가하고 싶은 대회가 있어도 지레 자신감을 잃고 포기하곤 했다. 지금의 성격과는 매우 다르지만, 학기 초 같은 반 친구들에게 먼저 말을 걸고 다가간 적이 한 번도 없을 정도로 소심했다. 입학사정관제로 대학에 가는 학생들의 모습에선 절대로 찾아볼 수 없는 모습들이 중학교 시절까지의 내 모습이었다.

나는 중학교에서는 학생들 모두가 참여하는 사생 대회나 백일장, 수학, 과학 경시대회 등 기본적인 프로그램에만 참여했고, 희망자만 참여하는 행사에는 거의 참여하지 않았다. 이런 모습들 때문에 대부분 친구들이 그러하듯 평범한 고등학교에 진학해 공부를 해서 수능을 보고 대학교에 진학할 생각을 했었고 입학사정관제는 특별한 학생들이나 준비하는 것이라는 생각을 갖고 있었다.

중학생 때 성적은 좋은 편이었다. 수업을 열심히 듣고 필기하고 공부하면 성적은 잘 나올 수 있었지만, 중요한 것은 수업에 흥미를 전혀 느끼지 못한다는 것이었다. 내가 이 과목, 이 내용을 왜 배워야 하는지 알지도 못한 채 그저 칠판에 필기된 내용을 그대로 베끼고 기계처럼 외우는 것이 '대체 나에게 무슨 도움을 줄 수 있을까?'라는 생각을 자주 했다. 수업 자체가 일방적인 강의식 수업이었기 때문에 성적은 좋을 수 있었으나 흥미는 전혀 가질 수 없었다.

어렸을 때부터 미술 쪽에 관심이 많았고 미술을 전공하고 싶었다. 그런데 중학교 시절 건축가 안도 다다오(安藤忠雄)의 작품을 접하게 되어 건축에 관심을 갖게 되었고 건축가에 대한 꿈을 키우기 시작했다.

어렸을 때부터 미술에 관심이 많았던 나는 중학생이 되어 건축 디자인을 접하였고 그 웅장하고 화려한 모습에 이끌려 건축가에 대한 꿈을 키우기 시작했다.

초반에는 단순히 외적으로 아름답기만 한 건축물을 선호했었다. 그 건축물이 왜 그런 디자인으로 지어져야 했는지 저것에 어떤 의미가 담긴 것인지 생각하기보단 그냥 눈앞에 보이는 아름다움에만 치중했던 것이다. 그러나 중학교 때 우연히 안도 다다오의 건축물을 책으로 접하게 되면서 그 생각은 바뀌기 시작했다. 처음 본 안도 다다오의 작품 〈빛의 교회〉를 통해 나는 '차가운 콘크리트로 가장 따뜻한 공간을 창조해낸다.'라는 생각을 하였다. 오직 차가운 콘크리트로 둘러싸인 벽 틈 사이로 들어오는 십자가 모양의 빛에서 나는 따뜻함을 느낄 수 있었고 단순한 구조이지만 빛이라는 자연물과의 조화를 통해 고요하면서도 힘 있는 건축을 할 수 있다는 것에 큰 감명을 받았다. 그때부터 건축에 호기심이 생기기 시작했고 내가 상상했던 것보다 건축의 세계는 너무도 넓다는 것을 알게 되었다. 철학을 담은 건축이 무엇일지 궁금했고 안도 다다오와 같이 따뜻한 건축물을 지어보고 싶다는 생각을 하게 되었다.

 하지만 고등학교에 입학하고 익숙했던 환경에서 벗어나 버스로 통학을 하며 접한 환경 속에서 나는 건축에 대해 또 다른 생각을 하게 되었다. 버스로 통학할 때 북아현동과 충정로, 서대문 일대를 지나쳐야 하는데, 아현동이 막 재개발을 하고 있을 시기 1인 시위를 하고 있는 북아현동 철거민의 모습, 재개발 현장을 보며 내가 우리나라에서 해야 할 건축이라는 것이 중학교 때 막연하게 동경했던 화려하고 아름다운 것이 아닐 수도 있겠다는 생각을 하였다.

 사람이 기본적으로 갖추어야 할 세 가지, 의식주 중에 가장 중요한 것은 '주'(住), 바로 외부로부터 나와 가족을 보호해주고 피곤할 땐 맘 편히 쉴 수 있는 집이라는 생각을 해왔던 나는 사람들이 행복하게 살 수 있게 하는 것이 집이고 그런 좋은 일을 건축가들이 하는 것이라고 생각해왔었기에 건축가는 정말 행복한 직업이라는 생각을 해왔었다. 하지만 내가 본 현실은 그렇게 아름답기만 한 것은 아니었다. 가난한 사람들을 위해 '짠' 하고 집을 지어주는 것은 현실 속에서는 거의 없는 일이었고 건축가는 그저 의뢰인의 의뢰를 받아 설계를 하고 집을 지어주는 사람이라는 생각을 하기 시작하며 내 환상은 깨지기 시작했고 철거민이 너무도 안타까웠고, 건축을 통해 그들을 돕고 싶다는 생각을 하였지만, 내가 건축으로 할 수 있는 일이라고는 그들을 돕기는커녕 돈을 벌기 위해선 돈 많은 의뢰인 편에 서서 몰아내는 역할일 수도 있겠다는 생각을 하였다. 고등학교에 다니면서 점차 바쁜 생활 때문에, 내가 건축가가 되어도 그들에게 해줄 수 있는 것이 없다는 생각을 한 나는 기억 속에서 그들을 잊고 살아가기 시작했다. 그리고 예전처럼 건축가에 대해 아름다운 환상을 키우고 있었다.

낯선 곳에 도전하고 싶은 마음으로 혁신학교를 지원하다

처음엔 배화여고라는 학교가 혁신학교인지 몰랐다. 홍익대 근처에서 태어나고 자란 나는 초등학교, 중학교 모두 계속 같은 동네에서 학교를 다녔기 때문에 다른 지역 고등학교에 대한 정보를 전혀 갖고 있지 않았다.

중학교 3학년, 늘 소극적인 학창 시절을 보내왔던 나는 새로운 환경, 낯선 사람들이 많은 고등학교에 진학해 나를 변화시키고 싶다는 생각을 하였고, 같은 중학교 친구들이 많이 가지 않는 고등학교에 진학하고자 하였다. 다른 지역 고등학교에 대한 정보가 없던 나에게 한 친구가 종로구에 위치한 배화여고에 대해 알려주었고 관심을 갖고 배화여고에 대해 알아보기 시작했다.

100년이 넘는 전통을 자랑하고, 많은 인재들을 배출한 학교이기에 일단 사람들의 평판이 매우 좋았고 학습 분위기도 좋다는 이야기에 호감이 갔다. 그리고 오랜 전통을 자랑하고 있는 만큼 학교의 건물들이 인상적이었다. 그렇게 배화여고를 1지망으로 지원을 하였고, 운이 좋게도 배화여고에 입학할 수 있게 되었다.

선생님들의 특성일 수도 있겠지만, 우리 학교는 유난히 수업 시간마다 발표하는 기회가 많았다. 단순히 손을 들고 간단한 대답을 하는 것이 아닌 다음 시간 과학 수업 내용을 공부해 와서 친구들 앞에서 일일 선생님이 되는 것, 국어 시간에 아무런 제약을 두지 않고 자유 주제로 어떤 방식을 써도 상관없이 발표를 하는 것, 기행문을 읽고 자신만의 기행을 프레젠테이션으로 만들어 와서 친구들 앞에서 소개하는 발표 등 주로 다른 친구들에게 자신의 의견을 전달하는 수업이 대부분이었다. 또한, 창의적 체험활동 시간에 다른 학교는 대부분 보충수업을 하거나 자습을 하는 반면, 우리 학교는 자신의 장래 희망에 대해 구체적인 정보들을 조사해 와서 친구들 앞에서 발표하는 시간을 갖기도 하였다.

무작정 똑같은 책상에 앉아서 똑같은 공부를 하는 것이 아닌 학생 개개인마다의 특성을 살릴 수 있는 공부를 할 수 있었다. 예를 들면 '학술제'와 같은 활동이 있었다. CA 부서들이 전시, 발표하는 축제와는 별개로 학술제는 1년 동안 학생들이 자체적으로 조직한 동아리별로 그간의 결과를 전시하거나 발표하는 프로그램이었는데, 보고서 대회에서 수상한 작품들을 전시해 다른 학생들에게 좋은 본보기가 되기도 하였다.

이런 비교과 활동, 프로그램뿐만 아니라 선생님들과 학생들 간의 관계에서도 다른 학교와는 조금 달랐다. 점심시간 학교 건물 앞에서 선생님들과 함께 배드민턴을 치거나 등나무 벤치에 앉아

이야기를 나누는 등 학생들과 선생님들과의 관계에 벽이 없었고, 1년에 두 번 '왕따 없는 학교 만들기'라는 제목으로 전교생이 삼겹살 파티를 여는데, 이런 과정 속에서 반 친구들끼리 더욱더 단합될 수 있었고 잘 몰랐던 친구들과도 더욱 친해지는 계기가 될 수 있었다. 여러 가지 프로그램들을 통해 선생님과 학생들이 잘 어울릴 수 있게 해주었고 그런 점이 학생들이 즐거운 학교생활을 할 수 있게 해준 요인이 된 것 같다.

'하고 싶은 것'을 찾는 것이 좋다는 선생님의 조언

이미 중학교 때부터 건축가에 대한 꿈을 키워왔던 나였지만, 1학년에서 2학년으로 올라가는 시기, 문과 이과 계열 선택을 하며 큰 고민을 했다. 건축과에 진학하려면 대부분은 이과를 가야 하기 때문에 당연히 이과를 생각하고 있었지만, 국어와 사회 등 문과 과목이 수학, 과학 등 이과 과목보다 월등히 성적이 좋았고 흥미도 문과 과목에 있었다. 문과를 선택할 경우 어렵사리 교차 지원을 하거나 다른 학과에 진학할 수밖에 없는 상황이었고 이과를 가게 되면 이과 과목에서 나보다 잘하는 친구들 때문에 대학 진학에 어려움을 느낄 것 같았다.

잘하는 것과 하고 싶은 것 중 고민을 하고 있을 때 이과를 갈 수 있도록 결정을 도와주신 분이 바로 1학년 때 담임 선생님이셨다.

건축에 관심이 많은 것도 아셨고, 오랫동안 건축을 꿈꿔왔다는 것을 아셨기에 하고 싶은 일을 하는 것이 맞는 것 같다는 조언을 해주셨다. 건축이라는 학문이 꼭 수학과 과학 등 이과적인 성향이 뛰어나다고 해서 좋은 것이 아니고 여러 학문이 융합된 것이 바로 건축이기에 다양한 분야에 지식이 해박할수록 좋고 문과, 이과로 정확히 나뉘는 직업은 별로 없다는 것이 선생님의 말씀이셨다. 그 말씀을 듣고 용기를 얻어 나는 이과에 진학하였다. 초반에는 성적이 주춤했지만 열심히 할수록 점차 향상될 수 있었다.

탐구 보고서 '한옥 소멸의 원인과 해결 방안'

우리 학교는 보고서 대회나 학술제 등 학생이 진로 활동을 할 수 있게 다양한 비교과 프로그램을 실시하였는데 특히 학기마다 학교에서 열린 보고서 대회가 입학사정관제에 특히 큰 도움이 되었다. 보고서를 제대로 써본 경험이 없는 나는 학교 특활 시간에 '탐구보고서쓰기반'에 들어가 처음으로 보고서를 작성하기 시작했다. 그 당시 입학사정관 전형을 준비하고 있었던 것은 아니었지만, 담임 선생님이 탐구보고서쓰기반의 담당이셨기에 선생님과 친해질 수 있는 기회이기도 했고 내가 알아보고 싶은 내용을 내 힘으로 조사해서 보고서를 써낸다는 것이 흥미로웠기에 시작하게 되었다.

배화여고를 다니기 전 나는 전통 건축물보다는 현대 건축물에 익숙했고 유리나 콘크리트로 지어진 화려한 건물들을 선호했었다. 그런데 우리 학교가 위치한 종로구 서촌을 오가며 한옥과 근대 건축물들을 접하기 시작했고 한옥의 아름다움에 매료되어 관심을 갖기 시작했다. 그러다가 점차 사라져가는 한옥에 대한 안타까운 마음을 가지게 되었고 첫 보고서의 주제를 '한옥 소멸의 원인과 해결 방안'으로 정하게 되었다. 전문적인 지식은 부족했지만 처음으로 인터넷이 아닌 책과 현장 답사를 통해 보고서를 작성하였고, 열심히 준비한 덕에 나는 처음으로 참가한 보고서 대회에서 금상을 수상할 수 있었다. 입학사정관 전형을 준비했던 것은 아니었지만 내가 관심 있는 분야에 꾸준히 관심과 열정을 둔 것이 좋은 결과를 얻게 해주었다.

3학년 때는 화려한 북촌과 대비하여 소박한 분위기의 '서촌'을 보고서의 주제로 탐구 보고서를 썼다. 여러 역사 유적지, 골목길 사이사이, 서울의 얼마 남지 않은 재래시장인 통인시장 등 내가 3년간 학교를 다니며 제대로 알지 못하던 것에 대해 탐구하는 시간을 가질 수 있었고, 크고 웅장한 건축물은 아니지만 소박하고 사람들의 삶이 살아 숨 쉬는 동네를 접하는 것도 건축가를 꿈꾸는 학생으로서 매우 좋은 경험이라는 것을 느낄 수 있었다.

과학 동아리에서 '전자 폐기물 수거 캠페인' 활동

보고서 대회 외에도 학교에서 쉽게 할 수 있는 활동은 바로 동아리 활동이다. 여러 친구들과 동아리를 결성해 활동을 하면 혼자보다 아무래도 더 다양한 활동을 할 수 있는데, 나 역시도 2학년 때부터 2년간 과학 동아리 활동을 하였다. 그중에 가장 인상적이었던 활동은 교내에서 폐휴대폰, 폐건전지 수거 캠페인을 벌인 것이다.

폐휴대폰과 폐건전지를 재활용하지 않고 그냥 버리는 경우, 그것이 환경오염을 일으키는데, 우리는 그것에 주목하여 교내에서 휴대폰과 건전지들을 수거해 그 속에 주요 금속을 추출하여 다시 유용하게 활용할 수 있도록 돕는 일을 하였다. 아침 일찍 친구들과 등굣길에 나가 학교에서 폐휴대폰과 폐건전지 수거 캠페인을 한다는 피켓을 들고 홍보를 하였고, 각 반을 돌며 캠페인의 취지에 대해 설명하여 많은 학우들의 참여를 불러일으켜 좋은 성과를 거둘 수 있었다.

또한 거기서 그치는 것이 아니라 여름방학에는 수거된 폐전지들 속에서 금속을 추출해내는 SR센터에 다 같이 견학을 갔다. 그곳에서 폐휴대폰과 폐건전지에서 실제로 금속이 추출되는 과정과 폐전지가 환경에 어떤 영향을 미치는지 배우는 시간을 가질 수 있었다. 그 전에는 과학이라는 과목을 배우며 여러 지식을 머릿속에 넣고 배우려고만 했었지 단 한 번도 직접 행동에 옮겨본 적이 없었는데, 작은 일이지만 환경 보존에 힘쓸 수 있어서 뿌듯함을 느낄 수 있었다.

그리고 매월 그 달의 이슈가 되는 과학 주제를 선정하여 친구들과 보고서를 작성하기도 하였고, 세탁 세제와 천연 세제를 주제로 한 학술제 논문을 써서 학교에서 주최하는 학술제 제1회 대상의 주인공이 되기도 하였다.

동아리를 통해 스펙을 쌓을 수 있었던 것도 좋았지만, 무엇보다 2년간 동아리 활동을 통해 '적극적으로 참여하는 자세'를 얻을 수 있어서 좋은 경험이었다.

3년 동안 가장 크게 배운 것은 '리더십'

양로원이나 고아원에 가 봉사를 하는 다른 친구들과 달리 나는 혁신학교에서 조금 새로운 봉사를 할 수 있었다. 바로 '벽화 그리기' 봉사 활동이다. 학교에서 진행하는 '아름다운 학교 만들기'라는 제목의 프로젝트에서 교내 복도에 벽화를 그리는 작업에 참여했다. 처음에는 단순히 그림 그리는 것이 재밌어서 시작한 활동이었지만, 값진 경험을 할 수 있었다.

넓은 벽을 모두 흰색 페인트로 꼼꼼히 칠한 뒤 연필로 밑그림을 그리고 작업을 시작했는데, 벽화 작업을 처음 시작했을 때는 손도 닿질 않는 넓은 벽을 어떻게 칠할까 고민했고, 체력적으로 너무 힘들었지만, 벽화를 배경으로 사진을 찍는 친구들, 벽화 앞 벤치에 앉아 도란도란 이야기를 나누는 친구들을 보며 우리가 정말 의미 있는 활동을 했다는 것을 깨달을 수 있었다. 벽화를 그림으로써 우리가 생활하는 공간을 전혀 새롭게 바꾸고 생기를 불어넣어 준다는 것이 너무도 재밌는 경험이었고, 행복해하는 친구들을 보며 보람을 느낄 수 있었다.

혁신학교에 입학한 이후, 내가 가장 많이 변한 것이 있다면 바로 리더십이다. 자신감도 존재감도 부족했던 나는 초등학교 때부터 임원을 하는 친구들은 정해져 있다는 생각을 해왔었다. 중학교에 올라가 학급 임원에 추천을 받아도 기권을 하였고, 자신감이 부족해서 해보기도 전에 나 같은 사람은 하지 못한다는 생각을 하며 먼저 포기하였다.

하지만 나는 내성적인 성격을 고치기 위해 일부러 새로운 환경의 고등학교에 진학을 하였고 처음에는 다소 힘들었지만, 수업 시간 발표를 하며 자신감을 얻을 수 있었고, 동아리 활동이나 보고서 대회 같은 각종 교내 활동을 통해 새로운 일에 도전하는 것에 점차 익숙해지기 시작했다. '뭐든지 겁먹지 말고 도전해보자'라는 생각을 해왔던 나를 친구들은 1학년 2학기 회장으로 뽑아주었다.

그렇게 난생 처음 학급 임원이 된 나는 나를 믿어준 친구들이 고맙기도 했고 처음 맡는 직책에 힘들기도 했었다. 고등학교에 입학하고 조금씩 고쳐지긴 했지만 여전히 소심한 성격 때문에 반에 중요한 전달 사항을 전달하지 못하는 경우도 있었고, 우유부단한 성격 탓에 빠르고 현명한 판단을 내리기도 버거웠다. 10년 가까이 반에서 평범한 구성원, 누군가에 매번 의지하려고 하고 이끌려만 다니던 내가 이젠 상황이 바뀌어 친구들을 이끌어야 한다는 생각을 하니 고민도 많았고, 탈도 많았다.

하지만 그럴 때일수록 포기하지 않고 부족한 점을 고치려고 노력을 하였고, 모르는 것은 회장 경험이 많은 친구들에게 물어보고 반 친구들과 최대한 소통하려고 노력하였다. 친구들의 위에 서서 무언가를 시키고 강요하는 리더가 아닌 내가 먼저 본보기를 보이고 행동하는 리더가 되어야겠다는 생각을 하며 카리스마 있고 멋있는 회장은 아니었지만 항상 열심히 반을 위해 뛰어다니는 회장으로 자리매김하게 되었다.

그렇게 나는 절대로 될 수 없을 줄만 알았던 리더가 되어 3년 동안의 고등학교 생활을 할 수 있었으며, 학급의 일 외에도 고등학교 3년간 회장을 통해 여러 사람들과 소통하는 법, 자신감과 경험 등 많은 것을 얻을 수 있었다.

국어 시간 나만의 기행문 '서울 건축기행'

고등학교에 입학하기 전까지만 해도 발표라고는 누군가가 시켜서 하는 것밖에 해보지 않았지만, 프레젠테이션 발표 수업이 유독 많았던 국어 시간, 기회가 생기는 대로 자원해서 발표를 하였다.

교과 내용과 관련된 발표와 더불어 자유 주제로 발표를 하며 나는 내가 관심을 갖고 있는 건축에 관련된 진로 활동을 함께 할 수 있었다.

1학년 국어 시간 정철의 관동별곡을 배우고 있던 우리에게 선생님은 '자신만의 기행문 쓰기'라는 주제로 프레젠테이션 발표 과제를 내주셨고 나는 이것을 건축과 연관시켜 발표를 준비했다. 생물이나 화학처럼 건축은 고등학교에서 따로 배우는 과목이 아니었기에 내 나름대로 수업 시간에 충실한 동시에 진로 활동을 할 방법을 고안해낸 것이다.

평소 걷거나 버스를 타고 서울 시내 곳곳을 구경하는 것을 좋아하던 나는 '서울 건축기행'이라는 주제로 종로 인사동, 북촌, 삼청동 등의 전통 건축물들과 강남의 대표적인 현대 건축물들을 찾아 여행하여 기행문을 준비했다.

학교에서 가까운 북촌은 반 친구들이 자주 가본 곳이기도 하지만 일상생활 속에서 그냥 지나쳤던 건축물에 대한 이야기를 재조명할 수 있었다. 그리고 강남의 화려한 건축물을 접해보지 못한 친구들에겐 건축의 웅장함과 아름다움을 알릴 수 있는 좋은 기회였다. 또한 나 역시도 건축 답사를 통해 많은 정보를 얻을 수 있었던 계기였다.

이외에도 자유 주제를 한 발표에서 건축물과 관련된 발표를 하거나 창의적 체험활동 시간 건축가에 대한 발표를 하며 항상 수업 시간 진로와 연관시키려고 꾸준히 노력하였고 이런 과정에서 자연스레 독창적인 나만의 스펙이 쌓이게 되었다.

두려웠지만 최선을 다하자는 마음으로 입학사정관 전형 준비

소극적이었던 성격을 바꾸기 위해 고등학교에 와서는 하고 싶은 다양한 활동을 했고, 그 과정에서 자연스레 소소한 스펙들이 쌓일 수 있었다. 그러나 입학사정관 전형을 준비하는 다른 학생들은 빠르면 중학교 때부터, 또는 늦어도 고등학교 2학년 때에는 입학사정관 전형을 대비하고 스펙을 만들기 때문에 입학사정관 전형을 특별히 염두에 두지 않고 그저 하고 싶은 활동을 하던 나는 그들에 비해 뒤처질 수밖에 없다고 생각하고 있었다. 그래서 3학년이 되어 본격적으로 입시에 뛰어드는 시기에 나는 보통의 친구들처럼 논술이나 수능을 통해 대학을 가려고 했었다. 그런데, 담임 선생님과의 첫 대입 상담에서 입학사정관 전형을 준비해보면 어떻겠냐는 제안을 받았고 그때부터 입학사정관 전형에 관심을 갖고 여러 자료들을 찾기 시작했다.

처음에 입학사정관 전형에 대해 잘 몰랐을 때는 무조건 봉사 100시간 이상, 전국 대회 입상과 같이 엄청난 스펙이 있어야 한다는 편견을 갖고 있었는데, 물론 어느 정도는 사실이지만, 합격생의 대부분이 그게 전부는 아니라고 말을 하였다. 외부 대회보단 교내에서 활동한 것들이 더 중요하게 작용하고, 상을 받는 것보단 그 과정 속에서 내가 얼마만큼 발전했는지가 더 중요한 것이 합격의 포인트라는 것, 또한 스펙의 양보단 질이 중요하고 화려한 스펙을 나열하는 자기소개서보다는 화려하진 않더라도 진정성이 담긴 자기소개서가 훨씬 합격 가능성이 높다는 것 등 입학사정관 전형에 대한 정보를 찾으면 찾을수록 혁신학교를 통해 학교에서 스펙을 쌓아온 나에게 적합하다는 생각이 들었고, 늦었지만 3학년 때부터 입학사정관 전형을 즌비하기 시작했다.

일단 첫 번째로 했던 것은 내가 그때까지 했던 활동들을 분류하는 작업이었다. 불필요한 것들이 있고 정말로 필요한 것들이 있었기에 그런 것들을 분류하여 컴퓨터에 파일 하나를 만들어 쉽게 찾아볼 수 있게 만들어 놓았고, 교내 활동이 입학사정관 전형에서 가장 중요하게 작용되기 때문에 학생부를 뽑아 내가 했던 활동들을 다시 한번 검토하는 작업을 하였다.

입시 준비에서 '입학사정관'이라는 다른 친구들과는 조금 다른 길을 선택한 나였지만, 모든 수험생들이 그러하듯 눈앞이 보이지 않아 두렵고 불안한 마음이 컸다. 특히 매년 지원하는 학생들, 또 그에 따른 수준이 다르기 때문에 합격의 기준이 상대적인 입학사정관 전형에서는 100% 합격이 보장된 학생이라는 것은 거의 존재하지 않는다. 작년에 합격했던 자기소개서, 포트폴리오도 올해 탈락할 수 있고, 해마다 합격하는 학생들의 내신 등급도 조금씩 달라진다. 그렇기 때문에 입학사정관 전형을 준비하는 고3 수험 생활 내내, 옆자리에서 EBS 수능 교재를 열심히 풀고 있는 친구들, 논술 학원을 다니는 친구들을 보며 나도 '수능 공부를 조금 더 해둬야 하는 것이 아닌가?', '내가 이 시기에 입학사정관제에 올인 하는 것은 승률이 적은 도박을 하고 있는 것이 아닐까?' 하고 고민을 했다.

하지만, 이런 고민을 하고 있을 때 일어나지도 않은 일을 미리 걱정하지 말고, 자신이 하고 싶은 방향으로 최선을 다해 한다면 행여 실패를 한다 해도 후회가 되지 않는다는 아버지의 말씀을 듣고 입학사정관 전형에 더욱 최선을 다할 수 있었다. 앞으로 나올 결과에 대한 두려움, 불안감은 컸지만 입학사정관 전형을 준비하며 남들이 고3 때 할 수 없는 값진 경험들을 얻을 수 있었다.

자기소개서를 쓰기 위해 19년간의 삶을 돌아보는 시간을 가질 수 있었고, 그 과정에서 내가 왜 건축을 하고 싶어 하는지 더 명확히 정리할 수 있었다. 대부분의 친구들은 힘든 고3 시절을 지나고 나면 고등학교에서의 3년을 돌아보고 정리할 시간이 부족한데, 나는 3학년 때 보고서를 쓰기 위해 우리 학교가 있는 '서촌'이라는 지역을 탐방하며 친구들과 추억을 쌓을 수 있었고 바쁜 일상 속에서 쉽게 지나쳤던 아름다운 모습들을 발견할 수 있었다. 또한 점수에 맞춰 대학에 가는 것이 아닌 내가 진정으로 하고 싶었던 건축 공부를 하기 위해 건축물 탐방을 가고 건축물 스케치, 스크랩을 하며 포트폴리오를 만들기 위해 밤을 새는 모든 과정들이 너무도 행복했다.

아무래도 혁신학교이다 보니 스펙을 쌓을 수 있는 여러 비교과 프로그램이 많았기 때문에 많은 학생들이 입학사정관 전형을 준비하였다. 그래서 학교에선 방과 후 프로그램에 입학사정관 전형 대비반을 개설하여 3월부터 여름방학 때까지는 담당 선생님들께서 자기소개서 쓰는 법과 첨삭을 도와주셨고 면접 연습도 학교에서 할 수 있었다. 1차 서류 심사에 통과한 친구들은 담임 선생님과 교과목 담당 선생님 두 분을 통해 1:1로 집중 면접 트레이닝을 할 수 있었고, 특히 나는 3학년 때 담임 선생님이 한때 건축학을 전공하셨던 분이라 큰 도움을 받을 수 있었다. 시험이 끝난 날이나 쉬는 날 선생님과 건축학과를 지망하는 몇 명의 친구들과 함께 상암동 에너지드림센터나 월드컵경기장 , 건축 전시회 등을 다니며 건축에 관련된 좀 더 전문적인 정보를 얻을 수 있었다.

자기소개서 첫 질문 :
"왜 건축에 관심을 가졌니? 왜 꼭 건축이어야 하니?"

입학사정관제 하면 가장 중요하게 작용하는 것이 바로 자기소개서와 포트폴리오이다. 15분이라는 짧은 면접 시간 동안 면접관들께서 가장 많이 질문하는 부분이기도 하며 '나'라는 사람을 면접관들에게 어필할 수 있는 가장 중요한 자료가 되기 때문이다. 나는 사실 입학사정관 전형에서 스펙 쌓기보다 더 중요한 것이 자신의 '고등학교 3년을 얼마나 진솔하게 자기소개서에 담아낼 수 있느냐’라고 생각한다.

자기소개서는 모든 대학교에서 세 가지 공통된 질문을 주고 대학마다 한두 개의 원하는 다른 질문을 한다. 여기서 가장 중요한 것은 너무도 당연하겠지만 과장되거나 거짓이 있어서는 안 된다는 것과 네 개의 질문에 대한 내용들이 서로 일맥상통하여 ‘나’라는 사람이 누구인지, 어떤 삶을 살아왔는지, 어떤 가치관을 갖고 있는지 등을 나타낼 수 있어야 한다는 것이다.

내가 가장 어려워했고 오랜 시간과 정성을 들여야 했던 질문은 ‘나의 성장 과정과 이런 환경이 나에게 미친 영향’이라는 첫 번째 질문이었는데, 1000자라는 짧고도 긴 글 속에 내가 평생 꿈꿔왔던 건축에 대한 이야기와 그를 위한 노력으로 내가 어떻게 변화할 수 있었는지 그 이야기를 담아내야 하는 일이었기 때문이다.

고3이 되어 입학사정관 전형을 준비하기 시작하며 건축 관련 활동을 하던 도중 서울역사박물관에서 열린 근현대 건축 전시회를 가게 되었고 관람을 마치고 나온 옆 전시관에서 눈에 띄는 전시회를 보게 되었다. ‘창신동’이라는 동네를 주제로 전시회를 연 것이었는데, 처음에는 이런 큰 박물관에서 특정한 동네에 관련된 전시를 한다는 것이 신기했고 마을 주민들의 노력으로 만들어진 전시이기 때문에 관심을 갖고 관람을 시작하였다.

패션의 중심지인 동대문쇼핑센터 뒤 낙산 자락에 위치하고 있는 창신동은 노동자들의 안식처였고, 그만큼 가난하고 힘겨운 사람들이 서로 의지하며 정겹게 살아가는 아름다운 동네였다. 전시회를 관람하던 나의 눈길을 끈 것은 창신동 쪽방촌을 재현해 놓은 세트였다. 한 사람이 겨우 웅크리고 잘 만한 최소한의 공간밖에 없고 창문 역시 없는 좁은 방, 두 사람이 지나가기엔 너무 비좁은 복도 ……

"쪽방촌은 한번 들어오면 나가는 사람은 내가 알기에는 100명에 1명도 안 돼. 이 동네에서 안 보이면 딱 죽거나 징역 간 거야."

복도 끝에 동네 주민의 인터뷰 내용 중 일부가 적혀있었고 나는 내가 너무나도 행복한 사람이며, 누구는 돈이 많아서 건축가들이 지어주는 으리으리한 집에 살고 누구는 한 평도 안 되는 작은 방에 쪼그려서 자야 한다는 사실에 큰 충격을 받았다. 북아현동 철거민의 모습을 보고도 내가 할 수 있는 일은 없다고 생각하며 현실을 외면했던 내가 너무도 부끄러웠고 반성하게 되었다. 외면을 한다고, 눈을 감는다고 바뀌는 것은 아무것도 없는데 나는 그걸 몰랐던 것이란 걸 깨닫게 되었다.

진정으로 가난한 사람들을 위한 건축을 하고 싶다는 생각을 하며 나는 고3 수험생임에도 불구하고 뒤늦게나마 빈민층 건축과 관련된 신문 스크랩과 독서를 하며 내가 할 수 있는 일을 찾기 시작했다. 그러던 중 『희망을 짓는 건축가 이야기』라는 책에서 미국의 빈민가인 헤일이라는 지역에서 폐타이어, 자동차 유리, 유리병 등을 이용하거나 단체에서 지원금을 받아 집을 지어주는 미국의 한 건축학과 교수 '사무엘 막비'의 이야기를 접할 수 있었다. 나는 빈민층을 위한 건축을 한다는 것이 동화 속에서만 존재하는 이야기가 아님을 알 수 있었고 희망을 얻게 되었다. 자신은 작은 월세 방에서 살아가지만 자신의 삶을 바쳐 무주에서 공공 건축 프로젝트를 진행하신 고(故) 정기용 건축가님, 사회 지도층 인사에게 요구되는 도덕적 의무, 사회에 대한 책임이라는 뜻의 '노블레스 오블리제'의 정신을 건축가의 의무에 대입해 가난한 사람들을 위한 건축을 실천하는 젊은 건축가들의 이야기도 접할 수 있었다. 모두들 물질적으로 가진 것은 부족했지만, 다른 사람들을 위해 자신의 재능과 삶을 바쳐 행복하게 살아가는 모습이었고, 그들의 이야기를 통해 나는 물질적으로 부족한 삶을 사는 사람이 될지라도 어려운 사람들을 돕는 일에 힘쓰고 싶다는 마음과 의지만 있다면 행복할 수 있을 것이라는 생각을 하게 되었다.

그러던 중 본격적으로 자기소개서 쓰기 작업에 들어가는 7월 여름방학이 시작되고, 학교에서 운영하는 입학사정관 전형 대비 방과 후 수업을 통해 여러 선생님들의 조언을 받으며 자기소개서를 쓰기 시작했다. 하지만, 가난하고 어려운 사람들을 돕는 일을 하기에는 건축물을 새롭게 창조해내는 건축학과보단 사회복지학과 같은 학과들이 더 어울린다는 생각을 했고 건축학과 지원 자기소개서에 이러한 내용을 담는 것은 적합하지 않을 것 같다는 생각을 하였다. 그래서 나는 중학교 시절부터 관심을 가져왔던 건축 디자인을 중심으로 자개소개서를 쓰기 시작했다. 무난하긴 했지만 아무런 특징도 진심도 담겨져 있지 않은 자기소개서의 내용은 중구난방이었고, 나는 학교에서 하는 입학사정관 전형 방과 후 담당 선생님의 조언을 들었다. 당장 눈에 띄는 화려한 글을 쓰고 싶었던 나는 선생님이 좋은 글을 쓸 수 있게 도와달라고 하고 싶었지만, 선생님께서 내게 해주신 첫 질문은 "왜 건축에 관심을 가졌니? 왜 꼭 건축이어야 하니?"였다.

이에 나는 건축에 관심을 갖기 시작한 중학교 시절부터 철거민에 관심을 가지기 시작했던 것, 그럼에도 자기소개서에 쓸 수 없었던 이유까지 선생님과의 대화를 통해 이야기할 수 있었다. 선생님은 그런 것 역시 건축의 일부라고 하시며 오히려 가까운 데에서 일어나는 사회 문제를 건축과 관련해 고민을 했다는 것, 그것을 해결하기 위해 했던 고민과 노력을 좋게 봐주실 거라며 어려워도 한번 끝까지 해보라는 조언을 해주셨다. 그래서 나는 3년 동안 학교를 다니며 했던 여러 가지 생각들, 그것들이 바뀌는 과정과 깨달음의 과정 모두를 자기소개서에 담아내었으며, '빈민층을 위한 건축가', '사람들을 치유해줄 수 있는 건축가'를 중심으로 자기소개서를 작성할 수 있었다.

선생님의 진심 어린 말씀을 듣고 입학사정관 전형에서 가장 중요한 것은 예쁘게 포장된 내용이 아닌 어설프고 서툴러도 내가 성장하는 과정들을 담아내는 솔직한 이야기라는 것을 깨달은 나는 이 모든 것을 솔직하게 자기소개서에 담아내었고 화려한 외부 스펙이 없어 우려했던 것과는 달리 당당히 건국대학교에 우선으로 합격할 수 있었다.

이렇다 할 예시가 없기 때문에 좀처럼 감을 잡기 어려운 것이 포트폴리오라고 생각된다. 나도 처음엔 구성과 형식이 자유인 포트폴리오를 제출하라는 학교가 있어 당황을 했었다. 포트폴리오에 대해 전혀 감을 잡지 못하고 있었을 때 인터넷 블로그를 통해 알게 된 입학사정관 전형 합격생 언니에게 이메일을 보내 조언을 구할 수 있었다.

합격생 언니가 알려준 포트폴리오의 포인트는 그냥 자료들만 뽑아 나열하는 방식이 아닌 한 가지 활동에 대해 쓸 때에도 그 활동에 담긴 에피소드나 느낀 점들을 작성하고 내가 이 활동을 통해 얼마만큼 성장했는지에 대해 서술하는 것이었다. 또한 그것을 그냥 글로만 서술하는 것이 아닌 포트폴리오 디자인을 통해 중요하고 강조하고 싶은 내용을 시각적으로 도드라져 보이게 만들어야 했다. 그것을 보고 참고를 해 나만의 포트폴리오 아이디어를 냈다.

작년에 합격한 사례와 비슷하다고 해도 올해 합격되리란 보장이 없기 때문에 언니의 것들을 따라하지 않고, 나만의 포트폴리오를 만들어내려 하였다. 교내에서 한 건축 관련 활동, 동아리 활동, 빈민층을 위한 건축의 꿈을 꾸게 된 이야기 등 5개의 테마를 잡아 각 테마에 내가 했던 여러 활동들을 넣는 식으로 구성하였고, 각 활동들을 통해 내가 건축학과에 오기 위해 어떤 노력을 했는지 고등학교 3년 동안 얼마나 성장할 수 있었는지 작성하였다.

열심히 준비했던 포트폴리오와 자기소개서가 지원했던 4개 대학 중 3개 대학 1차 서류 심사를 통과하였고 최종 면접만을 앞두고 있었다. 경쟁률이 가장 셌던 건국대학교는 큰 기대를 걸지 않고 있었지만 예상외로 우선 면접으로 통과를 하게 되어 면접 준비를 시작하게 되었다. 평소 수업 시간 친구들 앞에서 발표하는 것은 많이 경험해 보았지만 발표는 열심히 준비한 것만 잘 말하면 되는 것이었다. 그에 비해 면접은 난생 처음 해보는 것이기도 했고, 언제 어떤 질문이 나올지 몰랐기에 더욱더 긴장될 수밖에 없었다.

입학사정관 전형을 준비하는 반 친구들과 점심시간이나 쉬는 시간 서로의 예상 질문을 해주거나 즉흥적으로 질문을 만들어내어 심층 면접에 대비하였다. 그리고 여러 선생님들로부터 면접 자세와 태도, 목소리 크기 등을 지도받았다. 1차 서류 통과 발표가 난 후 최종 면접까지 주어진 일주일이라는 시간 동안 선생님과 친구들의 도움으로 철저히 면접 준비를 할 수 있었다.

면접 당일, 많은 준비를 했는데도 면접관 앞에 가서는 매우 떨렸기에 면접을 보러온 친구들과 이런저런 이야기를 나누며 긴장을 풀고 최대한 웃는 얼굴을 유지하려고 노력하였다. 면접은 예상외로 부드러운 분위기로 시작되었는데, 어디서 왔는지 누구랑 같이 왔는지 등 간단한 이야기를 나누며 교수님들과 입학사정관께서 긴장을 풀 수 있게 도와주셨다. 대부분이 포트폴리오에 기재된 내용을 기반으로 질문을 해주셨기에 어렵지 않게 대답할 수 있었다. 2학년 때 썼던 보고서의 내용을 확인하는 질문이나 보고서를 쓴 목적, 취지에 대해 설명을 해달라는 내용이 거의 전부였고, 간혹 보고서에 나온 내용과 관련된 심화된 내용에 대한 나의 생각을 물어보시기도 하였다.

가난한 사람들을 위한 건축을 꿈꾸며

일단 대학생이 되었으니 고등학교에서 했던 것보다 더 많은 활동을 해보고 싶고, 많은 경험을 쌓고 싶다. 특히 고등학교 때 많이 하지 못했던 봉사 활동을 해보고 싶은데 방학을 이용한 건축 봉사 '해비타트'(Habitat)를 하거나 동기들과 함께 건축 공모전에 참여하는 활동 등 고등학교 때 경험해보지 못한 여러 활동들을 해보고 싶다. 그리고 건축은 단순히 과학, 예술만 결합된 학문이 아니기에 인문, 역사, 지리 등 내가 그동안 배우지 못해 취약했던 부분에 대한 공부도 개인적으로 하며 지식을 쌓고 싶다.

혁신학교라 해서 뭐 크게 특별한 것이 있는 것은 아니지만 확실히 혁신학교를 다니기 전과 후에 나에게는 큰 변화가 생겼다. 일단 중학생 때까지 소극적이었던 나는 유독 발표가 많은 학교 수업 시간을 통해 적극적인 성격으로 변할 수 있었다. 물론 발표라는 작은 행동만으로 내 성격이 변화한 것만은 아니지만, 내가 변할 수 있게 도움을 준 것만은 확실하다. 여러 번의 발표 수업을 통해 남들 앞에 나서는 것이 점차 익숙해지고 그러다 보니 친구들과도 전보다 빨리 어울릴 수 있게 되었다. 그런 작은 변화들로 인해 나는 살면서 한 번도 경험해보지 못했던 반장이라는 직책을 고등학교 3년간 맡을 수 있었으며, 동아리를 조직해 친구들과 협력하고 이렇게 입학사정관 전형에 지원하여 합격을 하고 책을 쓰게 되었다.

항상 조용하고 매사에 소극적이었던 내가 이렇게 변할 수 있을 거라고 누가 상상이나 해봤을까? 나는 혁신학교를 통해 내 꿈에 한발 더 다가갈 수 있었고 그 과정에서 다른 친구들이 해보지 못한 값진 경험을 얻을 수 있었다. 네모난 교실에 앉아 딱딱하고 지루한 강의식 수업을 듣는 것이 아닌 여러 친구들과 협동하고 스스로 탐구하고 하고 싶은 일을 계획하며 너무도 행복한 고등학교 3년을 보낼 수 있었다.

아직 대학교 1학년이라 내 꿈이 어떻게 또 변할지 어떤 일이 일어날지는 모르겠지만, 일단 나는 대학을 졸업하고 대학원에 들어가 조금 더 체계적으로 건축 공부에 매진하고 싶다. 도시, 조경, 한옥 등 여러 분야에 대한 건축 공부도 해보고 싶고 세계 여러 나라를 돌아다니며 사고를 키우고 싶다. 그리고 경력이 어느 정도 쌓이면 내 이름을 건 건축사 사무소를 차리고 고등학생 때부터 꿈꿨던 빈민층을 위한 건축가로 삶을 살고 싶다.

돈만 무조건 많이 버는 건축가, 유명한 건축가를 꿈꾸기보단 사회를 어떻게 하면 좋게 변화시킬 수 있을까, 내가 가진 재능으로 어떻게 하면 어려운 사람들을 도와줄 수 있을까 고민하는 건축가가 되고 싶다. 빈민층을 위한 건축을 하는 길이 순탄치만은 않을 것이란 걸 잘 알지만 할 수 있는 데까지 한번 해보고 싶다.

진짜

김 준 수

삼 각 산 고 졸 업 생

혁신학교, 그리고
그 속에서 보낸 나의 3년

혁신학교, 그리고
그 속에서 보낸 나의 3년

아름다움을 동경하여 물리 학자를 꿈꾸다

중학교 때부터 분명하던 나의 꿈은 바로 물리학자가 되는 것이다. 어려서부터 상상을 좋아하던 나는 상상의 재미를 더하기 위해 그 상상에 그럴듯한 설명을 붙이기 시작했고, 점점 과학을 배우면서 과학에서 현상의 인과관계를 설명하는 것이 그와 비슷하다고 생각하여 과학에 흥미를 가지게 되었다.

그 후로는 그런 인과관계를 설명하는 것이 정말 멋지고, 지적인 희열을 주는 일이라 생각하게 되어 과학 중에서도 가장 근본적으로 현상을 설명하고 이해하그자 하는 물리학에 뜻을 두게 되었다. 물리학에 대해 알아가면서는 마치 마스터키처럼 하나의 원리로 수많은 현상을 설명하는 보편성, 그리고 너무나도 신비로운 대칭성과 같은 물리학의 아름다움에 매료되어 그 진로를 확실하게 결정하게 되었다.

중학교 시절 나는 입시 현실에 대해서는 잘 알지 못하지만, '나중에 무엇을 하고 싶다'라는 목표만 분명한 아이였다. 그때 나는 절대적인 실력이나 선행학습의 정도로 따져보면 그리 뛰어난 학생은 아니었지만, 내신 시험이 비교적 쉬웠고 수업에 집중하는 스타일의 학생이었기에 좋은 내신 성적을 받을 수 있었다. 마침내 중학교 졸업을 앞두고 입시 현실과 직면하게 된 나는 자신의 위치에 대해서 아무것도 모르고 그저 꿈만 가득한 아이였다. 가진 실력에 비해 과분한 내신 성적은 아무런 준비도 없이 과학고 입시에 뛰어들도록 나를 부추겼고, 'No Pain, No Gain'이라는 말처럼 아무런 결과 또한 얻지 못했다.

단지 처음 직면하게 된 입시 현실, 과학고 입시 예상 문제를 찾아 학원에서 비슷한 활동이나 문제를 몇 번이나 반복하고, 고등학교 과정까지 이미 선행을 해버린 아이들의 모습 등등에 질려 의기소침하게 되었을 뿐이었다.

그 시기는 나에게 조그마한 시련이었다. 꿈으로 가득 찼던 아이가 처음으로 '그 꿈을 내가 이룰 수 있을까?' 하는 고민을 진지하게 하게 되었다. 그런 상황이었기에 일반 고등학교를 지원하는 지원서는 대충 적어서 내버렸고, 불행이 겹친 것인지 지원한 모든 학교에서 추첨에 떨어지고 '삼각산고등학교'라는 신설 학교에 배정이 되었다. 원하지 않던 결과인데다가 혁신학교라는 처음 들어본 생소한 종류의 학교라는 사실이 고등학교 생활에 대한 불안감을 증폭시켰다.

신설된 혁신학교에 대한 불안감

학교에 대한 첫 인상은 나의 불안감이 정확하게 적중했다는 생각을 들게 할 만큼 엉망이었다. 입학 등록을 하기 위해 학교에 갔을 때, 아직 공사조차 채 끝나지 않아 두통을 유발하는 진한 페인트 냄새와 목구멍을 간질거리는 뿌연 먼지가 피어오르는 모습은

'과연 이곳이 학교가 맞는가? 입학할 때 즈음이 되면 공사가 끝나긴 할까?' 하는 걱정이 될 만큼이었다.

입학 직후에도 그 인상은 별로 바뀌지 않았다. 초창기에 학생들이 직접 교복과 교칙을 선택하도록 하게 하자는 취지로 교복과 교칙조차 없던 시절, 신설 학교의 바쁘고 혼란스러운 분위기는 아이들에게도 전염되어 학교가 난장판이나 마찬가지인 상황이었다. 이 바탕에는 '교복을 직접 만든다. 학생들의 인권을 존중한다.'는 혁신학교에 대한 단적인 소문만을 듣고, 학교에 뜻이 없는 아이들이 많아서일지도 모른다는 생각을 했다.

아무튼 이런 상황은 도저히 긍정적인 생각을 가질 수 없도록 만들었으며 의기소침해 있던 나 또한 분위기에 휩쓸려 과거보다는 조금 덜 수업에 집중하게 되었다. 이러한 학교에 대한 부정적인 견해를 가지고, 난장판에 휩쓸려 조금이나마 일조를 하게 되는 현상은 거의 대부분의 학생들이 공통적으로 경험한 일이었고, 그렇기에 아이들은 모이기만 하면 '학교를 잘못 왔다'라는 우스갯소리를 하곤 했다.

하지만 그러한 생각들은 교복과 교칙이 생기고, 초기의 혼란스러운 분위기가 진정되며 학교의 틀을 잡아가기 시작하면서 점차 긍정적으로 바뀌었다. 그러면서 혁신학교라는 것이 무엇을 추구하는 학교이고 어떻게 해나가고자 하는지 감을 잡을 수 있었다. 혁신학교의 사전적 정의는 다음과 같다.

학급당 25~30명, 학년당 5학급 이내의 작은 학교(농촌
형·도시형·미래형) 운영을 통해 교사와 학생들이 맞춤
형 교육을 하는 새로운 학교의 틀이다. 입시 위주의 획일
적 학교교육에서 벗어나 창의적이고 자기주도적인 학습
능력을 높여 공교육을 정상화시키자는 취지에서 도입된
것이다. 혁신학교에서는 교장과 교사들에게 학교 운영
및 교과 과정의 자율권을 주고, 교육 과정의 다양화·특
성화를 통해 공교육 정상화 및 다양화를 추구한다.

[네이버 지식백과] 혁신학교 (시사상식사전, 박문각)

학년당 학급 수가 5학급이 아닌 10학급인 것만 제외하면 우리
학교를 꽤나 잘 표현하고 있는 정의이다. 그러면 지금부터는 내
가 직접 경험한 일들로 혁신학교에 대한 소개를 하며 어떻게 나
와 학생들의 생각이 긍정적으로 변해갔는지 말하고자 한다.

학생들을 존중해주셨던 선생님들

내 생각에 일반계 고등학교와 비교하였을 때, 혁신학교의 가장
큰 장점은 바로 '좋은' 선생님들이라고 생각한다. 대부분의 선생님
들이 교육에 대해서 나름대로의 뜻과 철학을 지니고 참교육을 해
보겠다는 열정을 가지고 오신 분들이거나 처음으로 학교에 배정
받아 아이들을 가르치며 의욕이 넘치는 분들이셨기에 다른 여타

의 일반계 고등학교 선생님들과는 달랐다. 모든 일반계 고등학교 선생님들이 이러한 것은 아니지만, 듣기론 아이들과 깊게 연관되는 것을 스스로의 '업무'를 늘려 사서 고생하는 일이라 생각하는 일부 선생님들도 있다고 한다. 그러한 선생님들은 교육에 대한 열정이 부족하고 무기력하며, 학교를 교육기관이 아닌 회사라고 생각한다고 한다. 이런 극단적인 몇 선생님들이 아니더라도 우리 학교 선생님들이 여타 일반계 고등학교 선생님들보다 의욕과 열정이 넘치는 것은 분명하다.

혁신학교의 선생님들은 오히려 학생 개개인에게 집중하며, 한 명의 학생도 낙오되지 않도록 애쓰신다. 단순한 의무감에 학생들을 가르치는 것이 아니라 학생들에게 애정을 가지고 올바른 길을 갈 수 있도록 노력하셨다. 대표적인 예가 삼각산고등학교의 초대 교장 선생님이신 홍석 교장 선생님이다. 홍석 선생님께서는 교장실 한 쪽 벽면에 학생들의 얼굴과 이름이 적힌 출석부 사진들을 걸어놓으시고 틈틈이 학생들의 얼굴과 이름을 외우며 학생 개개인에게 관심을 가지셨다. 또 교장 선생님으로서 학교 내의 업무를 처리하시기도 바쁘실 텐데 시간을 쪼개가며 교내를 걸으시며 만나는 학생마다 덕담을 해주셨다. 'Good, Great, Global'을 말씀하시면서 우리를 보고 밝게 웃으시며 엄지손가락을 치켜 세워주시던 교장 선생님은 우연히 마주칠 때마다 기분이 좋아지는 분이셨다.

다른 선생님들도 정말 좋은 분들이셨다. 학생들이 장난처럼 한 말도 무시하지 않고 존중해주시던 선생님, 바쁜 와중에도 학생들을 질문을 반기시는 선생님, 학교를 다니고자 하는 의지가 없는 학생도 설득하여 어떻게든 이끌고 가려는 선생님 등등 마치 드라마나 영화에서나 볼 법한 선생님들이 많았다. 실제로《학교 2013》의 작가 분께서 우리 학교의 선생님과 친분이 있어서 드라마의 열정적인 선생님을 묘사할 때 우리 학교 선생님들의 모습도 참고하셨다고 한다.

고등학교와 대학교, 그 사이에 있는 혁신학교의 교육 방식

두 번째로 혁신학교의 교육 방식에 대해서 말하고자 한다. 딱 한 문장으로 교육 방식을 표현하자면 나는 '혁신학교의 교육 방식은 고등학교와 대학교 교육 방식의 중간 단계와 같다.'라고 말하고 싶다.

일반적으로 고등학교의 교육 방식은 사회적인 문제로 다루어지듯이 주입식 교육, 강제적인 교육이다. 교사는 칠판에 나가 판서를 하며 진도를 나가고, 학생들은 그것에 의문을 제기하면서 배우기보다는 무조건적으로 받아들이며 어떻게 하면 문제를 잘 풀어낼지에 대해서 배운다. 또한 대부분의 학교에서 매일 밤 10시 혹은 11시까지 강제적인 '자율' 학습을 강요하며, 심한 곳은 주말에도 학생들을 '자율학습실'로 부른다.

그에 비해 대학교의 교육 방식은 너무 자유롭다. 교수님들께서는 각각의 학생들을 자신의 일을 직접 할 수 있는 성인으로 대우하시기에 지식을 나누어 주는 것, 배움을 주는 것 이외에는 학생들에게 어떠한 도움의 손길도 먼저 내밀어 주시지 않는다. 학생 스스로가 교수님을 찾아가 도움과 배움을 청해야만 하는 구조이다. 그렇기에 학생들은 고등학교를 졸업하고 대학교의 다니면서 갑자기 확 달라진 교육 방식에 쉬이 적응하지 못하고 불편하고 어색해할 수 있다.

혁신학교의 교육 방식은 위의 두 가지 교육 방식의 중간 정도라고 생각한다. 학생들이 '스스로', 즉 자기 주도적으로 과제를 수행하고 공부할 수 있도록 여러 방법을 제시하고 그것을 적극적으로 도와준다. 여타 고등학교처럼 시키는 것만 하지도 않고, 대학교처럼 모든 것을 스스로 하라고도 하지 않다.

내가 '소외된 90%를 위한 발명반'이라는 동아리에서 창의적 공학 설계 대회에 참가했을 때의 일이 있다. 선생님께서는 아이들이 모여서 의견을 나눌 수 있도록 아이들을 모으고, 형식적인 부분을 도와주시고, 아이들의 의견을 듣고 보완할 점을 알려주시며 되도록 아이들 스스로의 의견이 발전하여 결과물로 만들어질 수 있도록 도와주셨다. 아이들을 도와주되 스스로 해나가도록 한 것이다.

한 가지 더 추가하자면 발표와 토론, 조별 과제에 대한 이야기를 하고 싶다. 일반적인 고등학교에서는 발표나 토론 수업, 조별 과제 등의 횟수가 적거나 거의 없는 경우가 많다. 그런 것들을 해봐야 수능 문제의 정답을 맞히는 데에는 전혀 쓸모가 없기 때문이다. 하지만 대학교에서는 발표, 토론, 조별 과제들이 심심치 않게 등장을 한다. 만약 고등학교 시절 그런 것들을 충분히 연습해보지 않고 대학교에 진학하게 된다면, 적응하지 못하고 많은 고생을 할 것이 분명하다. 그러나 혁신학교의 경우 발표, 토론, 조별 과제 등을 충분히 연습할 만큼 많아 그러한 것들을 경험할 수 있다. 선생님들께서 일방적인 가르침이 아니라 쌍방향으로 소통하는 참교육을 추구하시면서 다양한 방법으로 수업을 진행하시기 때문이다. 그렇기에 나는 혁신학교를 단순히 교과 이동제를 시행했었기 때문이 아니라 근본적인 교육 방식에서 '대학교 같은 고등학교'라고 생각한다.

자율적인 학교생활을 경험하다

세 번째로는 위의 내용 중 학생들이 스스로, 즉 자기 주도적으로 공부하고 학교생활을 이끌어 나갈 수 있도록 도와주신다는 점에 주목하고자 한다. 학교에서는 신청자들을 모아 자기주도학습을 위한 코칭을 해주시고, 수업에서 학생들이 수동적인 태도가 아니라 능동적으로 배울 수 있도록 학생의 의견을 존중해주신다. 예를 들어 수학 수업 시간에 문제를 풀 때, 교사가 문제를 풀어주고 끝나는 것이 아니라 다른 풀이를 가진 학생이 있으면 앞으로 나가 자신의 풀이로 문제를 풀고, 풀이에 대해 의견을 나누며 다양한 관점에서 문제를 바라보고 능동적으로 수업에 참여하며 자기 주도적으로 공부할 수 있도록 도와주신다.

또 학생들은 자발적으로 두레라는 이름의 소모임을 만들어 스스로 배우고 싶은 것을 뜻이 맞는 친구들과 같이 공부할 수 있다. 경제가 배우고 싶다면 경제 두레를 만들고, 과학적인 활동을 해보고 싶다면 과학 두레를 만들고, 독서가 좋다면 독서 두레를 만드는 식으로 동아리와 비슷하지만 그보다 학생들이 자유롭게 만들고 활동할 수 있는 소모임을 만드는 것이다. 학생들 스스로 원해서 만든 두레이기 때문에 학생들은 주체적으로 계획을 짜고, 의견을 나누며 공부할 수 있다. 이에 더하여 학교에서 소액이지만 지원금도 주기 때문에 학생들이 더욱 자유롭게 활동할 수 있다.

이처럼 주도성을 길러주는 것은 학업에만 국한되지 않았다. 교칙이나 교복을 학생들 스스로 선택하는 것처럼 학교생활 자체를 주도적으로 이끌어나갈 수 있도록 하는 것이다. 그 예로는 교칙과 교복을 학생들 스스로 정한 것 이외에도 많은 것들이 있다. 교내에서 실내화 착용 여부는 입학하러 온 학생들에게 투표를 실시하여 결정하였고, 우리 학년에서 1학년 때 시행되던 교과 이동제가 쉬는 시간이 적어져 힘들다는 학생들의 의견이 수렴되어 2학년 때에 우리 학년만 폐지되기도 하였다. 물론 교과 이동제를 원하는 학년은 계속하여 교과 이동제를 시행하였다. 이 모든 것들 중에서 가장 기억에 남는 것은 테마별 소규모 수학여행이다. 학생들이 직접 가고 싶은 수학 여행지를 각자 정하고, 가고 싶은 지역이 동일한 학생들끼리 모여서 직접 숙박업소를 정하고, 여행 코스를 정하고, 경비를 정해서 수학여행이 아닌 스스로 계획한 진짜 여행처럼 떠나는 것이다.

나 또한 이러한 혁신학교의 장점을 경험하면서 주도적인 학생이 될 수 있었다. 공부를 하면서는 '내가 부족한 부분이 무엇일까?'를 고민하면서 부족한 부분에 중점을 두어 공부하고, 이 과목은 '어떻게 공부하는 것이 효율적이겠다.'라는 전략을 세워서 공부하기도 하였다. 또 물리2를 공부하고 싶었는데 신청자가 적어 반이 폐쇄될 위기에 처했을 때는 친구들과 힘을 합쳐 발로 뛰며 다른 학생들을 설득하고 선생님께 도움을 청해 물리2반이 개설될 수 있도록 하는 적극성도 기를 수 있었다.

남들보다 조금 더 행복했던 고3

마지막으로 혁신학교는 입시 스트레스가 여타의 고등학교에 비해서 훨씬 적다는 이야기를 하고자 한다. 선생님들께서도 성적이 중요하다고는 생각하시지만, 그 과정의 중요성도 놓치지 않고 계시며, 억압받지 않는 분위기에서 학생들 모두 꿈을 키우며 스스로 하고 싶은 일을 할 수 있도록 도와주시기 때문이다. 구체적인 예를 들어 야간 자율학습에 관한 이야기를 하겠다. 혁신학교에서는 여타의 고등학교에서 강제적으로 공부를 강요하면서 말로만 '자율' 학습이라고 포장하는 것이 아닌, 정말로 신청자만 남아서 공부를 할 수 있으며, 원치 않는 학생은 독서실을 다니거나 학원을 다니면서 공부할 수 있도록 한다. 고등학교 시절 학생들에게 가장 큰 고통을 주는 야간 자율학습의 스트레스에서 해방되는 것이다. 또 무조건적으로 좋은 성적이나 친구들과 끝없는 경쟁을 강요하지 않는 학교의 분위기는 학생들이 미래를 위해 희생하며, 고통을 참아가면서까지 억지로 공부하기보다는 집중이 잘 될 때, 자신이 할 수 있는 만큼의 공부를 할 수 있도록 도와준다.

결국 지금까지 이야기해왔던 혁신학교의 장점들이 모여서 입시 스트레스를 줄여주는 역할을 한다. 학생들 개개인에게 애정을 가지고 관심을 쏟는 선생님들이 계시기에 그분들과 이야기를 하고 격려를 받으며 스트레스를 덜 수 있었고, 수동적으로 해야만 하는 일이기에 하는 것이 아니라 능동적으로 해야만 할 뿐이 아니라 하고 싶은 일을 하기 때문에 스트레스를 받지 않았다. 이러한 활동들을 하는 학교라는 무대는 교칙과 교복, 학교 행정 등에 학생들의 의견을 적극 반영해주며 학생들을 존중해준다. 이렇게만 생각하면 혁신학교는 정말 이상적인 학교라고 생각될 정도이다.

하지만 아쉽게도 혁신학교가 이처럼 마냥 좋고, 이상적인 학교는 아니다. 혁신학교의 장점이라고 불리는 측면 때문에 필연적으로 생기는 한계가 있고 문제점이 존재한다. 지금부터는 그러한 점들을 살펴보고자 한다. 우선 모든 학생들의 의견을 존중하는 좋은 선생님들과 학생들의 자유를 존중하는 분위기 때문에 필연적으로 발생하는 단점에 대해 말하고 싶다. 수업 시간에 학생들의 모든 의견을 들으시려고 하다 보니 수업과 관계없는 이야기가 나올 때도 있고 자유로운 분위기에 학생들이 떠들면서 시끄럽기도 하다. 그렇기에 수월하게 진도를 나가는 것은 거의 불가능하고 떠드는 학생들을 진정시키고 수업을 나가는 데 사용하는 시간도 무시할 수 없을 만큼 소모된다. 따라서 여타 고등학교처럼 학교 교육과정보다 빠르게 진도를 나가며 일종의 선행학습을 하는 것이 불가능하다.

또 자유로운 분위기를 악용하여 수업에 자기 마음대로 빠지고, 수업을 방해하고, 교칙을 어기고, 선생님들께 대드는 학생들이 있다. 물론 이러한 학생들은 어느 학교에나 꼭 몇 명은 있기 마련이지만, 혁신학교의 자율성이 단편적으로 알려지면서 또 혁신학교의 이념대로 모두와 함께 가고자 하기 때문에 이런 학생들이 많이 찾아오고, 또 받아주면서 그 수가 많은 것이 사실이다.

주체적으로, 자기 주도적으로 학교생활을 이끌어나갈 수 있도록 한다는 장점 또한 필연적으로 다음과 같은 한계가 있다. 학생 스스로가 해나갈 수 있도록 돕는다지만 만약 학생이 무언가를 하고자 하는 의지가 전혀 없을 경우엔 학생이 학교생활을 통해서 아무것도 이룰 수가 없고, 얻을 수 없다는 것이다. 여타의 고등학교에서는 강제적으로 시키는 것이라도 있기에 학생 스스로의 의지나 열정과는 상관없이 얻어지는 게 있을지도 모르지만, 혁신학교에서는 그러기가 힘들다. 오히려 단순하게 문제를 풀거나 외우는 것이 아니라 발표, 토론 등을 해야 하는 더 복잡해진 과제에 학교생활을 아예 포기해버릴 수도 있는 일이다.

아마 대부분의 학부모들과 학생들이 관심을 가지는 성적에 관한 문제도 있다. 혁신학교는 참교육을 추구하고 학생들 스스로가 자기 주도적으로 공부하는 것을 권장한다. '수능 문제를 어떻게 하면 잘 풀까?' 하는 고민을 하며 문제 풀이를 강요하는 일반적인 분위기와는 차이가 있다. 그리고 이러한 차이는 결국 성적의 차이를 야기한다. 답만 구해내기만 하면 되는 현재의 수능은 문제 풀이를 공부한 것과 진짜 공부한 것의 미세한 차이를 변별해낼 수 없고, 그렇다면 문제 풀이에 중점을 두어서 공부한 것이 결과의 측면에서 조금 더 나을 수밖에 없는 것이 사실이다. 자신의 생각을 적어내는 논술에서조차, 치밀한 기출 문제 분석과 유형 구분으로 학생들에게 풀이를 외우다시피 하도록 강요하는 잘 짜인 문제 풀이 교육이 성적을 받아내는 데에서는 그 능력을 인정받을 수밖에 없다. 똑같은 학생이라면 혁신학교에서 고등학교 생활을 보내

는 것보다 다른 여타의 고등학교에서 문제 풀이를 강요당하는 것
이 수능 성적에서는 더 나은 점수를 받을 것이다.

시행착오를 거치며 성장하는 혁신학교

그러나 이러한 한계들은 극복할 수 있다는 가능성이 있다. 내가
3년 동안 삼각산고등학교의 시작을 같이 하면서 느낀 것들이 있
다. 바로 시행착오를 겪어가며 점점 발전해나가고 있다는 것이다.
이상적인 것을 추구하지만 현실이라는 상황에도 적절히 맞추어
이상을 현실에 맞게 바꾸어 나가고 있다.

너무나 자유로운 분위기 때문에 진도를 나가는 것은 둘째로 하
여도 학생들이 떠드는 것을 막는 것이 힘들었던 시기도 분명 있었
다. 하지만 3년 동안 시행착오를 겪으면서 학생들도 조용해지고,
선생님들도 무조건 학생들의 의견을 존중하는 것이 아니라 의견
을 존중한다는 이상은 지키되 수업을 나가고 오늘 목표한 만큼 학
생들을 가르쳐야 한다는 현실을 충분히 고려하고 계시다. 또 학생
들을 무조건 감싸는 것이 아니라 학생으로서의 선을 넘은 학생이
있다면 과감한 결단을 통해 대안학교로 전학과 같이 학생과 학교
모두를 위한 선택을 하기도 한다. 현실적인 상황을 고려하여 최선
은 아니지만 차선의 선택을 하는 것이다.

또 학교에서는 스스로의 의지가 부족한 학생들에게 의지와 열

정을 심어줄 수 있도록 여러 가지 활동들을 기획하고 실행해왔다. 가장 먼저 진로 수업 시간에 여러 종류의 적성 검사와 진로탐색을 통해 자신의 적성을 찾고 흥미를 찾아 뭔가를 하고 싶다는 의지를 가질 수 있도록 하였고, 시인, 만화가, 과학자, 트렌드 전문가, 입시 전문가, 대학생 등등 여러 사람들을 초청하여 특강을 함으로써 학생들이 특강을 듣고 자신의 흥미를 찾거나 이미 흥미 있던 분야에 대해 더욱 자세히 알 수 있도록 도와주었다. 비록 의지가 부족한 모든 학생들에게 의지를 심어줄 수는 없다고 해도 분명 도움이 될 거라고 생각한다.

성적의 문제는 결국 필연적으로 발생하는 차이이기에 선택을 해야 한다고 생각한다. 각각 일장일단이 있다. '참교육을 추구하는 혁신학교에 진학하여 입시 스트레스가 적지만 절대적인 성적은 조금 포기하느냐?' 아니면 '문제 풀이를 추구하는 학교에 진학하여 스트레스를 감수하고 절대적인 성적을 올리느냐?'의 두 가지의 선택의 기로에서 선택해야만 하는 것이다. 이 과정에서 반드시 '무엇이 더 행복한 길인가?', '무엇이 더 가치 있는 교육인가?'를 따져보아야 할 것이다. 개인적인 생각을 덧붙이자면 사람들은 흔히 미래를 위하여 현재를 희생한다고 하지만, 막상 그 미래가 현재가 되어버렸을 때 가장 아쉬워하며 가치를 높게 매기는 것은 희생해버린 현재, 즉 과거이며 과거로 되돌아가고 싶어 한다는 것을 꼭 고려해봐야 한다고 생각한다. 과거는 단순한 기억, 즉 정보일 뿐이고 미래는 아직 다가오지 않은 허상일 뿐이지만 현재는 지금 살아 숨 쉬고 있는 바로 이 순간으로 가장 가치 있는 것이지 희생되어야 하는 것이 아니라고 생각하기 때문이다.

또 요즘 대학들은 입학사정관제와 같은 제도를 시행함으로써 학생들을 단순히 성적으로 줄 세우는 것이 아니라 다면적으로 평가하고자 하기에 다양한 경험, 주도적인 학습능력과 같은 항목들이 조명 받고 있다. 절대적인 성적의 차이만이 대학 입시의 당락을 결정하는 것이 아닌 현재와 같은 상황에서는 무엇이 더 좋은 전략이 될지 주의 깊게 살펴봐야 한다.

끊임없는 탐구로 이루어진 입시 준비

나는 이처럼 희망 진로에 대한 분명한 흥미, 열정과 그리고 흥미를 가지게 된 구체적이고 개연성 있는 일련의 사건이 있었고, 교내에서 내신 성적이 좋고 여러 교내 활동들을 했었기에 처음부터 수시 그중에서도 학업 우수자, 학교장 추천 전형 등을 목표로 하여 입시 준비를 했다. 생각해보면 '아! 지금부턴 본격적으로 입시 준비를 해야겠다!'라고 생각한 적은 없었다. 그냥 1학년 때부터 입시에 대한 적당한 목표 의식을 가지고 흥미가 생기는 활동들에 열심히 참여를 해왔고, 그렇게 참여했던 활동들이 결국 3학년이 되어서 원서를 쓰고, 자기소개서를 준비하면서 나의 스펙이 되었다.

　1학년 때에는 제논의 역설을 탐구하며 무한소의 개념과 수학의 논리적인 면에 대해서 공부하였다. 2학년 때, n각형의 무게 중심에 대해 직관적인 추측을 해보고 이를 논리적으로 비판해보며 논증해보았던 수학 탐구 대회, 자연상수 e의 테일러급수를 이용한 정의와 극한을 이용한 정의가 같다는 것을 증명하기 위해 탐구하였던 1인 1프로젝트, 동아리에서 라이프 피스톤이라는 적정 기술을 이용하여 참가하였던 창의적 공학 설계 대회, 여름방학 때 대학을 견학하고 많은 경험을 할 수 있었던 서울대 자연과학캠프와 카이스트의 창의적 글로벌리더캠프 등등 입시를 준비하면서 내가 나의 주요 스펙이라고 생각했던 것들 모두가 바로 그렇게 활동을 하면서 얻은 것들이었다.

　이처럼 내 생각에는 혁신학교에 다니는 학생이라면 우선 학교에서 주최하는 여러 가지 행사, 그리고 선생님들의 학생들의 개개인의 관심사를 고려하여 추천해주시는 여러 활동 중 흥미가 생기는 것은 입시에 대한 적당한 목표 의식을 가지고 귀찮고 힘들더라도 되도록 참가하는 것이 가장 자연스럽게 스스로에게 도움이 되는 스펙을 쌓는 방법인 것 같다. 학교에서 학생들에게 다양한 경험을 전달하기 위해 최선의 노력을 기울이고 있고, 선생님들도 학생 개개인에 대해 애정을 가지고 진정으로 도움이 될 만한 활동들을 추천해주시기 때문이다. 만약 그것으로도 부족하다면 스스로 자신에게 도움이 될 만한 활동을 찾아 해볼 수도 있다.

내가 모르던 나의 장점도 꼼꼼히 적힌 생활기록부

　보통 학생들은 자기소개서를 쓸 때에 도대체 무엇을 써야 할지 모르겠다는 말들을 하지만 나는 자기소개서를 쓰면서 내용에 대한 어려움은 적었다. 진로에 대한 목표가 뚜렷했고 교내 생활을 열심히 한 편이었기에 교외 활동이 제한받는 2014학년도의 자기소개서에 쓸 내용은 많았다. 무엇보다도 학생 개개인에 관심을 가지고 학생들의 장점을 학교생활기록부에 꼼꼼히 적어주신 선생님들 덕분에 나 또한 학교생활기록부를 읽어보며 내가 쉽게 발견해내지 못하는 나의 모습들, 그리고 알고 있었다 해도 말로 표현해내기 어려운 장점들을 쉽게 알 수 있었다. 오히려 어떻게 그것을 호소력 있게, 비문이 아닌 언어들로 표현하느냐가 가장 어려운 문제였다. 물론 이 또한 국어 선생님과 담임 선생님, 그리고 진로 시간에 학교에서 불러주신 컨설팅 선생님을 통해 많은 도움을 받으면서 고쳐갈 수 있었다.

　면접 준비를 하면서도 학교의 도움을 많이 받았다. 면접을 준비하는 학생들을 모아 조별로 담당 선생님을 두어 모의 면접을 실시하여 면접에 대한 긴장감을 완화하고, 하고 싶은 말을 할 수 있게 도와주었고, 그런 자리가 계기가 되어 학생들끼리 스스로 모여 주도적으로 서로가 서로의 면접관이 되어 모의 면접을 진행하기도 하였다. 나 또한 이런 모의 면접을 하면서 스스로 말을 잘한다고 생각했지만 모의 면접일 뿐인데도 과하게 긴장하여 버벅거리는 자신의 모습을 발견하고, 면접 준비를 진지하게 하면서 많은 발전을 할 수 있었다.

면접에 대해서 직접 경험하면서 느낀 점을 말씀드리자면 첫 인상과 첫 질문에 대한 답변이 스스로의 노력에 의해 결정할 수 있는 것 중 가장 중요하고, 어느 면접관을 만나게 되느냐는 것이 운적인 요소 중에서 가장 중요하다는 것이다. 첫 인상과 첫 질문에 대한 답변이 좋았다면 그 후에 조금 실수를 하더라도 면접관들이 좋게 봐주실 수 있지만 그것이 좋지 않다면 그 후에 잘하더라도 조금 더 엄격한 기준으로 심사를 하시게 될 것이다. 또 운이 나빠 면접에 대해 흥미나 의욕이 전혀 없는 교수님을 면접관으로 만나게 된다면 정성껏 준비한 답변도 빛을 발하지 못하고 그냥 넘어가게 될 수 있다.

그런 면에서 내가 지금 재학 중인 한양대학교의 면접을 볼 때 나는 운이 참 좋았다. 친절하고 상냥하신 면접관 분들을 만나 긴장하여 들어오는 내게 웃어주시며 긴장을 풀어주셨고, 압박 면접을 하시면서도 학생에게 괜찮으니 편하게 말하라며 부담을 줄여주셨다. 덕분에 첫 질문부터 답변을 잘할 수 있었고, 생활기록부에 몇 줄 적히지 않아서 크게 대비하지 않았던 내용이 질문으로 나왔어도 크게 당황하지 않고 답변을 마무리할 수 있었다. 그 결과 수시 학업 우수자 우선 선발에 합격되어 수능 면제를 받고 수능에 대한 부담을 크게 덜 수 있었다.

계획은 현재 자신이 하고 싶은 일을 위한 것

입시를 모두 마치고 나서 지금 현재 나는 대학 생활을 시작하고 있다. 현재의 목표는 고등학교 시절 입시를 준비하면서 세웠던 미래에 대한 진로 계획을 포기하지 않고 지켜나가고 나름대로 혁신학교를 다니면서 경험해본 많은 것들에 기초하여 세운 나의 가치관에 맞게 살아나가는 것이다. 입시를 준비하면서 물리학자가 된다는 것이 어려운 길이라는 것을 점점 더 알게 되면서 '과연 내가 이것을 할 수 있을까?' 하는 불안감을 겪었지만 해보지도 않고 포기하는 것이 어리석다는 생각에 물리학과 진학을 결정하는 과정이 있었다.

만약 지금부터 경험해보면서 이 길이 나의 길이 아니라면, 더 이상 물리학이 흥미로워 보이지 않는다면 그때부터 새로운 계획을 짜고 그 길을 걸어 나가면 된다고 생각한다. 계획이란 현재 자신이 하고 싶고 일을 하기 위해 세워놓은 것이지만 언제라도 하고 싶은 일이 바뀐다면 변할 수 있는 것이라는 생각이 바로 내가 고등학교 생활을 하며 세운 가치관의 일부이기 때문이다.

이처럼 나는 혁신학교를 다니면서 단순히 꿈만 가득하던 철부지 중학생에서 현실적으로 자신의 꿈에 대해서 고민해보고, 주도적으로 적극적으로 이뤄나가고자 하는 학생으로 변하게 되었다. 앞으로 어떤 일이 나의 앞에 벌어질지는 아무도 모르는 일이지만 내가 원하는 바를 이루기 위해 최선을 다할 것이다.

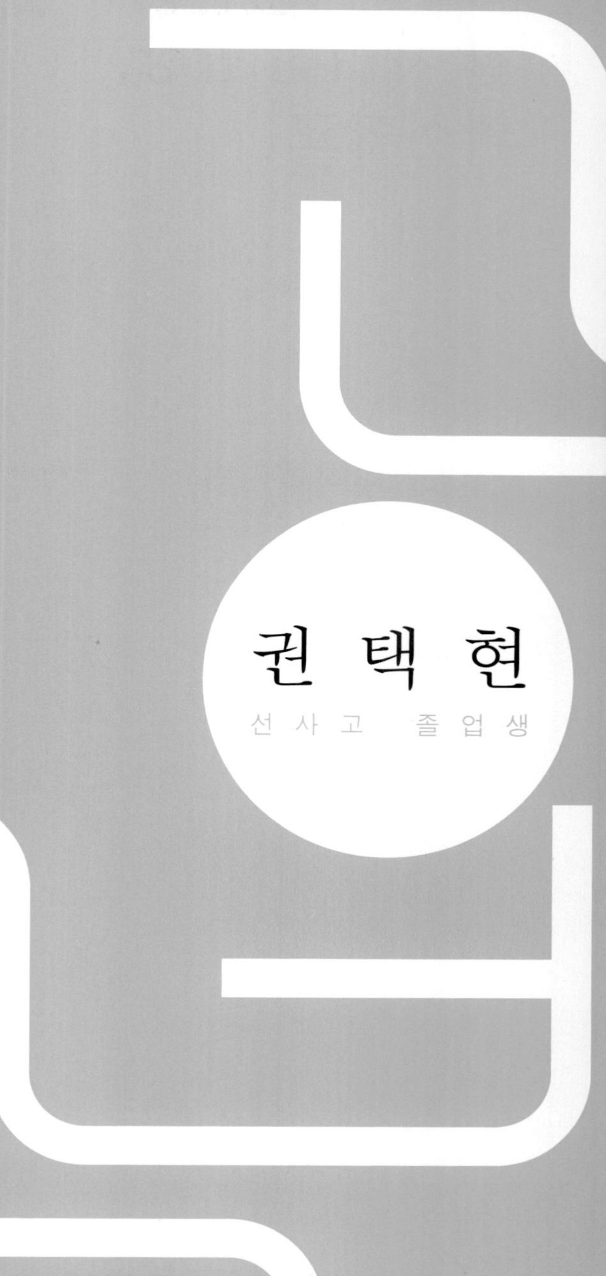

진짜

권 택 현

선 사 고 졸 업 생

잘 차려진 밥상,
혁신학교

잘 차려진 밥상,
혁신학교

우리 학교 학생이라면 하는 조금 특별한 일이 있다. 바로 '모둠 일기'이다. 반 친구들끼리 5~6명씩 모둠을 만들어 매일 돌아가며 일기를 쓰고 서로 돌려보는 것이다. 이때 서로의 글에 대해 댓글을 남긴다. 담임 선생님과 학부모님도 일일이 일기에 짧은 댓글을 단다. 마땅한 일기 소재가 없을 때는 한 가지 주제를 정해서 그것에 대한 글을 돌아가면서 쓰기도 한다. 학기 초, 우리 조의 주제는 '꿈'이었다.

어릴 때부터 막연한 장래 희망이 있긴 했지만 자주 바뀌었고 별 확신도 없었다. 무엇을 하고 싶은지 잘 모르니 대학 학과에도 관심이 없었다. 하지만 고등학교에 올라오니 당장 결정의 기로에 서게 되었다. 문과, 이과 둘 가운데 하나를 선택해야 했다. 모둠 일기에 쓰인 다른 친구들의 글을 보니 '박물관 큐레이터', '패션 디자이너'와 같이 구체적인 꿈이 있는 것 같았고 이에 맞게 문과 또는 이과를 선택한 것 같았다. 책상 앞에 앉아 한참을 고민하다가 모둠 일기에 중학교 때 내가 경험한 소중했던 순간들을 나열해 쓰기 시작했다. 반 친구를 도와주었던 일, 토론 대회에서 예선을 통과했던 일, 과학부 활동 등을 열거하다 보니 두서없는 글이 되었다. 내 모둠 일기에 어떤 친구는 댓글로 내게 문과 성향이 강하다며 문과를 권유했고, 어떤 친구는 이과가 입시에서 유리하다며 이를 추천했다.

머칠 뒤 담임 선생님께서는 나에게 『세계의 리더와 어깨를 맞대라』라는 책 한 권을 선물해주셨다. 외교부와 다양한 국제기구에서 일하는 사람의 자서전이었다. 이 책을 읽으며 이런 삶에 대해 반신반의했고 확신이 없었다. 하지만 지금 돌이켜 생각해보면 이 책을 읽으며 어렴풋이나마 내 꿈에 대해 진지하게 고민하게 되었고 많은 영감을 얻은 것 같다. 나도 모르는 사이, 이 책에서 설명하는 직업처럼 다른 사람은 갖기 힘든 나만의 능력으로 세상 사람들을 돕는 모습에 매력을 느끼고 있었다. 어쩌면 그것이 내가 중학교 때부터 흥미를 느꼈던 부분들을 잘 관통하는 지점이었을지도 모른다.

자율과 갈등 속에서 내 꿈을 담금질한 학생회장 활동

그렇게 3월을 보내던 중, 학생회장 선거 공고가 게시판에 붙여졌다. 우리 학년이 1기 입학생이었기 때문에 1학년 중 학생회장을 뽑았다. 중학교 때 늘 조용히 살았던 나는 출마를 전혀 생각하지 않았다. 그런데 왠지 하고 싶었다. '도전 없이 성취도 없다'라는 『아프니까 청춘이다』 책의 구절이 떠올랐다. 매주 모둠 일기를 통해 선생님, 친구들과 출마에 대한 고민을 나누며 조금씩 자신감을 얻었고 출마를 결심했다. '내가 무조건 도와줄게!'라는 친구의 한마디 댓글에 용기를 얻었던 것이 아직도 기억난다. 학교에서 주는 학습플래너 한 켠에 선거운동에 대한 계획을 세우고 몇 명의 친구들과 함께 반마다 돌아다니며 유세를 했다. 어디서 그런 자신감이 나왔는지 나도 신기했다. 정말 당선되고 싶긴 했나 보다. 선거 하루 전, 나는 당선만 된다면 이 학교를 위해서 무슨 힘든 일이라도 마다하지 않고 할 수 있겠다고 생각했다. 정말 신기하게도 한 표 차이로 극적으로 당선되었다.

학생회장을 하면서 교복, 교가, 생활 규정 등을 차근차근 만들어갔다. 그런 자리는 처음이었고 소심한 성격의 나였기에 다른 친구들의 의견을 먼저 물어보며 생각을 조심스럽게 정리해나갔다. 선거 하루 전 했던 다짐을 되새기며 최대한 적극적으로 임했다. 학생회 담당 선생님께서는 우리가 요구하면 바로 도움을 주셨다. 그때까지만 하더라도 다른 학교도 이런 줄 알았다.

학생 생활 규정을 정하기 위해서 5교시부터 7교시까지 시간을 내어 생활 규정에 대한 공청회를 열기도 했고, 교복 디자인 선정을 위한 '교복 디자인 공모전'도 열었다. 선생님들의 도움이 없었더라면 모두 상상도 할 수 없었던 일들이다. 우리가 원할 때마다 선생님들께서 도와주시고 우리를 믿어주시니 점점 자신감이 생기기 시작했다. 그 결과 전교생과 학부모님, 선생님들이 강당에 모여 생활 규정을 만들었고, 그 자리에서 두발을 자율로 할지, 화장을 허용할지 등을 결정했다. 또, 교복의 디자인도 각 반 친구들이 낸 디자인을 바탕으로 교복 샘플을 받아 투표로 결정했다. 2반 여학생이 낸 의견으로 동복(冬服) 디자인이 결정되었고, 5반 남학생과 학부모님이 낸 의견으로 하복 디자인이 확정되었다.

물론 모든 것이 이상적으로 흘러간 것만은 아니다. 갈등도 있었다. 공청회 결과 두발 길이, 염색 등의 자유, 화장과 귀고리 등이 허용되자 많은 학부모님들이 학교에 찾아와 강하게 항의를 했다고 한다. 또, 친구들 중에서 더러는 화장 허용을 원하지 않던 친구들도 있었고 이들의 불만도 많았다. 학생회장인 나로서는 당황스럽고 한편으로는 잘못된 선택을 한 것 아닌가 하는 불안감이 들었다. 그런데 처음에는 친구들이 염색과 화장을 많이 했지만 시간이 지나면서 친구들도 귀찮아졌는지 줄어들었고, 이에 따라 불만도 줄어들었다. 우리도 두발이나 화장과 같은 외면적인 것들에 큰 신경을 쓰지 않게 되었다.

교복 디자인에 대해서도 말이 많았다. 아무리 다수결로 정한 것이라고 할지라도 누군가에게는 마음에 안 들었을 수도 있다. 교복 디자인이 결정된 다음 날 학교에 와 보니 내 책상에 대걸레가 놓여있었다. 그리고 1층 현관에 있는 반별 단체 사진에서 내 얼굴을 누군가 심하게 훼손시켜 놓았다. 그때 알았다. 우리들에게 자율이라는 달콤함이 주어진 만큼 무거운 책임도 함께 따른다는 것을. 이런 갈등을 겪으면서 책임감이 길러진 것 같다. 주어진 틀 안에서 선생님들께서 닦아놓은 정도(正道)를 가는 것이 아니라, 우리들 스스로 헤쳐 나가야 할 덤불이 더 많았다. 지금은 이때의 경험을 태연하게 담담한 어조로 쓰고 있지만 당시에는 학생회장을 그만두고 싶을 정도로 스트레스였다. 하지만 이런 힘든 과정을 통해

흐릿했던 내 꿈을 담금질해 놓았던 것 같다.

　학생회 활동을 통해 자신감이 생기니, 예전에는 당연하게 생각하던 것들을 다시 생각해보게 되었다. 중학교 때 학생의 날의 의미를 살리지 못하고 기념품만 받고 끝나는 학생의 날 행사가 학생회 활동을 하며 돌아보니 이상하게 느껴졌다. 학생회 친구들과 전교생이 함께하는 학생의 날에 대한 O/X 퀴즈 대회를 준비하고, 콩트도 준비해 무대에서 선보였다. 기존에 해오던 것을 거부하는 발칙한 계획도 혁신학교였기에 세울 수 있었다. 새로운 학생회장을 선출할 때는 후보자들 간에 공약을 토론하는 자리를 2시간 동안 마련했다. 다른 학교에서는 번거롭고 귀찮아서 하지 않는 일들을 눈치 보지 않고 직접 시도해 볼 수 있었다. 이러한 과정을 거치면서 선생님들은, 우리가 일을 하기에 앞서 허락을 받아야 할 분들이 아니라 함께 협력해가는 분들이라는 생각이 강하게 자리 잡게 되었다.

　이런 경험은 내가 학생회장이었기에 누릴 수 있었던 특권은 아니었던 것 같다. 1학년 때에는 한 반이 15명으로 구성되어 있어서 한 명 한 명의 목소리가 상대적으로 컸다. 한 친구의 '반 대항 축구시합하자!'라는 말에 5월 한 달 동안 전교생을 뜨겁게 달구는 반 대항 축구 리그가 열리기도 했다. 매주 아침 반별로 열리는 학급회의 시간에 누군가 반 대항 구기 대회를 열어보자고 제안했다. 그 의견은 대의원회의에 올라와 다른 반 친구들의 공감을 얻으며 윤곽이 잡히기 시작했다. 그로부터 한 달하고 10일 뒤, 학생회 체육부가 중심이 되어서 예산을 마련하고 대진표를 짜서 한 달 동안 축구 리그를 진행했다. 이렇게 말이 씨가 될 수 있는 분위기가 우리 학교에는 있었다.

학생회에서의 경험들은 의지를 가지면 할 수 있다는 인식을 나와 친구들에게 심어주었다. 이 과정이 힘들기도 했지만 한편으로는 재미있었다. 학교라는 작은 사회에서 일어나는 일들이 흥미로웠다. 그러다 보니 자연히 사회라는 분야에 관심을 가지게 되었다. 학생회와 학급회 활동은 내가 1학년 말 문과를 선택하게 하는데 지대한 영향을 주었다.

학교 안의 크고 작은 문제를 해결하는 '정치동아리'를 만들다

학생회를 통해 학교에 대한 관심이 커졌고 이것은 동아리 활동으로 이어졌다. 학교 활동을 하다 보니 우리 학교학생회의 미흡한 부분이 보이기 시작했다. 학생회가 행사나 제도를 만들어 추진하는 데 유리할지 몰라도 친구들과 비슷한 눈높이에서 아이디어를 만드는 것은 부족해 보였다. 비유하자면, 학생회가 행사와 규칙 등을 추진하고 만들면서 정부의 역할을 할 수 있지만 시민 단체처럼 친구들 속에서 무언가를 하기에는 부족해 보였던 것이다.

그래서 학교에서 일어나는 크고 작은 문제를 해결하는 '정치동아리'라는 것을 만들었다. '동아리도 참 너 같은 것을 만들었다'라는 주변 친구들의 농담 섞인 평가를 받으며 5명의 부원을 모아서 시작했다. 우리가 직접 설문지를 만들어 학생회의 문제점에 대한 여론조사도 해보고, 우리 학교 수업 방식의 문제점에 대해 심층 인터뷰를 하기도 했다. 함께 동아리를 만들었던 친구는 너무 재미가 없다며 중간에 나가기도 했다. 안 그래도 몇 명 없는 동아리에서 나가는 친구가 생기자 더 심란해졌다. 이럴 때는 우리에게 동아리 운영에 자율을 주시는 선생님의 태도가 야속하기도 했다. 혹자는 나에게, 소위 말하는 '스펙'을 위해서 이 힘든 과정을 견딘 것 아니냐는 질문을 했다. 하지만 나는 이 일이 정말 재미있어서 했다. 그렇지 않고서야 어떻게 수능을 일주일 남겨두고도 동아리에서 후배들과 한 달 동안 축제를 준비했을까.

2012년 여름, 카카오톡을 이용한 '신종 왕따'가 사회적인 이슈가 되었다. 우리 학교에도 비슷한 일이 있었다는 후배의 말을 듣고 예방 차원에서 직접 캠페인을 벌였다. 무심코 뱉은 말이 다른 친구에게 큰 상처가 될 수 있음을 상기시키는 UCC와 시엠송을 만들어서 이를 홍보했다. 이런 캠페인을 한다고 얼마나 바뀔지는 잘 몰랐다. 하지만 잘못된 것을 잘못되었다고 말하는 것 자체만으로도 큰 의미가 있다고 생각했고 보람을 느꼈다. 유유상종(類類相從)이라는 말처럼 나와 비슷한 생각을 하는 친구와 후배들이 하나둘 동아리에 가입하기 시작했고 동아리는 점점 자리를 잡아갔다. 또, 축제에서는 우리 학교 교칙에 대한 난센스 퀴즈를 내는 카페를 운영하며 전체 동아리 중 2위를 기록했다. 불과 1년여 전까지만 해도 소심한 성격을 가지고 있었던 내가 이런 일을 하고 있다는 사실에, 나 자신이 낯설게 보였다. 5명으로 출발한 동아리는 1년 뒤 30명 가까이 되는 부원을 가진 대형 동아리가 되었다.

동아리 활동은 3학년까지 이어졌다. '급식실 새치기' 등 학교 문제에 대한 고민을 매년 이어갔다. 물론 모든 학생들이 3학년 때까지 의무적으로 동아리 활동을 한 것은 아니었다. '혁신학교'답지는 않지만, 동아리 활동 시간에 자습을 하고 싶어 하는 친구들은 3학년 때부터 자습할 수 있도록 학교에서 배려해주었다. 동아리 활동을 3학년 때까지 이어가는 것이 한국의 입시 체제와 맞지 않다고 생각할 수도 있다. 하지만 내가 경험한 입시는 그렇지 않았다. 시험 점수만으로 대학 진로 선택이 결정되는 것이 아니었다. 꿈에 대해서 얼마나 고민했고 이를 구체화하기 위해 어떤 활동을 했는지도 중요했다. 그래서 중요한 시험을 앞두고도 늘 참여했고 학교라는 작은 사회 속의 문제에 관심을 가졌다. 내가 좋아하는 분야의 일이라면 이렇게 몰두하는 것이 가능한 것 같다.

우리 학교에는 정말 다양한 동아리가 많이 있었다. 바리스타부, 복싱부, 연극부, 신생아모자뜨기부, UCC제작부, 게임제작부 등 다양한 동아리에서 자신만의 스토리로 각자의 꿈을 키웠다. 정치동아리에 가입한 내 이야기만으로는 혁신학교의 동아리들을 파악하기는 어렵다. 하지만 친구들 한 사람 한 사람 모두 나 못지않은 스토리가 있었을 것임은 확실하다.

학생회 활동과 정치동아리 활동은 나에게 정치와 행정에 대한 관심을 불러일으켜주었다. 1학년 초 담임 선생님께서 주신 『세계의 리더와 어깨를 맞대라』라는 책처럼, 내 역량을 키워서 많은 사람들에게 도움을 주는 삶을 살고 싶어졌다. 학교에서의 이런 경험들이 내 꿈에 대해 어느 정도 확신을 주었다.

수행평가를 통해 진실성 있는 스토리를 엮는 방법을 배우다

때로는 전혀 생각지도 못한 경험이 뜻밖의 영감을 주어 생각의 폭을 넓혀주는 것 같다. 다양한 경험의 중요성도 바로 여기에 있다고 생각한다. 우리 학교의 수행평가에서는 평범한 것을 찾기 힘들다.

영어 시간에 팀을 나눠 팀별로 영어 프레젠테이션을 만들어 영어로 발표하는 수행평가는 지극히 평범한 축에 속한다. 한번은 교과서에서 제시문으로 유네스코 세계 문화유산을 접하게 되었다. 그 학기 우리의 수행평가는, '직접 우리나라의 유네스코 세계유산을 찾아가서 사진을 찍고 영어로 조별 기행문을 남기는 것'이었다. 무더운 여름이었기에 많은 친구들이 짜증을 내며 귀찮아했다. 서로 맞는 시간을 찾아서 어찌어찌 가까운 창덕궁을 찾았고 후원과 궁궐을 둘러보았다. 생전 처음 보는 궁궐의 정원이라 그런지 많이 놀랍고 신기했다. 자연과 조화를 이룬 연못과 정자는 아직도 잊지 못한다. 여름 향기를 맡으며 학교 친구들과 함께 여행 다니는 일은 혁신학교가 아니라면 경험하기 힘들었을 것이다. 요즘도 고궁을 두 달에 한 번씩은 꼭 간다. 고궁에 가면 뭔가 편안한 분위기를 느낄 수 있고 1학년 때의 추억이 새록새록 피어나기 때문이다. 영어 수행평가 덕에 고궁의 맛을 더 일찍부터 느낄 수 있었던 것 같다.

뿐만 아니라 프레젠테이션 발표 수행평가를 하면서도 새로운 경험을 했다. 행사, 미술, 음악 등 교과 선생님들이 주신 주제에 맞게, '캐나다의 초콜릿 축제', '추상화 작가 즈지스와프 벡신스키(Zdzisław Beksiński)의 삶', '미국의 컨트리 뮤직' 등의 프레젠테이션을 준비했다. 이런 프레젠테이션을 친구들과 준비하며 'TED'라는 외국의 짧은 강연을 수없이 반복해서 보았는데, 그러면서 대본의 짜임과 발음을 연습했다. 수능을 준비할 때와는 분명 다른 공부가 되었던 것 같다. 요즘 토플을 공부하면서 이때 연습하던 것들이 토플 Speaking 연습에 상당히 도움을 주고 있다는 사실을 느끼고 있다.

다른 학교에 다니는 친구들의 이야기를 들어보면 국어 수행평가는 대부분 한결같다. 수업 태도나 발표 점수, 가끔 독후감 써오기와 같은 독특한 평가도 있긴 했다. 이런 친구들에게 우리 학교의 이야기를 들려주면 깜짝 놀란다. 가령, 화법과 작문 시간에 '연설'과 '설명문'을 배웠다면, 우리는 실제로 이 둘을 하는 것이 수행평가이기 때문이다. 어떤 주제를 정해서 반 친구들 앞에서 연설을 하고, 내가 관심을 가지는 대학교 학과에 대해서 설명문을 작성한다. 내신에 욕심이 있는 친구라면 여기서 점수를 많이 받으려고 자연히 많은 고민을 하며 준비를 했을 것이다. 나 또한 그랬고 당시에는 고통스러웠다. 그래도 어찌어찌 준비하여, 학생회 활동을 통해 느낀 점을 바탕으로 학급회의의 중요성을 연설했고, 사회에서 이런 비슷한 작용에 해당하는 '정책'을 배우는 학과에 대해 설명문을 썼다.

힘들긴 했지만 다양한 수행평가를 준비하면서 내가 가진 이야기가 많아졌다. 누군가 나에게 어떤 질문을 던졌을 때 대답할 수 있는 이야깃거리가 많아진 것이다. 혼자서는 시간을 내서 생각해보지 못했던 분야를 수행평가라는 것을 매개로 생각해보게 되었다. 이것은 자연히 입학사정관 전형에서 면접 준비와 연결된다. 어떤 질문을 받더라도 나만의 진실성 있는 스토리로 답변을 할 수 있기 때문이다. 면접관이 나에게, 왜 정책에 대해 배우는 학과를 지원했는지 물어본다면 나는 연설했던 내용과 설명문에 썼던 내용을 바탕으로 쉽게 말할 수 있다. 배움의 방식은 조금 다르지만 졸업하고 돌아보면 매우 만족스러운 공부 방법이었다. 굳이 입학사정관제가 아니더라도 논술을 준비하는 친구들에게도 큰 도움이 될 것이고 무엇보다도 혁신학교에서 했던 이런 경험들은 졸업 후에도 유용하리라 느끼고 있기 때문이다.

선생님들께서 제시해주신 다양한 화두들에 대해 생각해보며 정책가나 법률가, 행정가가 되어 다른 사람에게 도움을 주는 사람이 되고 싶다는 꿈을 꾸게 되었다. 처음에는 어떤 직업을 갖는 것이

나의 꿈이라고 생각했다. 하지만 시간이 지날수록 오랫동안 변하지 않을 나의 꿈은, 어떤 특정한 직업이 아니라 삶의 방향이라는 생각을 하게 되었다. 지금 내 꿈은 '정의로운 삶'을 사는 것이다. 그래서 대학에 제출한 서류의 포트폴리오의 제목도 '정의로운 삶을 향한 첫 걸음'이라 잡았다.

입학할 때부터 시작된 진로탐색 활동

1학년 초반에 학교에서는 전교생을 대상으로 성격유형 검사를 실시했다. 담임 선생님과 이에 대한 결과를 상담했다. 한 반에 학생이 15명밖에 없었기 때문에 담임 선생님이 우리들 한 명 한 명의 특징을 기억하기는 쉬웠다. 각각의 성향의 따라 선생님은 여러 가지 프로그램을 추천해주셨다.

나는 고교-대학 연계 프로그램으로 숭실대 모의 면접 캠프, 동국대 법학과, 한양대 정책학과, 성균관대 글로벌리더 학과 등을 갔던 기억이 난다. 대학을 직접 방문해 해당 학과에서 무엇을 배우는지 교수님으로부터 직접 설명을 듣고, 재학생과의 질의응답 시간을 가졌다. 캠퍼스를 둘러보다 보니 막연하게 느껴지던 대학이 점점 가까이 다가오는 기분이었다. 이런 곳을 갈 때마다 자연히 입시 전형 안내 책자를 읽게 되었다. 이런 대학의 행사를 가면 기본적으로 입학사정관님께서 나오셔서 그해의 입시안을 설명해주신다. 서당 개 3년이면 풍월을 읊는다고 입학 설명회 3년이니, 고3이 되었을 때 입시에 도가 텄다. 매년 참가하면서 바뀌는 입시안에 대해서도 알게 되고 대략 어떤 방향으로 준비해야 하는지 감이 잡히기 시작했다.

'한국의 고3'이 힘든 이유는 불확실성 때문이라고 생각한다. 매년 바뀌는 입시에, 한 치 앞도 내다볼 수 없는 결과, 시험 당일의 컨디션, 모든 것이 미래를 불안하게 만드는 요인이다. 하지만 고교-대학 연계 프로그램을 통해서 매년 입시안을 거시적으로 볼 수 있으니 불안감은 상대적으로 덜했다. 전형별로 어떤 것을 중점적으로 보는지 알고 나니 어디에 선택과 집중을 할 것인지 감이 왔다.

고등학교 3학년 여름방학, 수능을 150여 일 남기고 화법과 작문 시간에 수행평가가 주어졌다. '자신의 롤모델을 정하고 그 롤모델에게 찾아가 직접 인터뷰해 오라'는 것이었다. 혁신학교에 익숙해져 있던 나였지만 이 과제는 당황스러웠다. 어떤 친구들은 작가나 교수님께 메일을 보내 인터뷰를 요청했다. 다른 친구들은 비슷한 관심사를 가진 친구들끼리 단체로 찾아뵙기도 했고 나처럼 비슷한 꿈을 꾸는 친구가 없는 경우에는 혼자 가기도 했다.

나는 지인을 통해서 한양대학교 로스쿨에서 행정법을 가르치고 계신 교수님께 연락을 했다. 교수님께 법을 다루는 사람이 갖는 힘든 점을 들었다. 관련 분야에서 오랫동안 몸을 담아 오신 분께 내 꿈을 이야기하고 피드백을 받는 일은 색다른 경험이었다.

'자기주도학습 방법'과 맞춤 공부법을 배우다

1학년 초, 고등학교 공부를 어디서부터 어떻게 시작해야하는지 감이 오지 않았다. 학기가 시작하고 한 달 뒤, 학교에서는 '자기주도학습 방법'이라는 주제로 명강사 특강이 진행되었다. 자기주도학습에 대한 많은 책을 내신 작가답게 우리가 경험했을 법한 사례를 바탕으로 강의해주셨다. 약 3시간에 걸쳐, 플래너 작성법, 과목별 내신 관리법, 모의고사 성적에 따른 마음가짐을 알려주었다. 강의 뒤, 학교에서는 직접 플래너를 만들어 전교생에게 나눠주었다. 다른 학교에도 있을 법한 강연이지만 나에게 그 강연이 차지하는 비중은 컸다. 대학에서 배운 내용을 복습하고 하루 계획을 세우고 있는 지금도 그때 배운 노트 필기법과 플래너 작성법을 만들어 쓰고 있다. 자기주도학습에 대한 코칭은 이렇게 일회성에 그치지 않았다. 방학 기간에는 몇 주간 '자기주도학습 특강'이라는 강좌를 만들어서 꾸준히 자신의 공부 방법에 대한 피드백을 받았다. 2~3학년 때까지 이런 프로그램은 계속 이어졌다.

다만 2학년 여름방학을 기점으로 학년이 올라갈수록 학습 코칭의 성격이 조금씩 바뀌었다. 1학년 때는 일반적인 공부 방법에 대한 강의가 대부분이었다면, 학년이 올라갈수록 내 내신과 모의고사 성적 등 다양한 지표를 바탕으로 맞춤 컨설팅을 받았다. 2학년 말에는 대교협 소속 선생님들이 나와서 지금 내 성적으로 갈 수 있는 학교와 나에게 맞는 전형을 분석해주셨다. 이렇게 분석한 자료를 바탕으로 남은 기간 동안 어떤 부분에 집중해야 하는지 알수 있었다. 나 같은 경우 모의고사보다 내신이 비교적 좋았고 다양한 학교 활동에 참여했기 때문에 입학사정관 전형을 추천받았다. 나는 그 뒤로 원서 제출까지 남은 몇 개월 동안 입학사정관 전형의 평가 요소인 '내신', '포트폴리오', '자기소개서'에 올인했다. 수능이 100일 남고, 50일 남은 상태에서 수능 공부를 뒤로하고 여기에 몰두하는 것이 '정말 잘하는 일인가?' 싶기도 했지만 컨설팅 내용을 항상 생각하며 더욱더 내신에 집중했다.

다른 학교 친구들의 이야기를 들어보면 담임 선생님과 상담할 때 많은 스트레스를 받는다고 한다. 마치 성적에 맞추어 대학과 학과가 정해진 채로 상담을 받는 기분이라고 말한다. 물론 우리 학교도 선생님마다 개인차가 있었지만 기본적으로 각자가 원하는 분야로 진로를 정할 수 있게 도와주셨다. 소위 말해 대학 레벨에 따라 우리를 보내는 것이 아니라, 각자의 성향에 따라서 지방의 전문대도 과감히 알아보신 뒤 추천해주었다.

그래서인지 우리 학교에는 유난히 예체능 계열이 많았다. 요즘 페이스북에는 고등학교 동창들의 글이 많이 보인다. 대부분 '원하는 거 배우고 있어서 너무 행복하다'와 같은 글이다. 나 또한 그중 하나다. 우리가 지금 이렇게 행복한 대학 생활을 보내고 있게 만든 것은 바로 선생님들이었다.

나는 입학사정관 전형을 통해 대학에 입학했다. 모두 내가 원하는 학과를 선택해 소신껏 지원했다. 운 좋게도 지원한 대학으로부터 일찌감치 10월에 합격 통지를 받고 가벼운 마음으로 수능을 볼 수 있었다. 사실 나에게는 입시를 준비하는 일이 크게 어렵지는 않았다.

많은 사람들이 이미 알고 있겠지만 입학사정관 전형에서의 판단 척도는 크게 3가지이다. '생활기록부', '자기소개서', '포트폴리오'. 혁신학교는 이 3가지에 모두 딱 맞는 학교 활동을 제공해주었다. 앞서 언급한 것처럼 학생회, 동아리, 수행평가 활동들은 하나도 빠짐없이 생활기록부에 적혀 올라갔고 혹시 빠진 부분이 있다면 선생님을 찾아서 생활기록부 정정 기간에 보충했다. 어느 정도의 꼼꼼함을 갖춘 친구라면 활동하며 나온 사진, 프레젠테이션 발표물, 기행문 원고, 각종 학생회 사업 계획안들을 쉽게 모아둘 수 있다. 그리고 그렇게 모인 자료들을 정리하면, 그것이 나만의 포트폴리오 자료가 되는 것이다.

자기소개서를 쓰는 일은 정말 막막한 일이다. 내가 대학에서 만난 사람들 중, 자기소개서를 쓰는 일이 쉬웠다고 말하는 친구 또는 선배를 단 한 명도 만나본 적이 없다. 그 중요성은 누구나 다 공감한다. 이처럼 자기소개서를 쓰는 일은 무척 성가신 일이지만 반드시 거쳐야 하는 과정이다. 아이러니하게도 자기소개서는 혁신학교를 다닌 친구들이 오히려 불리한 영역이다. 쓸 이야기가 너무 많아서 자기소개서가 산만해지기 쉽기 때문이다. 쓸 이야기가 많다는 것은 큰 장점처럼 보이지만 전체 흐름이 없는 글을 만드는 요인이 되기 쉽기 때문이다. 나의 경우, 다양한 학교 활동에 참여하면서 생활기록부 3장에 걸쳐 있는 53개의 수상 내역 모두 강조하고 싶었다. 처음 자기소개서의 초안을 작성해서 선생님께 가져갔을 때, '지나친 나열식 서술이다', '글의 뼈대가 없다'라는 지적을 많이 받았다. 아쉽지만 학생회 활동과 동아리 활동 외의 대부분의 활동을 삭제하고 그 두 가지 내용에 살을 붙였다. 원서 제출 두 달 전부터 국어 선생님들께 찾아가 자기소개서를 피드백 받고 지우고 쓰고 또 썼다. 내 부탁을 거절하는 선생님은 없었다.

그리고 학교에서는 우리가 빠뜨린 자료가 있을까 봐 3학년 여름방학을 전후하여 활동 자료들을 서로 공유하는 자리를 마련해주었다. 그 기간에 방과 후에 남아 컴퓨터실에서 서로 가진 사진이나 문서를 공유하며 포트폴리오를 보충해나갔다. 학교에서는 이렇게 시기별로 필요한 프로그램을 마련해주었고 나는 이런 프로그램에 가능한 모두 참여하며 많은 것을 얻어갔다. 내 생각에는 입학사정관 전형의 성패는, 생활기록부 중에서 '교과 성적'처럼 개인의 역량도 중요하겠지만 많은 부분이 학교 프로그램에 달려있다.

잘 차려진 밥상 같은 '혁신학교'

나는 어떤 대학의 면접에서 '고등학교는 학생들의 삶 속에 어떤 역할을 담당하는 것이 바람직한가?'라는 질문을 받은 적이 있다. 법, 행정 계열을 지원한 나로서는 뜬금없는 질문에 순간 당황했지만, 이내 대답이 떠올랐다. 나는 "자신의 꿈을 구체화할 수 있도록 돕는 역할"이라고 답했다. 대학에 입학한 지 얼마 되지 않았지만, 우리가 고등학교에서 배운 내용들은 아주 얇은 지식이라는 사실을 금세 알 수 있었다. 또, 이렇게 많은 분야에 걸쳐 배운 내용들은 휘발성이 강하기에 곧잘 잊어버린다. 하지만 이렇게 얇고 넓은 지식들을 배우면서 내가 얻은 것이 있다면, 내가 무엇을 좋아하는지 알게 되었다는 것이다.

고등학교 3년 동안 내 흥미 분야를 찾았고, 법과 정치, 한국사, 세계사, 윤리 등 관련 과목을 배우며 그것을 맛볼 수 있었다. 고등학교를 졸업한 뒤, 앞으로 어떤 삶을 살아야 하는지 감이 오기 시작했다. 앞서 내가 대답했던 대로, 고등학교의 역할이 자신의 꿈이 구체화되는 것을 돕는 곳이라면 선사고등학교는 여기에 매우 충실했다. 고등학생이라 해서 학교, 집, 학원, 이렇게 정해진 틀 속에서만 살지 않았다. 학교생활은 우리를 대학 캠퍼스부터 창경궁까지 이곳저곳으로 이끌었다.

내가 경험한 혁신학교를 한마디로 표현하자면 '잘 차려진 밥상'이다. 잘 차려진 밥상처럼, 내가 하고자 하는 의지만 있다면 그것을 지원해준다. 바로 이런 부분이 내가 꿈을 찾고, 입시에서 좋은 결과를 낼 수 있도록 이끈 원동력이 된 것 같다.

고등학교의 역할이 '수능 고득점'이었다면 우리 학교가 나에게 해준 것은 충분하지 않았을 수도 있다. 그렇다면 지금 나는 혁신학교에 온 것을 후회하는가? 아니다 매우 만족한다. 입시는 변하고 있다. 수능도 물론 중요하지만 다른 길도 충분히 많다. 내가 경험한 입시는 자신에 대해 끊임없이 돌아보고 더 많이 생각한 이들에게 유리하다.

진짜
송 화 영
인 헌 고 졸 업 생

적극적인 교내 활동만으로 지원한 대학 모두에서 합격증을 받다

경제를 토론하는 동아리를 만들다

대학교에서 경제학을 전공하고 싶다는 생각을 하게 된 가장 큰 계기는 고등학교 2학년 2학기에 교내에 직접 창설한 경제 동아리 'Economics Talk' 활동을 통해서였다.

고등학교 2학년 경제 수업을 통해 다른 사회과학과 달리 체계적이고 과학적으로 그래프와 수식을 분석하는 경제학에 관심을 갖게 되었다. 그 후 교과서 속 경제 이론을 넘어 실생활 속에서 사용되는 경제학을 탐구하고자 경제 관련 도서와 경제 기사가 실린 신문을 찾아 읽기 시작했다. 하지만 혼자 경제학을 깊이 탐구하고 해석하는 것에 어려움을 느꼈고, 내 의견에 조언을 해주실 선생님과 함께 경제 이야기를 나눌 다른 친구들의 도움이 필요하다고 생각하게 되었다. 교내에 학생들이 함께 모여 정보를 공유하고 경제학을 깊게 공부할 경제 동아리가 없어 고민하던 중에 학교에서 적극 지원하고 있는 소규모 동아리 창설에 관심을 갖게 되었다.

소규모 동아리는 창의적 체험활동 시간에 전교의 모든 학생들이 필수적으로 가입해 활동하는 동아리가 아니라 4~5명의 학생들이 방과 후에 모여 관심 분야를 탐구하거나 체험하는 데 목적을 가지고 있다. 관심 분야가 같은 학생들이 소규모로 모여 직접 운영 계획서를 작성하여 창설한 동아리인 만큼 부원들 모두가 책임감을 갖고 적극적으로 활동할 수 있다는 점이 큰 장점이다. 또한 우리 인헌고등학교에서는 학생들이 자발적으로 모여 창설하는 소규모 동아리를 적극적으로 지원하기 때문에 담당 선생님의 지도를 받을 수 있고 동아리 운영비도 지원받을 수 있었다. 이러한 관심 덕분에 부원들 모두 좋은 환경에서 동아리와 스스로의 발전을 위해 노력할 수 있었다.

나는 경제에 관심을 갖고 있는 친구 3명을 모아 소규모 동아리 창설 계획서를 작성하여 경제 선생님께 동아리 담당 선생님을 맡아주실 것을 부탁하였고 선생님께서도 흔쾌히 승낙해주셨다. 경제 동아리 'Economics Talk'는 매주 일요일 3시간씩 경제 신문을 읽고 기사 속 경제 용어와 이론을 정리하며 보고서를 작성했다. 또한 '양적완화가 글로벌 경제에 긍정적인 효과를 가져올 수 있는가?', '아베노믹스가 국제적으로 어떤 영향을 미칠 것인가?'와 같은 경제 관련 토의 주제를 매주 2개 이상 선정하여 부원들 모두가 각자의 의견을 논리적으로 이야기하는 시간을 가졌다. 신문 기사로 부족했던 부분을 채우고자 한 달에 한 권씩 경제학 관련 책을 선정해 읽었다. 동아리 친구들과 책 내용에 대해 토의하고 담당 선생님의 조언을 바탕으로 내용을 보충하고 생각을 정리하는 활동을 했다.

나는 내가 창설한 경제 동아리 'Economics Talk'를 통해 평소에 관심을 갖고 있던 경제학을 다양한 시각에서 깊이 탐구해볼 수 있었고 실생활의 경제 문제에 대한 이해를 높이는 기회를 가질 수 있었다. 소규모 경제 동아리 이외에도 우리 학교 학생들은 다양한 분야의 소규모 동아리를 창설하였고 현재 활발히 활동 중인 것으로 알고 있다. 이러한 주도적이고 창의적인 활동의 결과를 자기소개서에 나만의 스토리로 작성하고 면접에서 적극적으로 보여준다면 대학 입시에서도 좋은 평가를 받을 수 있을 것이라고 생각한다.

발표와 토론 중심의 수업

내가 대입 면접을 성공적으로 마칠 수 있었던 것은 우리 고등학교만의 특별한 수업 방식이 큰 역할을 했다고 생각한다. 우리 인헌고등학교는 다른 학교와 달리 대부분의 교과 수업에서 학생들이 직접 참여할 수 있는 토론 수업, 블록 수업, 발표 수업 방식 등을 적극 활용한다.

1학년 사회 시간에는 사형 제도 존폐, 안락사 합법화와 같은 주제를 갖고 토론 활동 위주로 수업이 진행되었고 한국사 시간에는 한 학기 동안 조별로 모여 토론을 하고 질문지를 작성하는 활동 위주의 블록 수업이 진행되었다. 2학년 때 역시 심화 수준의 모의고사 기출 수학 문제를 풀고 선생님을 대신해 친구들에게 설명해주거나 직접 작성한 영어 에세이를 바탕으로 프레젠테이션을 제작해 영어로 발표하는 등의 수업을 해왔다. 예체능 시간에도 반 모두가 주체가 되어 작은 음악회를 열거나 서로의 작품을 선생님과 친구들의 함께 평가하는 시간을 가지며 학생이 주도하는 수업을 받아왔다. 대입을 앞두고 있던 3학년 1학기 때는 자신이 진학하고 싶은 학교와 학과에 대한 정보를 조사하고 그것을 바탕으로 보고서를 작성하고 프레젠테이션을 제작해 자신의 진로와 최종 목표를 구체화하고 체계화하는 활동을 중심으로 수업이 진행되었다.

고등학교 입학 전 경험했던 선생님 중심의 일방적 수업 방식이 아닌 고등학교 3년 동안 꾸준히 체험해왔던 학생 중심의 토론 수업, 블록 수업, 발표 수업 등으로 나뿐만 아니라 많은 학생들이 학습 효과를 극대화할 수 있었고 발표력은 물론 논리력과 분석력까지 기를 수 있었다. 또한 이러한 수업 방식은 나 스스로를 자발적이고 적극적인 성격으로 변화시켜 주었을 뿐만 아니라 발표에 대한 자신감을 갖게 해주었다. 덕분에 대입 면접에서 그동안 고등학교의 수업 방식으로 길러왔던 논리력, 발표력 그리고 자신감으로 좋은 평가를 받을 수 있었던 것 같다.

진로탐색을 위한 다양한 기회들

많은 고등학교의 3학년 진로 시간은 내신과 수능 공부를 위한 자습 시간으로 이용된다는 이야기를 들은 적이 있다. 하지만 우리 학교는 3학년 진로 시간을 학생들 스스로 진학하고 싶은 학교와 학과에 진학하여 꿈을 실현할 수 있도록 구체적인 목표를 세우는 시간으로 적극 활용하였다.

나는 진로 시간을 활용하여 대학교의 경제학과 교수님과의 면담을 계획했다. 2학년 경제 수업을 통해 흥미를 갖게 된 경제학이 정말 나의 적성의 맞는 것인지, 대학에서 경제학을 전공하고자 한다면 어떤 분야에 자질을 갖고 있어야 하는 것인지 알고 싶은 점이 많았지만 대학교 학과 홈페이지와 입학처의 설명으로는 알 수 없는 내용이 많아 부족함을 느꼈기 때문이다. 경제 동아리 'Economics Talk'의 부원들과 함께 평소 궁금했던 점을 의논한 후 질문지를 작성하여 대학교의 경제학과 교수님을 찾아뵈었고 이를 통해 교수님의 경험과 조언을 들을 수 있는 좋은 기회를 가질 수 있었다.

진로 시간 이외에도 교내 진로탐색 행사 '끼친'(끼를 나누는 친구들)과 함께하는 잡(Job) 수다 역시 내게 큰 도움이 되었다. '끼친'과 함께하는 잡(Job) 수다는 여러 직업군에 종사하고 있는 분들이 진로와 직업 멘토링을 통해 재능을 기부하는 프로그램으로 우리 학교에서 약 100명 정도의 학생이 참여했던 진로탐색 프로그램이다. 이 프로그램을 통해 나뿐만 아니라 많은 인헌고등학교 학생들이 다양한 직업군을 간접적으로 체험해보는 기회를 가질 수 있었고 꿈을 구체화하는 계기가 되었다.

나는 진로탐색을 위한 대학교 탐방 프로그램도 적극적으로 참여했다. 단체로 대학 탐방 프로그램을 신청하면 계열별 대학 캠퍼스를 탐방할 수 있고 관심 있는 전공과 학과를 조사할 수 있었다.

또한 대학 홈페이지를 통해 알 수 없었던 입학 과정, 입학 가능 성적, 학과의 커리큘럼 등 여러 가지 종류의 정보를 자세하게 들을 수 있다는 장점이 있었다. 슬럼프에 빠져 내신과 모의고사 공부에 집중이 잘되지 않을 때 진학하고 싶은 학교에 직접 찾아 가보는 것도 자신의 의지를 다지는 데 큰 도움이 될 수 있었다.

나는 고등학교 2학년 2학기에 진학하고 싶은 학교와 전공하고 싶은 학과를 결정할 수 있었다. 다른 친구들보다는 조금 늦은 결정이었지만 학교에서 진행하는 진로탐색 프로그램의 적극적으로 참여하지 않았다면 3학년 때까지도 갈팡질팡 고민하였을 것이라고 생각한다. 진로탐색의 기회를 놓치지 않고 적극적으로 참여해 담당 선생님과 대학생 멘토의 도움을 받아 구체적으로 진로 설계를 할 수 있었기에 후회 없이 대학 진학을 할 수 있었던 것 같다.

적극적으로 활동하는 인재가 되기 위해

나뿐만 아니라 대다수의 학생들이 고등학교 재학 중엔 중간고사 및 기말고사 준비, 수능 공부, 대학 입시 준비 등으로 눈코 뜰 새 없이 바쁜 시간을 보내곤 한다. 학업과 진로 및 진학에 대한 스트레스를 풀 시간과 여유조차 없어 고생하고 있던 다른 학교 친구들과 달리 나는 우리 학교만의 프로그램을 통해 학업 스트레스를 풀며 편안한 마음으로 고등학교 생활을 할 수 있었다.

중간고사와 기말고사 기간이 끝나고 그 주 주말에는 친구들과 놀 수도 있지만 나는 학교 프로그램 중 학부모와 함께하는 음성 꽃동네 봉사 활동에 참여하고는 했다. 일종의 스펙으로 봉사 활동에 참가하는 것이 아니라 하루 동안 서울을 벗어나 맑은 공기를 마시며 몸과 마음이 불편하신 분들을 돕는 것이다. 이 봉사 활동은 나에게 스트레스를 해소할 수 있을 뿐만 아니라 마음도 성숙해지는 유익한 활동이 되었다.

영화관에서 잠시 영화를 보는 것조차 부모님과 주변 사람들의 눈치가 보이던 고등학교 3학년, 수험생 시절에는 학교에서 지원하는 프로그램 중 '2013 서울 환경 영화제' 참가에 관심을 갖고 신청하게 되었다. 이 프로그램을 통해 나는 생식에 관련된 환경 영화를 학교의 지원으로 무료로 즐길 수 있었다. 환경 영화 관람을 통해 그동안 학업으로 인해 쌓인 스트레스도 풀 수 있었고 사람의 몸에 생식이 미치는 영향, 생식의 장단점 등과 같이 평소 생각해보지 못했던 주제에 대해 고민해보는 시간을 가질 수 있었다.

내 주변의 친구들뿐만 아니라 많은 고등학생들이 입시를 위해 교내외 활동을 하면서 자신의 진로와 관계가 없다고 생각하는 활동에는 관심을 갖지 않는 경우가 많다. 대학교의 수시 입학 전형 중 입학사정관 전형은 자신이 지원한 학과에 많은 관심을 가지고 있고 전공과 관련된 활동을 많이 한 학생을 선발한다고 알려져 있기 때문이다.

하지만 내가 경험한 입학사정관 전형은 알려진 바와 달리 전공

뿐만이 아니라 여러 분야에 재능을 가진 학생을 선발한다. 그러므로 입학사정관 전형을 준비하는 많은 고등학생들은 자신의 진로와 직접적인 관련이 없다고 생각되는 활동도 스스로의 발전에 큰 도움이 될 수 있고 대학에서도 여러 분야에서 적극적으로 활동하는 인재로 좋은 평가를 받을 수 있는 유익한 경험이라는 점을 알아야 한다.

눈높이 입시 설명회

입학사정관 전형, 논술 전형, 학생부 전형, 수학능력우수자 전형 등 대학교에 진학할 수 있는 방법은 굉장히 다양하다. 하지만 대학교마다 전형 종류와 이름, 대학이 추구하는 인재상이 모두 다르기 때문에 고등학교 입학 후 입시를 준비하며 혼란스러운 경우가 많이 있다. 이러한 경우 자신이 진학하고 싶은 대학교 학과 홈페이지나 입학처를 통해 정보를 얻고 전략을 세우는 것이 가장 일반적인 방법이다. 하지만 나는 다음 입시를 준비하는 후배들에게 가장 큰 도움이 될 수 있는 것은 최근에 입시를 치룬 선배의 생생한 경험담과 조언이라고 생각한다.

내가 다닌 고등학교는 이러한 점을 적극 활용하였다. 고등학교에 재학 중인 1학년, 2학년 학생을 대상으로 입시에서 좋은 성적을 거둔 3학년 선배들이 자신의 경험을 이야기하고 조언해주는 시간이 자주 있었다. 이러한 눈높이 입시 설명회는 다음 입시를 치룰 학생들은 효과적이고 성공적인 대입 전략을 세울 수 있도록 도와주었다. 또한 일회성으로 끝나는 것이 아닌 기회가 된다면 후배와 선배가 멘티와 멘토로 오랫동안 관계를 이어갈 수 있다는 장점이 있다.

나는 선배의 입시 경험담을 직접 듣기도 하였고 입시를 치룬 뒤에는 선배의 입장이 되어 후배들에게 입시 경험담을 이야기해주기도 하였다. 후배의 입장에서 선배의 입시 경험담을 듣는 것은 든든한 지원군을 얻은 듯한 느낌이었고 반대로 선배의 입장이 되었을 때는 후배들이 더 좋은 입시 성적을 거둘 수 있도록 든든한 지원군이 되어주자는 생각으로 진솔하게 이야기할 수 있었다.

배우고 가르치는 멘토링 프로그램

중학생 때와 달리 고등학생이 되면 학교생활만으로도 시간이 부족해 교과목을 보충하기 위해 학원을 다니거나 과외 수업을 듣는 것이 어렵다. 나는 고등학교 1학년 당시 학기 중 부족했던 과목을 복습하고 다음 학기를 준비하고자 학원이 아니라 학교에서 진행하는 멘토링 프로그램을 신청했다.

학교에서 진행하는 멘토링 프로그램은 이동 시간을 줄일 수 있고 무료로 강의를 들을 수 있다는 점에서 학원보다 많은 장점을 가지고 있다. 내가 수강한 멘토링 프로그램은 서울대학교에 재학 중인 대학생이 멘토가 되고 4~5명의 인헌고등학교 학생들이 멘티가 되어 수업이 진행되었다. 성적이 비슷한 친구들과 함께 부족하다고 생각되는 과목에 대학생 멘토의 도움을 받다 보니 다음 학기에 성적이 크게 향상되는 성과를 거둘 수 있었다. 멘토와 멘티라는 딱딱한 관계를 넘어 입시를 먼저 겪은 언니와 동생의 관계로 더욱 발전하여 진로에 대한 진솔한 이야기를 나눌 수 있었고 조언을 얻기도 하였다.

고등학교 3학년 입시를 앞두고 나뿐만 아니라 많은 친구들이 성적에 대해 고민하기 시작했다. 그런 친구들을 보니 고등학교 1학년 당시 서울대학교에 재학 중인 대학생에게 멘토링을 받던 내 모습이 떠올랐다. 멘토링을 통해 성적을 크게 향상시킬 수 있었던 나는 이번에는 내가 직접 친구들의 멘토가 되어 성적 고민을 해결해 주기로 다짐했다.

매일 점심시간 30분씩 친구들의 눈높이에 맞게 수업을 진행했다. 영어 공부에 어려움을 겪는 친구를 위해서 문법부터 독해까지 천천히 정리해주었고, 수학 공부에 어려움을 겪는 친구를 위해 중학교 때 배운 기본 공식까지 찾아 알려주었다. 짧은 시간에 학습 효과를 극대화하고자 직접 일일 테스트를 준비해 실시하기도 하였다.

물론 나는 대학생 멘토보다는 여러 면에서 많은 부족함이 있었고 어려움도 많았다. 하지만 이러한 부족함을 채우기 위해 야간 자율학습 시간을 쪼개 직접 자료와 시험지를 준비하고 수업 일지를 일일이 작성했다. 그 결과 멘티 친구들의 성적이 눈에 띄게 향상되었을 뿐만 아니라 멘토인 나의 성적도 함께 향상되었다.

멘티 입장에서, 멘토 입장에서 멘토링 프로그램은 항상 나에게 하나의 자극으로 다가왔다. 나를 위해 시간을 내준 멘토의 정성과 노력에 보답하기 위해 누구보다 열심히 배웠고 멘티 친구들에게 잘못된 정보를 알려주게 될까 걱정이 되어 열심히 수업을 준비하곤 했다. 학교에서 적극 지원해준 멘토링 프로그램은 내가 좋은 성적을 유지할 수 있었던 가장 큰 이유였다고 생각한다.

동아리 '인헌 NGO' 대표로 활동하다

나는 평소 NGO 활동에 관심이 많았기 때문에 고등학교 1학년 때는 '국제 이해 및 봉사 활동부', 2학년과 3학년 때에는 '인헌 NGO'에서 부기장으로 활동하며 사회 참여 의식을 높이고자 하였다. 그리고 부기장으로서 책임감을 갖고 부원들과 협력하여 에너지 절약 우수 학교로 뽑히는 데 도움을 준 '에너지 절약 캠페인', 교내 학생들의 꿈을 키워주는 'Dream Tree 프로젝트', 외국인들에게 독도를 알리자는 목적을 갖고 시작한 '독도 사랑 캠페인', 행복한 인헌동을 만들기 위한 '안전한 등하굣길 만들기' 등 많은 활동을 하였다.

에너지 절약 캠페인은 '인헌 NGO'의 첫 번째 활동으로 평소 학생들이 많은 불편함을 호소하던 화장실의 환경을 개선하고자 설문조사를 하고 해결 방안을 찾는 것이었다. 설문조사 결과를 부장선생님과 생활지도부 선생님께 제출하고 방향제 설치와 흡연 학생 지도를 부탁드렸다. 또한 물의 날을 맞이하여 화장실과 개수대에 물 절약 포스터와 화장실 사용 예절 포스터를 제작하여 게시하였다. 이목을 끌기 위해 학생들 사이에서 유행하고 있는 사진을 패러디 하여 포스터를 만들었고 패러디 포스터가 의미 전달을 확실히 하지 못할 경우를 대비하여 직접 학교 세면대에 자물쇠를 걸어 사진을 찍고 공익광고와 비슷한 포스터를 제작했다. 학교가 에너지 절약 우수 학교로 뽑히면서 HCN 관악방송에 직접 제작한 포스터가 소개되는 경험도 할 수 있었다.

'R=VD(Realization=Vivid Dream) 생생하게 꿈꾸면 이루어진다'라는 말이 인터넷을 통해 많은 사람들 사이에서 유행하자 우리 동아리는 이에 영감을 받아 'Dream Tree'를 제작했다. 인헌고등학교 학생들이 등굣길에 자신의 꿈이 적혀있는 'Dream Tree'를 보고 꿈을 이루기 위해 열심히 학교생활을 하기 바라며 본관 앞문에 게시하였다. 우리 동아리는 매일 아침 자신들의 꿈을 확인하고 등교하는 인헌고등학교 학생들의 모습을 보며 뿌듯함을 느낄 수 있었다. 또한 'Dream Tree'를 통해 학생들이 자신의 꿈에 더욱 가까워지는 시간이 되었다.

교내 학생들을 위한 NGO 활동을 넘어 사회에 영향력 있는

NGO 활동을 하고자 '독도 사랑 캠페인'도 벌였다. 독도를 일본의 영역으로 알고 있는 외국인들의 잘못된 인식을 바로잡고자 외국인들이 자주 방문하는 인사동에서 캠페인을 진행하였다. 캠페인 추진 전에 동아리 친구들 모두가 독도 홍보관에 방문하여 독도의 역사와 가치를 학습하고 사람들에게 정확한 정보를 전달하기 위해 노력했다. 인사동을 방문한 사람들의 관심을 끌고 캠페인에 참여해주시는 분께 보답을 하고자 부원들이 의견을 모아 독도 사랑 배지를 직접 디자인해 제작했다. 캠페인은 한지에 사람들이 입술 모양을 찍어 우리가 그린 독도 그림에 붙이는 활동으로 진행되었다. 독도에 많은 사랑과 관심을 가져달라는 의미를 담고 있는 활동이었다. 비록 외국인들과의 원활한 의사소통은 이루어지지 않았지만 독도를 알리기 위한 많은 사람들의 도움으로 성공적으로 캠페인을 마칠 수 있었다.

우리 학교가 위치한 인헌동은 매일 아침 등교하는 학생과 출근하는 직장인, 좁은 골목을 지나는 마을버스로 위험천만한 일이 자주 발생한다. 많은 주민들이 불편을 겪고 매번 불안해하고 있기 때문에 '인헌 NGO' 부기장으로서 이를 관악구청에 알리고 대책을 마련해야겠다는 생각을 하게 되었다. 그 결과 부원들과 함께 '안전한 등하굣길 만들기' 프로젝트를 진행하게 되었다. 학생들과 인헌동 주민을 대상으로 설문조사를 실시하고 이를 바탕으로 자료를 만들어 관악구청에 민원을 신청하였다. 확실한 답변은 얻기 힘들었지만 긍정적으로 검토해보겠다는 약속을 받아낼 수 있었다.

'인헌 NGO' 활동을 통해 나는 동아리 대표로서 지녀야 할 추진력과 책임감, 구성원들과의 소통과 협력의 중요성을 깨달을 수 있었고 사회에 대한 관심과 애정이 가져오는 변화의 아름다움을 느낄 수 있었던 소중한 경험을 하게 되었다. 나는 이러한 경험 덕분에 좋은 입시 성적을 거두었을 뿐만 아니라 앞으로 사회생활을 하면서도 적극적으로 사회에 참여하는 구성원이 될 수 있을 것이라고 생각한다.

진로탐색을 위한 방과 후 프로그램

나는 우리 학교에서 진로탐색반, 디베이트, 논술, 심층면접 방과 후 프로그램을 수강했다. 주 중에 시간을 내어 진로에 대해 고민해보거나 입시를 준비할 여유가 없었기 때문에 학교에서 진행되는 방과 후 프로그램에 적극적으로 참여하려고 노력했다.

중학교를 졸업하고 고등학교에 입학하여 새로운 수업과 일상에 적응하다 보니 순식간에 1학년 겨울방학이 다가왔다. 내신 성적과 모의고사 성적을 올리는 데에만 집중하다 보니 스스로가 정말 하고 싶은 일이 무엇인지, 어느 대학에 가고 싶은지, 무엇을 전공하고 싶은지에 대해 진지하게 고민해본 적이 없다는 것을 느끼게 되었다. 1학년 2학기 기말고사를 마치고 1학년 내신 성적과 모의고사 성적을 직접 분석하고 진로 계획을 체계적으로 작성해보려고 시도했다. 하지만 스스로를 객관적으로 판단하는 데 어려움을 겪었고 방과 후 프로그램 중 '진로탐색반'을 수강하게 되었다. 희망하는 전공 분야에 대해 담당 선생님과 이야기를 나누며 스스로를 객관적으로 평가해보고 원하는 학과가 개설된 대학, 교육과정, 졸업 후 진로 등 자료를 수집했다. '진로탐색반'을 수강하며 지원 동기와 최종 목표를 구체화하였고 이를 바탕으로 선생님과 모의 면접을 진행해보기도 하였다. 혼자가 아닌 담당 선생님과 함께하는 진로탐색 활동을 통해 효과적이고 체계적인 진로 계획을 짜임새 있게 구성할 수 있었다

학생들이 주도하는 토론 위주의 수업에 참여하면서 많은 사람들 앞에서 적극적으로 자기 주장을 발표할 수 있는 자신감을 가질 수 있었다. 하지만 수업이 진행될수록 상대방을 설득할 수 있도록 논리적으로 의견을 정리하고 발표하는 부분에 있어서는 부족함을 느끼게 되었다. 이러한 부족한 부분을 채우기 위하여 방과 후 프로그램 중 '심층면접 디베이트반'을 수강하게 되었다. 팀을 구성하여 매주 다른 주제를 가지고 자신의 의견을 정리하고 토론하는 '심층면접 디베이트반'은 교과 수업 시간보다 더 집중적으로 토론 수업을 할 수 있다. 그렇기 때문에 상대방에게 자신의 주장을 목소리 높여 강요하는 것이 아닌 논리적으로 상대방을 설득하는 방법을 쉽게 터득할 수 있었다. 또한 문제에 대해 창의적이고 다양한 논거를 제시하는 능력을 기르는 계기가 되었다.

모의 면접으로 입학사정관 전형 준비

고등학교에 입학해 본격적으로 입시를 준비하면서 가장 고민이
된 점은 '어떤 전형으로 대학에 원서를 접수해야 할까?'였다. 입학
사정관 전형, 학생부 전형, 논술 전형, 수학능력우수자 전형 등 수
많은 전형 중에 과연 가장 좋은 입시 결과를 얻을 수 있는 것이 무
엇일까 고민하던 중 직접 경험해보자는 생각을 하게 되었다.

입학사정관 전형은 학교 활동에 적극적으로 참여하면서 꾸준
히 준비해왔고 학생부 전형 역시 학교 활동을 하며 빠짐없이 생활
기록부에 기록하고 내신 성적 역시 좋게 유지하려고 노력했기 때
문에 다소 부족하다고 느낀 논술 전형을 경험해보고자 하였다. 경
험을 하기 위해 논술 학원에 등록하는 것은 경제적으로 부담이 되
었고 시간적 여유도 없었기 때문에 방과 후 프로그램을 통해 논
술 수업을 수강하게 되었다. 교과 시간에 해오던 글쓰기 수행평가
와 달리 제시문을 분류하고 핵심을 분석해야 하는 논술을 학교 선
생님께 기초부터 체계적으로 배울 수 있었다. 비록 논술 전형으로
대학교에 진학하지는 않았지만 논술 수업은 자기소개서를 작성하
고 대입 면접을 준비할 때 큰 도움이 되었다.

다양한 전형을 오랫동안 비교 분석한 결과 나는 입학사정관 전
형으로 대학교에 입학 원서를 작성하기로 최종 결정을 하였다.
같은 입학사정관 전형이라도 대학교마다 평가 방법과 과정이 다
르지만 나는 서류와 면접을 함께 평가하는 6개의 대학교를 선택

하게 되었다.

스스로가 면접에서 경쟁력이 있을 것이라고 생각하여 한 결정이었지만 막상 혼자 면접을 준비하다 보니 머릿속에 여러 가지 생각이 뒤죽박죽 섞여 면접 예상 질문에 대답하는 데 어려움을 느꼈다. 그래서 나는 생각을 정리하고 실제 대학교 면접에서 논리 정연하게 말할 수 있는 능력을 키우고자 3학년 선생님들께서 진행하신 모의 면접 방과 후 프로그램을 신청하였다. 모의 면접을 통해 면접에서 받는 질문의 유형과 압박 면접에 현명하게 대처하는 방법을 배울 수 있었고 다른 친구들과 차별화를 둘 수 있는 나만의 구호도 만들 수 있다. 방과 후 모의 면접 프로그램은 고가의 면접 학원에서 강의를 수강하는 것 이상의 효과를 거둘 수 있었고 내가 입시에서 좋은 성적을 얻을 수 있었던 가장 좋은 방법 중 하나였다고 생각한다.

나는 고등학교 생활에서 진로, 진학 관련 방과 후 프로그램을 꾸준히 수강하면서 학생들의 꿈과 미래에 대한 선생님들의 관심과 열정을 느낄 수 있었다. 그러한 선생님들의 관심과 열정은 나를 비롯하여 많은 인헌고등학교 학생들이 자신이 원하는 대학교에 합격할 수 있는 원동력이 되었다.

같은 입학사정관 전형이더라도 대학마다 요구하는 제출 서류가 다르다. 내가 지원한 6개 대학에서는 모두 자기소개서와 생활기록부를 평가 서류로 선정하였고 한 개의 대학에서 추가로 선택 서류를 포트폴리오로 평가하였다. 생활기록부, 자기소개서, 포트폴리오 어느 하나 빼놓을 수 없이 모두 중요한 서류이기 때문에 스스로가 관심을 갖고 오랫동안 준비해야 대학 입시에서 좋은 결과를 얻을 수 있다.

생활기록부에 담긴 출결로 성실성을, 수상 경력으로 적극성을, 다양한 교내 활동으로 전공에 대한 관심을 보여줄 수 있다. 내가 졸업한 인헌고등학교는 선생님들께서 주최하시는 교내 활동과 대회가 다른 학교에 비해 월등히 많기 때문에 나는 이러한 점을 이용하여 생활기록부를 알차게 만들 수 있었다. 내가 입시에서 경험한 것에 따르면 교내 활동과 대회에 적극적으로 참여하며 학교생활을 한다면 대학에서 요구하는 완벽한 생활기록부를 만들 수 있다. 하지만 아마 입학사정관 전형을 생각하고 있는 많은 고등학생들이 자신의 진로를 확실히 정하지 못했다는 이유로 다양한 교내 활동에 참가하는 것을 꺼려하고 있을 것이다. 물론 자신의 진로와 관련된 활동을 하는 것이 더 좋겠지만 진로에 대한 고민을 하고 있는 친구라면 여러 분야의 다양한 활동을 해보는 것이 중요하다고 생각한다. 진로와 관련이 없다고 생각하여 등한시했던 활동들도 나중에 자기소개서를 작성하고 면접을 준비할 때 자신을 강조할 수 있는 활동이 될 수 있음을 알아야 한다.

알찬 생활기록부는 짜임새 있고 스토리가 담긴 자기소개서를 작성하는 데에도 큰 도움이 된다. 나 같은 경우는 생활기록부에 기록되어있던 교내 마라톤 대회, 학급 음악회도 적극적으로 활용하여 자기소개서를 작성하였다. 마라톤 완주와 3년 연속 개근을 통해 강한 의지를 보여주었고 학급 음악회에서 사회를 맡은 경험을 리더십으로 연결시켜 다른 친구들과 차별화를 두었다. 하지만 나는 조금 늦게 자기소개서를 작성하기 시작하여 촉박하게 3학년을 보내게 되었다. 따라서 자기소개서를 작성해 대학교에 갈 의향이 있는 학생이라면 틈틈이 자신의 활동과 느낌을 기록하라는 조언을 해주고 싶다. 고등학교 3학년이 되면 막바지 내신 관리와 모의고사 및 수능 공부로 정신없이 시간이 흐르기 때문에 2학년 겨울방학부터 조금씩 자기소개서를 작성한다면 더욱더 완성도가 높은 자기소개서를 제출할 수 있을 것이다. 또한 자기소개서는 처음부터 선생님과 부모님의 도움을 받아 작성하는 것보다 스스로 자신의 이야기를 진솔하게 담고 그 뒤에 도움을 받는 것이 나만의 자기소개서를 만드는, 더 바람직한 방법이라고 생각한다.

선택 서류인 포트폴리오는 대학교마다 요구하는 분량과 양식이 모두 다르지만 기본적으로 생활기록부와 자기소개서의 내용을 보충하는 자료라는 점은 어느 대학교나 같다. 그렇기 때문에 고등학교 3년 동안 자신이 해온 교내, 교외 활동 자료를 잘 보관하는 것이 중요한다. 동아리, 멘토링, 캠페인 활동 등 자신이 참여했던 활동의 사진과 느낌을 잘 간직하고 있어야 대학에서 요구하는 분량과 양식을 갖춘 포트폴리오를 작성할 수 있다.

나는 교외 활동 없이 교내 활동에 대해서만 자료를 제출한 대학교에서 모두 합격 통지서를 받을 수 있었다. 내가 이렇게 좋은 결과를 얻게 된 데에는 내 모교인 인헌고등학교의 도움이 굉장히 컸다고 생각한다. 인헌고등학교에서 진행되는 다양한 활동을 통해 경험을 쌓을 수 있었고 선생님들께서 보여주신 학생들의 진로, 진학에 대한 관심 덕분에 원하는 대학에 합격할 수 있었다. 많은 고등학생들이 자신의 고등학교에 대해 자부심을 갖고 적극적으로 학교생활을 하여 자신이 원하는 대학에 진학할 수 있으면 좋겠다.

진짜

입시와 경험,
둘 모두를 얻었던 학교생활

입시와 경험,
둘 모두를 얻었던 학교생활

어렸을 때부터 음식으로 사람을 치료하겠다는 꿈이 있었다. 이 꿈을 이루기 위해 무엇을 배우고 준비해야 하는지 많이 고민하고 찾아봤다. 그 결과 식품공학과 한의학이 내 꿈과 가장 밀접한 관련이 있는 학문이라는 생각이 들었다. 그래서 식품공학과를 졸업하고 음식을 개발하는 길과 한의학과를 졸업하고 관련된 연구를 하는 길 중에 어느 것이 더 내 꿈과 관련이 있을지를 고민하며 중학교 생활을 마치게 되었다.

중학교 3학년 말부터 학원을 다니지 않고 혼자서 공부했다. 친구들 중에 "공부를 하라니까 하지 왜 해야 되는지는 잘 모르겠어. 딱히 뭔가 하고 싶은 것도 없으니까 공부하는 거지. 그게 아니었으면 공부 안 했을 거야."라고 말하는 친구들이 있었는데 이 친구들은 정말 공부하는 것이 싫고 힘들어보였다. 하지만 나는 이루고자 하는 꿈이 있었기 때문인지 공부를 하는 것이 많이 힘들지 않았고 학원을 그만둔 뒤에도 꽤 높은 성적을 유지할 수 있었다. 그래서 고등학생이 되어도 사교육을 받지 않고 공부해보자는 생각을 하게 되었다. 하지만 한편으로는 고등학교의 학습량이 더 많으니까 성적이 떨어지지 않을까 하는 불안감도 들었다.

고등학교 진학을 앞두고 사실 별 생각이 들지는 않았다. 다만 대학 입시에 한발 더 가까워졌다는 것 때문에 공부에 대한 압박감이 좀 더 커졌고 꿈을 이루기 위해 공부를 더 열심히 해야겠다는 생각이 들었다. 하지만 어떤 과목을 어떻게 공부해야겠다는 계획은 딱히 없었다. 대입 준비를 어떻게 해야 되는지에 대해서도 아는 것이 없으니 막막했다.

중학교 3학년 때 여러 학교에서 홍보를 하기 위해 학교로 찾아왔었다. 배화여자고등학교 역시 홍보를 왔었는데 공부 분위기가 좋고 방과 후 수업이 잘 되어있다는 말을 듣게 되었다. 선생님들과 학생들 사이의 관계도 원만하다는 말을 듣고 대학 입시를 준비하고 공부를 하는데 많은 도움을 얻을 수 있는 학교라는 생각이 들었다. 그래서 1지망에 배화여자고등학교를 썼고 입학할 수 있었다.

언제든지 부담 없이
상담할 수 있는 선생님들과 다양한 주제의 대회

혁신학교로서 우리 학교와 다른 학교의 가장 큰 차이점은 선생님들과 학생들 간의 소통이 활발하다는 것이다. 그것이 가장 잘 드러나는 부분이 바로 선생님들과의 상담이다. 간혹 몇몇 학교에서는 성적만을 보고 입시 방향을 설정하거나 수시와 관련된 상담을 거의 안 하기도 한다고 들었다. 그런 점에서 우리 학교는 학교생활기록부나 진로 적성 검사 결과, 논술 대회나 적성 고사에서의 결과 등을 참고해서 입시 방향을 설정해주기 때문에 자신에게 좀 더 유리한 전형을 택해서 준비할 수 있어 좋은 것 같다.

신청서만 작성하면 언제든지 진학지도부 선생님들과 상담할 수 있는 것도 장점이다. 나는 학기마다 진학지도부 선생님이나 담임 선생님께 최소 한 번씩은 상담을 받았고 2학년 말부터는 여러 선생님들께 수시로 조언을 얻었다. 성적이나 입시 문제뿐 아니라 학교생활이나 개인적인 문제에 대해서도 친절하게 상담을 해주셨기 때문에 큰 부담 없이 선생님들을 찾아갈 수 있었던 것 같다.

또한 선생님들께서 학생들 한 명 한 명에게 관심을 갖고 지켜보시고 이를 기록한다는 것도 특징이다. 학교생활기록부를 봤을 때 다른 친구들과 같은 말이 쓰여 있는 경우가 많은데 우리 학교 생활기록부에는 그 학생이 어떤 활동을 했고 어떤 일화가 있었는지가 세세하게 적혀있었다. 그래서 학생들은 개개인의 특징과 개성이 드러나는 자기만의 학교생활기록부를 가질 수 있었다.

영어나 수학 경시대회만 열리는 것이 아니라 보고서 대회나 학술제와 같이 교과 성적과 관련 없는 대회도 많이 열리는 것 역시 다른 점이다. 제출된 자료가 아니라 교과 성적을 기준으로 상을 주는 학교가 간혹 있다고 해서 충격을 받은 적이 있었다. 우리 학교는 여러 선생님들이 심사하시고 수상작을 전교생을 대상으로 전시하기 때문에 공정하다고 생각한다. 자신이 잘할 수 있거나 관심 있는 분야에서 열심히 활동하고 이를 정리해서 제출하면 그것을 인정받을 수 있다. 학교생활기록부에도 기록되기 때문에 입학사정관 전형을 준비하는 학생들에게 큰 이점이라고 생각한다. 나 역시 이를 적극 활용해서 교외 활동을 거의 하지 않고 입학사정관 전형을 준비할 수 있었다.

진로탐색에 도움을 준 체험활동들

우리 학교는 여러 프로그램을 실시하고 있었다. 그렇기 때문에 학교생활을 하다보면 자연스럽게 다양한 프로그램들에 참여하게 되었다.

시간표를 보면 창의적 체험활동 시간이 있는데 우리 학교는 대부분의 시간을 진로탐색을 위한 시간으로 활용했다. 1학년 때는 관련된 검사를 하거나 동영상을 보고 감상문을 쓰는 등의 활동을 했고 2학년 때는 각자 되고 싶거나 관심 있는 직업을 조사해서 발표하는 활동을 했다. 어느 분야를 좋아하고 잘하는지 생각해볼 수 있었고 다양한 직업에 대해 알 수 있었기 때문에 진로 설정하는 데 많은 도움을 줬다.

우리 학교는 나라 사랑 실천 학교이기 때문에 독도 플래시몹을 하거나 효창원이나 전쟁기념관을 방문하는 등의 활동을 한다. 사실 고등학교 입학 전에는 나라에 대해 생각해본 적이 거의 없었다. 관련 기사를 볼 때 잠깐 생각하는 정도였고 그것도 긍정적인 생각은 많지 않았다. 하지만 학교에서 하는 여러 활동에 참여하면서 그동안 내가 불평만 하고 있었다는 것을 깨닫고 반성하게 됐다. 그리고 우리나라와 관련된 문제에 대해 더 관심을 갖고 고민하며 내가 할 수 있는 것이 있다면 참여해야겠다는 다짐을 했다. 덕분에 이전보다 뉴스나 신문을 더 많이 보게 되었고 국사에 대한 책에도 흥미를 갖게 되었다.

한 학급 한 생명 살리기 운동도 매년 실시하는데 외국에 사는 아이 한 명을 한 학급이 후원해주는 것이다. 달마다 3만원씩을 후원해주면 그 돈으로 아이의 가족은 의식주를 해결하고 학교를 다닐 수 있게 된다. 가끔 오는 아이에 대한 소식이나 사진, 아이가 쓴 편지를 보면 뿌듯해지기도 했다. 나에게는 천 원이라는 작은 돈이지만 그것이 모여서 한 가족이 생활할 수 있는 큰돈이 된다는 것을 보면서 십시일반이 무엇인지도 느낄 수 있었고, 왜 기부를 해야 되는지도 생각해볼 수 있었다.

교외 활동은 봉사 활동과 영재교육원을 다닌 것이 있다.

그중에 봉사 활동은 초등학생이나 중학생의 학습 지도를 했다. 특히 2학년 말부터는 집 근처 복지회관에서 목요일마다 초등학교 저학년 학생들의 학습 지도 봉사 활동을 했다.

처음에는 무엇을 해야 할지도 모르겠고 아이들도 적대적으로 행동하다 보니 아무것도 하지 못하는 경우가 많았다. 아이들이 반말을 하거나 때릴 때는 어떻게 해야 할지 몰라 쩔쩔매기도 했다. 그래서 초반에는 너무 힘들어서 봉사 활동이 끝나면 녹초가 되어 쓰러지듯 잠이 들었다. 하지만 지속적으로 가서 아이들과 함께 시간을 보내고 계속해서 말을 걸자 점차 아이들이 마음을 열고 선생님으로 대해 주기 시작했다. 나 역시 아무것도 못했던 이전과는 다르게 아이들이 잘못된 행동을 할 때는 바로잡을 수 있도록 가르치게 되었다. 그러면서 아이들과 가까워질 수 있었고, 마음을 열고 사람을 대하면 결국 상대방도 마음을 연다는 것을 배울 수 있었다.

서울특별시 과학전시관 영재교육원은 고등학교 1학년 때 다녔는데 한 달에 두 번씩 다양한 분야의 과학 주제에 대한 수업을 듣고 관련된 실험을 했다. 처음에는 아는 사람이 없어서 긴장이 되기도 했고 다른 친구들이 나보다 아는 것이 많은 것 같아 주눅이 들기도 했다. 수업의 난이도 역시 중학교 때 다녔던 영재교육원보다 높아서 수업을 듣는 것이 조금 힘들었다. 하지만 그래서 더 열심히 해야겠다고 마음을 다잡을 수 있었던 것 같다.

수업을 듣기 전에 미리 교재를 읽고 모르는 부분이 있으면 찾아보면서 예습과 복습을 열심히 하다 보니 수업에 점점 더 흥미를 느낄 수 있었다. 또한 열심히 한 것에 대한 보답인지 수료식에서 우수상을 받을 수 있었다. 1년 동안 수업을 들으면서 많은 지식을 얻을 수 있었다. 뿐만 아니라 다른 친구들과 함께 실험하고 과제 연구 발표 대회에 참여하면서, 조별 활동을 위해 무엇이 필요한지, 포기하지 않고 노력하는 것이 얼마나 중요한지와 같이 인성적인 부분에서도 많은 것을 얻을 수 있었다.

진로를 '넓은 범위에서 차근차근' 생각하라는 선생님들의 조언

어렸을 때부터 음식으로 사람을 치료하겠다는 꿈이 있었다. 꿈을 이루기 위해 어떤 길을 택해야 하는지 계속해서 고민을 했고 식품공학과에 진학해서 음식을 개발하는 길과 한의학을 공부하며 관련된 연구를 하는 길로 선택지를 압축할 수 있었다. 하지만 둘 중에 어느 하나를 고르는 것은 매우 힘든 일이었고, 고등학교에 진학한 뒤에도 계속해서 고심해야 했다. 게다가 고등학교에 올라가자 입시에 한발 다가가게 되었다는 압박감이 들었고 입시 준비를 어떻게 해야 할지 막막했다.

그래서 진학지도부 선생님과 상담을 했다. 선생님께서는 3년이라는 시간이 있으니 1학년 때는 두 학과 모두를 아우르는 활동을 하고 점점 구체화하는 것이 좋겠다고 하셨다. 그리고 활동 내용과 가고 싶은 학과에서 뽑는 입시 전형을 고려했을 때 입학사정관제와 학생부 우수자 전형이 가장 적합하다고 하셨다. 이 전형을 어떻게 준비해야 하는지에 대한 조언을 들은 뒤, 입학사정관제에서 평가하는 분야별로 계획을 짜고 앞으로의 공부 계획을 세워 이를 실천하기 위해 노력했다. 또한 어떤 방향으로 진로를 설정할지에 대해 끊임없이 고민했다.

꿈은 예전부터 있었지만 그 꿈을 이루기 위한 두 가지 방향 중에 어떤 길을 택할지를 쉽사리 결정할 수 없었다. 대학 입시를 위해서는 길을 빨리 정해야 한다는 생각에서 오는 조급함 때문에 더 이상 못 정한 것 같기도 하다.

그러다 1학년 1학기가 끝나기 전에 진학지도부 선생님과 상담을 했다. 선생님께서는 지금 당장 결정하거나 구체적인 활동을 하기보다는 여러 분야의 활동을 하다가 점차 영역을 좁혀나가는 것이 좋을 것 같다고 하셨다. 그리고 가고 싶은 학과나 현재의 활동 내용을 봤을 때 학생부 우수자 전형이나 입학사정관제 전형이 적합할 것 같다고 하시면서 어떻게 준비해야 하는지 조언해주셨다. 그래서 지금 할 수 있는 것부터 하나씩 해보자는 생각을 갖게 되었고 입시 준비와 공부를 어떻게 할 것인지 계획을 짜서 실천하기 시작했다.

2학년 2학기에 성적이 많이 떨어져서 원하는 곳을 가기 힘들어졌다. 또한 입학사정관제에 대한 압박 때문에 너무 많은 일을 하고 있었다. 선생님께서 왜 그 학과를 택하고 싶은지, 그것을 위해 무엇을 준비할 것인지에 대해 깊이 생각해보고 글을 한번 써보라고 하셨다. 그리고 지금 하고 있는 것 중에 정말 도움이 될 것 같은 일을 제외하고는 다 정리하라고 하셨다. 덕분에 내가 하고 있는 일과 꿈에 대해 진지하게 고민하면서 생각을 정리할 수 있었고 그것이 자극이 되어 성적을 다시 올릴 수 있었다. 담임 선생님과 진학지도부 선생님들과 수없이 많이 상담한 덕에 내 꿈과 목표에 대한 생각을 정리할 수 있었고 입시를 잘 준비할 수 있었다.

진학지도부 선생님이나 담임 선생님과 계속해서 상담을 하고 학교에서 하는 많은 행사와 방과 후 수업에 참여하면서, 입시 전형을 정하고 이를 위해 무엇을 준비해야 하는지 계획을 세울 수 있었다. 또한 선생님들은 시간이 많으니 천천히 범위를 가장자리부터 안쪽으로 좁혀가며 활동을 하고 진로나 진학에 대해 좀 더 깊이 있게 생각해보라고 조언해주셨다. 덕분에 내 꿈과 진로에 대해 진지하게 생각해볼 수 있었고 확신을 가지게 되었다.

선생님들과 상담하면서 학생부 우수자 전형과 입학사정관제 전형을 준비하기로 결정했다. 학생부 우수자 전형은 높은 내신이 요구되기 때문에 이것을 유지하기 위해 매일 스터디 플래너에 계획을 세우고 그에 맞게 공부했다. 필요한 경우, 학교에 개설된 방과 후 수업을 신청해서 들었고 수업이 개설되어 있지 않으면 학생들을 모아 주문형 방과 후 수업을 신청해서 들었다. 혼자서 공부하기 힘들 때는 선생님께 숙제 검사를 받거나 친구들과 스터디를 만들어 공부했다.

과학 동아리 '엘리시온'과 학년장 활동

우리 학교는 동아리나 스터디를 개설하고 운영하는 데 많은 지원을 해준다. 그래서 영어 스터디나 수학 스터디, 독서 동아리 등 필요한 스터디 그룹이나 동아리를 만들어서 활동했다. 이 중 가장 기억에 남는 것은 과학 동아리 '엘리시온'(Elysion)이다.

1학년 때, 함께 대회에 참여했던 친구들과 모여 만들었는데 처음에는 서로의 관심 분야를 조사하고 발표하는 정도의 작은 과학 스터디였다. 그러다가 정독도서관에서 하는 '금요일에 과학터치'라는 과학 강연도 듣고, 과학 축전도 참관하고 부원들과 여러 주제에 대한 보고서를 작성하는 등 활발히 활동하다 보니 점차 규모가 커졌다. 사직동 동사무소와 연계해서 폐휴대폰, 폐건전지 수거 캠페인을 실시했을 때는 학생들과 선생님들의 많은 참여로 장학금도 받을 수 있었다. 이렇게 열심히 활동한 결과 교내 보고서 대회와 학술제에서 많은 수상을 할 수 있었고 선생님들께 노력을 인정받아 정식 CA가 되었다. 열심히 활동해서 인정받았기 때문에 보람도 크고 더 인상 깊은 것 같다. 엘리시온 활동을 통해 과학적 지식뿐 아니라 협동심이나 이해심과 같이 팀으로서 활동할 때 필요한 것들도 얻을 수 있었다.

우리 학교는 자기소개서 쓰기 대회나 보고서 대회, 학술제와 같이 성적과 관련되지 않은 다양한 대회가 열린다. 그중에서 보고서 대회는 봉사, 학술, 동아리 등 여러 분야로 나누어 시상한다. 나는 친구들과 함께 스터디나 동아리에서의 활동 내용을 정리하여 보고서 대회 때마다 제출했다. 다른 동아리 활동 보고서를 통해서도 상을 받았지만 과학 동아리 엘리시온은 활동이 특히나 많았기 때문인지 동아리 부문에서 항상 금상을 받았다. 관심 분야와 관련된 보고서를 작성해서 제출하기도 했는데 그 주제와 관련해서 짧게나마 공부해볼 수 있었고 그 공부가 내 적성에 맞는지도 알 수 있었다. 게다가 수상까지 해서 더 인상 깊었다.

　디자인 혁신학교이다 보니 한글 티셔츠 만들기 대회와 같은 것들도 간혹 열리는데 디자인 관련 학과에 진학하고 싶어 하는 학생들에게는 좋은 기회가 되었다고 생각한다. 전에 같은 반 친구가 '아름다운 배화 만들기 벽화 그리기'에서 상을 받아서 그 친구를 도와 벽화를 그려본 적이 있다. 힘들기는 했지만 새로운 경험이었고 친구들과 함께했기 때문에 좋은 추억이 된 것 같다.

　학생회는 하지 않았지만 3학년 때 학년장을 맡았다. 학년장으로서의 역할은 크게 두 가지로 학생들과 선생님들 사이의 다리 역할과 급식 지도였다.

　선생님들의 전달 사항은 각 반을 돌아다니며 칠판에 적거나 구두로 알렸고, 학생들이 불만이 있거나 제안할 것이 있는 경우 각 반 반장에게 반 친구들의 의견을 물어볼 것을 부탁하고 이를 모아 선생님께 건의했다. 급식 지도는 시간에 맞춰 순서대로 학생들을 급식실로 보내는 일로 1년 동안 부학년장들과 함께했다. 처음에는 종이 치자마자 몰려나오는 학생들 때문에 급식실 앞이 매우 혼잡했고, 끼어드는 학생들 때문에 학생들의 불만이 많았다. 이를 해결하기 위해 반장들과 급식 순서에 관한 규칙을 만들고 순서를 지키지 않는 학생들에게 몇 번의 경고를 주자 급식 순서는 잘 지켜지게 되었다. 하지만 후배들의 급식 시간이 전년도에 비해 훨씬 빨라져서 3학년 전체가 10분 이내에 급식을 끝내야만 했다. 그러다 보니 3학년은 시간이 부족해서 밥을 급하게 먹을 수밖에 없었고 1학년, 2학년 학생들 역시 자리가 생길 때까지 서서 기다려야

했기 때문에 서로 불편했다. 그래서 선생님께 사정을 말씀드리고
급식 시간을 조금 조정해줄 것을 건의했다. 선생님께서는 이를 받
아들이셨고, 학생들의 불만은 그 전보다 많이 줄어들게 되었다.

학년장의 일이 조금 어렵고 힘들 때도 있지만 그만큼 많은 보람
과 자부심을 느낄 수 있었다. 또한 불만이 생겼을 때 어떻게 해결
해야 하는지, 어떤 일을 할 때 어떻게 의견을 모으고 제안해야 하
는지 배울 수 있었다.

공부에 도움이 된 '주문형 방과 후 수업'과 상담

중학교 3학년 말부터 학원을 그만두고 혼자서 공부했다. 고등
학교에 입학한 뒤에는 성적이 떨어질까 봐 조금 불안했지만 방과
후 수업이 잘되어 있다고 들었기 때문에 이를 활용하기로 했다.
선생님들께서는 방과 후 수업 때도 정규 수업과 마찬가지로 열정
을 가지고 친절하게 수업해주셨다.

또한 선생님께서 일방적으로 정해서 수업을 하는 것이 아니라
학생들에게 원하는 수업 방식과 난이도를 묻고 이에 맞춰 수업해
주셨다. 필요한 경우, 학생들이 모여 학교에 신청하면 주문형 방
과 후 수업도 개설된다. 나의 경우 국어 문법이 정리되어 있지 않
아서 문제를 계속 틀렸다. 그래서 선생님께 국어 문법 수업을 개
설해 달라고 부탁드렸고 그 수업을 들은 뒤에는 거의 틀리지 않게

되었다. 또한 정규 수업 시간에 들을 수 없는 탐구 과목을 주문형 방과 후 수업을 통해 공부할 수도 있다. 우리 학교는 여고라서 그런지 3학년 때 물리1 수업이 없었는데 물리1을 시험 보는 학생들이 주문형 방과 후 수업을 통해 수능 준비를 할 수 있었다.

공부 계획을 세우기 힘들 때 교과 선생님께 가서 도움을 요청하면 어떻게 공부하는 것이 효율적인지 학생의 상황에 맞게 조언해주셨다. 혼자 계획을 짜서 공부할 자신이 없는 경우에 선생님께 부탁드리면 공부 검사도 해주시기 때문에 게으름 피우지 않고 공부할 수 있다. 나는 고3 때 매주 모의고사를 1회분씩 풀고 검사 맡았는데 덕분에 시간에 맞춰 모의고사를 푸는 연습을 할 수 있었다.

그리고 한울공부방이라는 것도 실시했는데 선배와 후배, 또는 동급생끼리 1대 1로 어울려서 멘토를 맡은 학생이 멘티 학생이 모르는 부분을 알려주고 수업해주는 프로그램이다. 성적을 올리고 싶은데 선생님께 질문하는 것이 힘든 학생들이 모르는 부분을 편하게 배울 수 있다는 장점이 있다. 나는 멘토 역할을 했는데 친구나 후배를 가르쳐주면서 알고 있는 것을 한 번 더 확인할 수 있고 멘티의 성적이 오르는 것을 봤을 때 보람이 있어서 좋았다.

3학년들을 대상으로 하는 진로 진학 방과 후 수업은 수시를 준비하는 데 실질적인 도움을 줬다. 학생과 선생님이 1대 1로 짝을 지어 이루어졌는데 선생님께서 자기소개서도 봐주시고 인성 면접 준비도 도와주셨다. 또한 자신의 희망 전공과 관련된 교과 선생님과 심층 면접도 준비했다. 사회적 문제와 관련해서 다른 학생들과 토론한 일은 그 문제에 관해 좀 더 생각해보고 자신의 의견을 다듬어볼 수 있는 기회가 되었다. 방과 후 수업을 듣지 않더라도 면접을 준비하고 있다면 그 학생들을 불러 기본적인 인사법이나 갖춰야 할 예의, 무엇을 어떻게 준비해야 하는지 등을 알려주셨다. 개개인의 말투나 행동 등에 대해서도 조언을 많이 해주시기 때문에 면접 준비에 많은 도움이 되었다.

그리고 우리 학교는 매년 대학 학과 알림 동아리가 와서 학과 설명회를 했다. 설명회는 학생들은 2~3개의 학과를 택해서 무엇을 배우는지, 졸업 후에 어떤 일을 하게 되는지 등을 듣고 궁금한 것을 질문하는 방식으로 진행되었다. 강당에서 여러 학과를 두루 설명하는 방식에 비해 자신에게 필요한 정보만을 택해서 들을 수 있기 때문에 좀 더 효율적이었다. 그리고 그 학과를 다니는 대학생이 설명해주기 때문에 세부적인 것들도 알 수 있어서 좋았다. 특히 이름이 비슷한 학과를 비교해서 어떤 차이가 있는지 알 수 있었기 때문에 어떤 학과에 진학할지 결정하는 데 많은 도움이 되었다.

선생님들과의 상담과 독서 활동으로 진로를 잡아가다

대학 진학을 준비하면서 나에게 가장 큰 도움이 되었던 것은 선생님들과의 상담이었다. 입시에 대해서 아는 것이 거의 없던 나에게 어떤 전형이 유리하고 어떻게 준비해나가는 것이 좋은지 상담해주셨고, 일정 기간마다 내가 잘 준비해나가고 있는지 고치거나 보완해야 할 부분은 없는지 확인하고 알려주셨다. 또한 내가 왜 꿈을 가지게 되었고 그것을 이루기 위해 어떤 준비를 해야 하는지 깊이 생각해볼 수 있는 계기를 주셨다. 뿐만 아니라 학교생활을 하면서 겪는 어려움이나 고민 역시 들어주시고 충고해주셨기 때문에 여러 번 마음을 다잡을 수 있었고, 입시 준비뿐 아니라 내면적인 문제에도 큰 도움을 주었다.

명사들의 특강이나 각종 보고서 대회, 방과 후 수업 등 학교에서 진행하는 많은 프로그램들 역시 성적을 향상시키고 입학사정관 전형을 준비하는 데 큰 역할을 했다. 만일 학교에서 이러한 다양한 것들을 진행하지 않았다면 대학 입시를 준비하는 데 많은 어려움이 있었을 것이다.

1학년 때 선생님들과 상담하면서 활동 내용과 학과의 전형을 고려해서 입학사정관 전형을 준비하기로 결정했다. 내신, 봉사, 독서, 리더십 등과 관련해서 그때까지 한 활동과 앞으로의 계획을 작성하고 그것을 바탕으로 학기마다 진학지도부 선생님들과 상담했다. 덕분에 계획한 것을 얼마나 달성했는지 확인하고 그것을 바탕으로 앞으로의 계획을 짤 수 있었다.

전공 관련 활동의 경우 1학년 때는 특정 분야와 관련된 활동을 구체적으로 하기보다는 분야를 가리지 않고 모든 영역의 활동을 했다. 그리고 차츰 범위를 좁혀나가면서 관심 분야와 관련된 보고서를 쓰는 등의 구체적인 활동을 했다.

독서는 독서 동아리를 만들어서 친구들과 함께 책을 읽고 토론하거나 학교에서 실시하는 독서인증제를 활용했다. 독서인증제는 선생님들께서 추천하는 책을 읽고 독후감을 써서 제출하면 선생님께서 읽어보시고 평가를 해주시는 제도이다. 두 가지 방법을 통해 혼자서 읽고 독후감을 쓰는 것보다 더 많은 생각을 하고 그것을 글로 써볼 수 있었다.

이외에도 여러 활동을 했는데 활동을 할 때마다 기록으로 남겼다. 방학 때는 기록한 것들을 모으고 정리하는 작업을 했다. 가끔 대학 홈페이지에 들어가서 무엇을 배우고, 어떤 인재를 원하는지, 어떤 프로그램을 운영하는지 등을 보고 정리하기도 했다.

3학년 때는 그동안의 활동을 보고 대학 및 학과의 특성과 인재상과 관련된 활동을 모아 자기소개서를 작성했다. 그와 동시에 인성 면접과 심층면접을 준비하고 선생님들께 조언을 구하며 입학사정관 전형 준비를 마무리했다.

처음에 입시를 생각할 때는 뭘 해야 하는지 어디로 진학해야 할지 갈피를 잡지 못해서 막막했다. 하지만 선생님들과 상담하고 내 나름대로 계획을 세워서 하다 보니 조금씩 준비해나갈 수 있었던 것 같다. 물론 중간에 성적이 떨어지고 입학사정관제 준비와 내신 공부, 수능 공부를 다 해야 된다는 압박감을 느끼면서 너무 힘들다는 생각이 들기도 했다. 그렇지만 선생님들께서 많은 조언을 해주시고 친구들이 위로해주고 응원해줬기 때문에 다시 마음을 잡고 입시 준비를 할 수 있었다. 사실 입시 전형이 다양하기 때문에 그중에서 하나를 택하는 것은 쉽지 않다. 준비하고 있는 것이 잘 되지 않을 때 느끼는 불안감을 떨쳐내고 다시 노력하는 것 역시 어려운 일이다. 그렇기 때문에 예민해지고 주변 사람들과도 많이 다투게 되는 것 같다. 하지만 이런 모든 상황에서 오는 스트레스를 극복하면서 끝까지 포기하지 않고 입시를 준비했기 때문에 원하는 학과에 합격할 수 있었던 것 같다.

3학년에 올라가면서부터 그동안의 활동을 바탕으로 자기소개서를 작성하고, 그에 맞게 포트폴리오를 재구성했다. 친구들과 서로의 자기소개서를 바꿔 읽어보고 수정해야 될 부분을 알려주었다. 선생님께도 조언을 구하면서 조금씩 계속해서 다듬었다. 면접은 진로 진학 방과 후 수업을 통해 기본적인 준비를 했고 틈틈이 친구들과 예상 질문을 하고 대답해 보면서 연습했다.

실제 면접에서는 자기소개서에 있는 내용을 확인하는 질문은 나오지 않았다. 대신 자기소개를 해보라고 하거나 어떤 주제에 대해 질문하고 이에 대한 나의 생각이나 경험을 말하는 형식이었다. 처음에는 준비하지 못한 질문이라 당황했지만 곧 내 생각을 차분하게 말했고, 그것이 긍정적으로 보였던 것 같다. 심층면접은 내가 아는 문제도 있었지만 잘 모르는 문제도 있었다. 그래도 버벅거리지 않고 자신 있게 답변하려고 노력했다. 교수님들께서 잘 들어 주셨기 때문에 덜 떨고 이야기할 수 있었던 것 같다.

사람들이 건강하게 사는 세상을 바라며

고등학교에 진학하면 대학 입시 때문에 수능 공부와 내신 공부를 열심히 하다가 3년이 다 갈 것이라고 생각했다. 하지만 학교에서 수많은 프로그램을 제공해주었고 그것들을 열심히 참여하다 보니 어느새 다양한 경험을 하고 많은 추억을 만들 수 있었다. 동아리 활동도 하고 학년장도 되어보고 입시 준비도 하면서 정신없이 지내다 보니 어느새 3년이라는 시간이 훌쩍 지나갔다. 그동안 여러 가지 활동을 하면서 즐겁기도 하고 보람도 있었지만 힘든 일도 있었다. 하지만 선생님들께서 조언을 많이 해주시고 친구들이 옆에서 도와줬기 때문에 잘 이겨내고 성장해서 앞으로 나아갈 수 있었던 것 같다.

한의예과는 보통의 다른 학과와는 달리 시간표가 거의 다 짜여서 나온다. 예과 때는 교양 수업이 있어서 사람에 따라 조금씩 듣는 수업이 다르지만 본과 때는 모두 다 같은 수업을 듣게 된다. 사람 수도 적고 수업도 거의 다 같이 듣기 때문에 다른 사람들과 좋은 관계를 유지하는 것이 중요하다고 생각한다. 때문에 수업을 함께 들으면서 친하게 지낼 수 있도록 노력할 생각이다. 또한 가고 싶어 했던 과를 들어간 만큼 수업도 열심히 듣고 학과 행사에도 열심히 참여할 생각이다. 그리고 관심 있는 동아리가 있다면 가입해서 열심히 활동할 것이다. 시간이나 여러 여건상 하기 힘들었던 봉사 활동도 주기적으로 할 생각이다. 또한 고등학교 때까지 기회가 없어서 해보지 못한 것들을 생각해보고 도전할 것이다.

추상적인 꿈을 가지고 있기는 하지만 그것을 명확하게 하기에는 아직 한의학에 대해 아는 것이 많지 않은 것 같다. 때문에 학교생활을 하면서 전공 공부도 열심히 하고 많은 사람들의 이야기도 들으면서 임상으로 갈지, 기초 연구를 할지 천천히 생각해볼 계획이다. 그래서 나중에 병원에서 환자를 치료하게 되든지 환자들을 치료하는 데 도움을 줄 수 있는 연구를 하든지 상관없이 사람들이 좀 더 건강하게 생활하는 데 도움을 주는 사람이 되고 싶다.

진짜

유동우

삼각산고 졸업생

나의 인생의 전환점, 삼각산고등학교

나의 인생의 전환점,
삼각산고등학교

선행학습에 질려 과학자의 꿈을 접었던 아픈 기억

우리나라는 워낙에 교육열이 높고 입시 경쟁이 치열하다. 사회 전반의 분위기가 이렇다 보니 우리 엄마도 내가 경쟁에서 뒤처지지 않기를 바라셨을 것이고, 나는 초등학생 때부터 엄마에게 떠밀려 수학 학원과 영어 학원 등 사교육의 세계에서 살며 어려서부터 입시 경쟁과 스트레스를 잘 겪어보았다. 선행학습도 많이 하면서 수학 학원에서는 과고반, 영어 학원에서는 외고반에서 공부를 하는 수준이었다.

초등학생 때부터 과학자가 되는 것이 꿈이었는데, 학원에서 너무 빠른 선행학습을 나갔고 과도한 학습량으로 인해 나는 공부하는 것에 지치고 질려버렸다. 진도는 계속 나가는데 나는 공부를 별로 안 하니까 학원의 다른 친구들보다 조금씩 뒤처졌고, 수학과 과학에 정까지 떨어져 버렸다.

그렇게 과학자라는 꿈을 접기에 이르렀는데, 이것은 현재도 돌아보며 아쉬워하는 점이다. 그것이 중학교 2학년 중간 즈음이었다. 그때 학원에 대한 스트레스가 최고조에 이르러 수학 학원을 끊었고, 공부 자체가 하기 싫어져서 영어 학원도 마음대로 빠지곤 하면서 부모님과 갈등을 많이 겪다가 결국 영어 학원도 끊게 되었다.

학원을 끊고 친구들과 놀기도 많이 놀고 자유로움을 만끽했다. 물론 학교 시험 기간에는 공부를 해서 어느 정도의 성적은 유지했다. 또 나는 3학년 때 실용음악 학원에서 전기기타도 배우고 중학교 밴드부에 들어갔었다. 나름 행복한 중3 시절을 보냈다. 고등학교 입학을 앞두고는 지금 생각하면 철이 없는 것 같기도 하지만 예고에 가서 기타를 치고 싶다는 생각도 했고(밴드부에서 같이 기타를 시작했던 친구는 그 후에 기타로 실용음악을 전공하게 되었다.), 특성화고등학교에 가서 창업을 해보고 싶다는 생각도 하면서 많은 꿈을 가지고 있었다.

그렇지만 그런 것들은 취미로 즐길 수도 있는 것이고 미래에 할 수도 있는 것이라고 애써 스스로 타협하고, 무난한 고등학교에 가서 공부도 하면서 고등학교 생활을 알차게 보내고자 했다. 그렇게 막연하게 사촌형이 졸업한 고등학교를 선택했다.

자율형사립고에서 혁신학교로 전학을 결심하다

내가 처음 입학한 고등학교는 기존에 인문계였는데 내가 입학하는 해에 한창 인기몰이를 하던 자율형사립고로 전환된 학교였다. 사실 그 학교에 대해 자세히 알아보고 들어간 것은 아니어서 입학을 하고 생활하다 보니 내가 상상하던 고등학교 생활과는 꽤 거리감이 있었다. 내가 중학생 때 꿈꿔오던 고등학교 생활은 공부도 열심히 하면서 친구들과 놀 땐 놀고 열정을 가지고 밴드 동아리 활동 같은 것을 하는 드라마와 같은 것이었다. 그러나 이것은 정말 드라마 속에서나 가능한 것이었을까?

아침 8시까지 등교를 해서 정규 수업이 끝나면 8교시 보충수업을 필수로 들어야 했을 뿐더러, 자율학습이라는 것의 의미가 무색해지게 밤 11시까지 하는 야간 자율학습에 강제로 참여해야 했다. 어두울 때 등교해서 어두울 때 하교를 했다. 낮 시간을 내 의지대로 보낼 수 없었고, 하고 싶은 것도 못하고 강제로 15시간 동안 학교에만 묶이게 되었다.

또한 그 학교는 매우 강압적인 분위기였다. 행여나 야간 자율학습에 참여하지 않거나 지각을 하면 몽둥이로 체벌을 당했다. 또한 수업 시간에 깜빡 졸거나 던지는 질문에 대답을 못해도 꿀밤을 맞거나 몽둥이로 한 대씩 맞기 일쑤였다. 교내 동아리 활동은 정말 입시를 위한 동아리랄까, 학교가 정해놓은 동아리밖에 없었고 내가 바라던 밴드부 또한 없었다. 하고 싶은 것도 마음대로 할 수 없게 내 자유를 박탈당하는 것이 싫어서 학교를 옮기고자 했다.

그러던 중 혁신학교인 삼각산고에 다니는 한 친구의 말을 듣게 되었다. 그 친구의 말에 의하면 선생님들도 무지 친절하시고, 학칙에 두발이 자유로 되어있고, 정말 자유로운 학교라고 했다. 나는 혁신학교가 무엇인지는 몰랐지만 막연하게 자유를 찾아 전학을 결심했고 1학년 1학기를 마치고 여름방학에 삼각산고로 전학을 갔다.

자유로움을 맛볼 수 있는 혁신학교 분위기

처음 전학을 왔을 때 학교 분위기는 다소 충격적이었다. 그 전에 다니던 학교에서는 상상도 하지 못하던 일들이 벌어지고 있었다. 내가 졸업한 삼각산고는 2011년에 처음 생겨서 사실 학교 규칙도 정비가 잘 안되어 있었고, 문제가 많은 학교라는 소리도 많이 듣던 게 사실이다. 초기 삼각산고등학교의 수업 분위기는 원래 다니던 학교와 비교하자면 '개판'이라고 비유해야 할 지경이었다. 이전에 다니던 학교는 워낙에 강압적인 분위기여서 수업 시간에 떠들기라도 하면 매를 맞기 일쑤였기 때문에 굉장히 조용했는데 삼각산고등학교에는 수업 시간에 수업을 제대로 듣지 않는 학생들이 많았고, 어수선한 분위기에 대안학교라고 해도 믿을 법했다. 전에 다니던 학교의 선생님들이 이러한 교실의 광경을 보게 된다면 뒷목을 잡았을 것이다.

그렇지만 삼각산고등학교의 선생님들은 일체 체벌을 하지 않으셨고, 어찌나 인내심이 많으신지 그런 학생들을 하나하나 타이르는데 유치원 선생님이나 보살 수준이셨다. 전학을 와서 이런 놀라운 환경에 처음에는 되게 낯설고 어색하고 한편으로는 걱정이 되기도 했지만, 시간이 지날수록 학교 가는 것이 즐거워졌다. 친구들과 '농구 두레'를 조직해서 학교 수업이 끝나면 체육관으로 달려가 전직 고교 농구 선수 출신인 복학생 형에게 농구를 배우고 친구들과 함께 농구를 신나게 하고 다 같이 학교 앞 토스트집에 가곤 했다. 동아리는 사진부에 들어서 동아리 시간마다 서울 시내 명소들을 돌아다니며 사진을 찍으며 마음의 여유를 찾을 수 있었다. 그리고 사진 동아리에서는 사진 촬영 활동뿐 아니라 새터민 아이들과 함께하는 통일 축전에 참가하기도 했다. 교내에서 기금 마련 바자회 활동도 하고 그 수익으로 풍선과 페이스페인팅 물감 등을 준비하여 통일 축전에서 어린이 부스를 운영해 보기도 했다.

삼각산고등학교는 두발 자유화 학교라고 할 수 있다. 머리를 기르고 싶으면 마음껏 기를 수 있고, 염색이나 펌을 하고 싶으면 해도 되었다. 이렇게 하면 초반에는 우리들의 개성을 학생들 각자 형형색색 시도해보지만, 나중에는 각자에게 어울리면서도 단정한 머리를 하는 친구들이 대부분이었다. 이전 학교에서는 야간 자율학습이 '자율'이 아닌 강제였지만 삼각산고에서는 정말 남아서 공부하고 싶은 학생들만 남아서 자율학습을 했다. 나는 자사고에 있을 때의 강압적인 야간 자율학습에 대한 안 좋은 추억이 있어서 참여하지 않았다. 그런데 조금은 분위기가 달라서 야간 자율학습을 해보고 싶다는 생각이 들기도 했다.

그리고 1학년 때 기억에 남는 것 중 하나는 수학여행이다. 우리 학교는 수학여행을 독특한 방식으로 갔다. 10여 개가 넘는 여행지 중 각자 원하는 여행지를 선택해서 소규모 학생들끼리 수학여행을 가고 그룹마다 선생님들이 한두 분씩 함께 가주시는 식이었다. 나는 반 친구들과 함께 통영으로 갔는데, 내 학창 시절 중 최고의 수학여행이었다. 펜션 예약, 식비, 활동 일정과 같은 것들을 학생들이 직접 정했는데, 대학 MT와 비슷한 형식이라고 할 수 있다. 수학여행에서 활동할 때도 학생들의 자율성이 매우 충분히 보장되었고, 2박 3일 동안 웃고 떠들며 정말 좋은 추억을 많이 쌓았다. 나는 축제 기간에 스태프에 지원해 삼각산고의 첫 번째 축제를 기획하기도 했다. 학교에서 주는 예산으로 우리들이 스스로 우리만의 축제를 꾸려나가는 것이 인상 깊었다. 학생들이 주도적으로 뭔가를 할 수 있게 해주는 환경이 되게 좋은 것 같았다. 전학을 온 뒤에 거의 내가 고등학생이 맞나 싶을 정도로 즐거운 학교생활을 하면서 진로와 진학에 대한 고민을 하기보다는 그냥 학교생활을 즐겼던 것 같다.

모둠 활동과 수행평가를 중심으로 한 수업

참신했던 것 중 하나는 모둠 수업 위주로 돌아가는 수업이었다. 수업 시간에 자리도 둥그렇게 모여 앉았고, 또한 전에 다니던 학교와 비교하면 모둠 수행평가가 훨씬 많이 있었다. 이전에 다니던 학교는 입시 위주 교육의 표본으로서, 모든 학생에게 수행평가에서 거의 다 만점을 주고 중간고사와 기말고사 시험 점수로 석차를 나누는 식이었다.

모둠 수업을 하면 서로 원하는 친구들끼리 같은 조를 이루는 경우도 있지만, 무작위로 서로 친하지 않은 친구들과도 같은 조가 되기도 한다. 그래서 모둠 수업에 대해 불평을 하는 친구들이 꽤 있었다. 나도 평소에 수업을 잘 듣지 않고 점수에 대한 의지를 보이지도 않는 아이들과 같은 조가 되면 내심 불만이기도 했다. 그렇지만 1학년 때부터 이렇게 함께하는 활동들을 많이 하다 보니, 내 마음이 조금씩 변화했다.

나는 어떠한 친구들과 같은 조가 되어도, 불평하지 않고 다 함께 참여하여 과제를 마칠 수 있도록 노력했다. 평소에 수업에 관심이 없던 친구가 사회 시간에 조별 창업 과제를 할 때 좋은 아이디어를 제안해주기도 했고, 의욕이 없던 친구들도 조원들이 함께하자고 의지를 불어 넣어주면 같이 어울려 과제를 해나가면서 그 아이들 또한 긍정적으로 변화하는 것 같아 뿌듯했다. 나는 이러한 조화의 과정을 직접 겪으면서 다 같이 조화를 이루게 돕는 리더십을 기를 수 있었던 것 같고, 조화라는 가치를 내 안에 품게 되었다.

능력이나 성격이 매우 이질적이고 실질적인 개인적 능력도 차이 나는 집단 속에서 공동 과제를 해결하기 위해 다양한 문제에 부딪치고 또 이를 극복해나가면서 서로가 성숙해진 것 같다. 이러한 경험들을 통해서 삼각산고등학교 학생들은 대부분 공동체 의식을 함양할 수 있었다.

삼각산고등학교에서는 철학 수업, 기후변화 프로젝트 수업, 공정무역 계기 수업 등을 통해 단지 교과 공부를 하는 것이 아니라 일상생활과 관련된 이슈들에 대해 생각하고 고민해볼 수 있게 한다. 그리고 학교에서는 적어도 격주에 한 번씩은 여러 가지 특강을 열어주었다. 실리콘밸리에서 창업한 CEO의 특강, 생물학자인 교수님의 생태학 특강, NGO인 그린피스의 환경 특강 등 흥미로운 강의들을 들어봄으로써 문과였던 내가 배우지 않았던 이공계와 관련된 것들도 배울 수 있어 흥미로웠고 평소에 잘 몰랐던 여러 가지를 접하면서 교양을 쌓을 수 있었다.

학생들 하나하나를 챙겨주는 선생님들

삼각산고등학교 선생님들은 학생 하나하나를 아끼신다. 우리 학교 선생님들처럼 학생들과 소통하고자 하고 실제로 잘 이루어지는 학교도 드물 것이다. 웬만한 학교에서 교무실은 학생들이 기꺼이 들어가고 싶어 하는 공간이 아닐 것이다. 그러나 우리 학교 학생들은 교무실에 들어가는 것을 무서워하지 않았다. 선생님들께서 항상 밝게 받아주셨고, 선생님과 학생들의 유대감도 깊었다. 고등학교 3학년 때 진학지도를 하시던 3학년 담임 선생님들께는 정말 한없이 감사드린다. 선생님들께서는 정말 학생 한 명 한 명을 꼼꼼히 챙겨주셨고, 학생이 대학에 떨어졌을 때 같이 울어주는 분들도 계셨다. 또한 진로 선생님께서 진로 시간뿐만 아니라 평상시에도 '커리어존'이라는 진로 상담실에 상주하시면서 상담을 신청한 친구들과 꿈과 진로 설계, 진학 설계, 그리고 학습 전략 상담을 해주셨다.

돌봄과 책임 교육이라는 혁신학교의 키워드를 가지고 모든 학생들을 품고 이끌어나가고자 하는 선생님들이 많으셨고, 우리 또한 그 영향으로 친구들을 다 같이 이끌어서 모두가 함께하고자 노력하게 된 것 같다.

두레 활동은 삼각산고등학교의 특색 중에 하나였는데, 삼각산고등학교에서는 여러 학생들이 모여 관심이 있는 분야에 대한 소규모 동아리 같은 것을 직접 조직해서 활동할 수 있었고 특정 선생님께 도움을 요청하면 선생님께서 두레의 담당 멘토가 되어서 많이 도와주셨다. 그리고 두레를 창설하면 학교에서 작은 지원금도 주었다. 우리가 주체적으로 공부하고 싶은 것에 대해 자율적인 공부를 할 수 있었다.

1학년 때 나는 선생님의 권유로 학습 부진 학생들의 수학 멘토가 되어주는 '수학B 두레'에 참여하여 점심시간마다 15분씩 수학 공부를 도와주었다. 기초적인 것들을 천천히 설명하며 가르쳐줌으로써 나도 복습을 할 수 있었고, 수학에 대한 열의도 더욱 기를 수 있었던 것 같다.

2학년 때는 쉬는 시간마다 함께 틈틈이 자습을 하는 '틈새시장을 노립시다'라는 두레에 들어가 활동했었는데, 쉬는 시간에 공부를 한다는 게 마음을 잡기가 어려운 것이지만 친구들과 함께하니 쉬는 시간마다 꾸준히 공부를 할 수 있었다. 이 경험들을 되살려 3학년 때 '수능 특강 영어 단어 외우기'라는 두레를 내가 만들어서 영어 어휘가 부족한 친구들에게 매일 아침 영어 단어를 외워오게 하고 시험지를 뽑아서 배부하며 함께함으로써 힘든 고3 시기에 영어 공부에 대한 열의를 계속 가질 수 있었던 것 같다.

학생회 임원이 되어 학교의 문화를 만들어가다

삼각산고등학교의 학생회는 자랑거리라 할 수 있다. 다른 학교에서는 학생회가 형식적이고 딱딱하고 재미없는 것으로 치부되기도 한다. 하지만 삼각산고등학교에서 학생회는 다정한 분위기 속에서 함께 다양한 활동들을 재미있게 기획하고 우리 스스로의 문화를 만들어갔다.

혁신학교이다 보니 전교 회장 선거를 할 때 우리가 주도하여 학생들을 위한 정말 행복한 학교를 만들자는 포부를 가진 친구들이 여럿 있었고, 나 또한 한 친구를 지지하며 선거 활동을 도왔었다. 학생회장 후보들 사이에 경쟁은 정말 치열했다. 유세단이 학교 등교 때마다 피켓을 들고 서있을 뿐만 아니라 음악을 틀어놓고 후보를 홍보하는 노래를 불렀고 선거 활동에 현수막과 확성기까지 동원되었다. 선관위도 꾸려졌다. 선거가 너무 과열되어 서로 간의 비방도 나오고 경고 대자보가 걸리기도 했었다.

선거 결과 내가 지지하는 친구가 전교 회장에 당선되었고, 나는 학생회에 들어가서 창의기획부장으로 활동했다. 우리 학교가 신설 학교이다 보니 처음에 만들어졌던 규정은 모호하고 잘 정립되어 있지 않았다. 따라서 선생님들이 학생들에게 생활지도를 하는 데에도 어려움이 많았다. 그래서 교사와 학생 사이의 갈등이 일어나기도 했다. 이에 따라 학생, 학부모, 교사 3주체가 함께 민주적으로 학교 생활 규정을 개정하였다. 나는 학생 대표 3인 중 한 명으로 참가하여 학생들의 의견을 수렴하고 대의원회의와 공청회 등을 거쳐 새로운 개정안을 만드는 뜻깊은 기회를 가졌다. 학교생활 규정 개정안 조인식에서는 학생들이 개정안에 대해 날인하는 의미로 전지를 준비하여 학생들이 물감으로 손바닥 도장을 찍는 행사를 진행하기도 했다.

학생회에서는 다양한 활동을 했는데, 나는 창의기획부 부원들과 '임대 우산 제도'를 만들었다. 학생회실에 우산을 구비해 놓고, 갑자기 비가 오는 날에 우산을 안 가져온 친구들에게 우산을 빌려주는 것이었다. 우산을 구비할 예산을 받기 위해서 기안을 작성하고 제출해서 결재를 받았다. 처음에 50개로 시험 운영을 하고 반응이 좋아 우산 개수를 늘려 나갔다. 환경의 날에는 환경 캠페인을 준비했는데, 친구들의 흥미를 이끌고 의미도 잘 전달할 수 있을 만한 것을 떠올리다가 '북극동물가면캠페인'을 창안하였다. 학생회 부원들은 북극 동물 가면을 만들어서 쓰고 등교 시간에 컬투의 '북극곰 송'을 틀어놓고 지구온난화에 대해 경고하는 피켓을 들고 퍼레이드 형식으로 재미있는 캠페인을 진행했다. 이런 것들로 학생들로부터 큰 호응을 받았다.

학생회는 항상 열정이 넘쳤다. 축제 또는 어떤 행사 전에는 거의 대부분이 밤늦게까지 남아 회의를 하거나 행사 준비를 했다. 조금 고된 시간이기도 했지만 학생회 활동을 하면서 내가 속한 공동체를 위해 일하는 데 보람을 느꼈으며 조직 활동에서의 협력의 중요성을 깨달았고, 갈등 상황도 만나면서 내 자신을 성장시킬 수 있는 기회였다. 또한 우리가 스스로 학교의 문화를 만들어간다는 것에 매우 큰 의미가 있었다.

'착한 경제 두레' 활동으로 사회적 기업 CEO를 꿈꾸다

나는 여러 가지 두레를 했었다. 그중 가장 비중이 컸던 건 '착한 경제 두레'이다. 내가 이 두레를 만들게 된 계기는 1학년 철학 시간이었다. 무하마드 유누스의 그라민은행 이야기를 접하고 사회를 따뜻하게 만들어나가는 경제에 대해 호기심을 갖게 되었고, 2학년 때 비슷한 뜻을 가진 친구들과 함께 단순히 경제에 대해 공부할 뿐만 아니라 따뜻한 경제에 대해 탐구해보는 두레인 '착한 경제 두레'를 만들었다. 7명으로 시작해서 마지막까지 6명이 활동을 이어나갔다.

우리는 두레 활동을 하면서 하고 싶은 것에 대해 자율적으로 공부를 하는 것이 정말 좋았다. 두레 친구들과 일주일에 한 번씩 경제 도서 독서 토론 또는 NIE 활동을 했다. 특히 5월 세계 공정무역 축제 체험 학습과 윤리 시간의 공정무역 수업을 통해서 공정무역에 관심을 두게 되었고, 두레 친구들과 『세상에 대하여 우리가 더 잘 알아야 할 교양 - 공정무역 편』을 함께 읽으며, 하나의 물건이 생산되어 우리에게 오기까지의 과정과 제3세계 생산자들의 삶에 대해 성찰해 보았다. 2학기에는 아름다운가게에서 주관한 '공정무역 응원 지수 높이기 캠페인 및 사례 발표 대회'에 참여해 교내 공정무역 캠페인 활동도 펼쳤다. 공정무역에 관해 알게 된 것을 다른 친구들과 나누면서 세상의 경제 문제에 대해 소통할 수 있었다. 2학년 때 담임 선생님께서 멘토 선생님을 맡아주셨고 3학년 때는 경제 과목을 가르치셨던 선생님께서 멘토 선생님을 맡아주셨다. 3학년 때는 국내의 사회적 기업 사례들을 담은 『한국의 보노보들』이라는 책을 읽고 사회적 기업에 더욱 관심을 가졌다. 그래서 '사회적 경제'라는 주제로 사회적 기업과 협동조합에 대한 1인 1프로젝트 탐구를 진행하면서 사회적 기업과 협동조합에 대해 조사해보았다.

두레 활동 중에서 가장 기억에 남는 것은 교내 모의 창업 대회이다. 나는 두레 친구들과 착한 경제를 실현하는 기업을 만들자는 취지로 사회적 기업을 창업하기로 했다. 청소년과 사회적 약자에게 안정적이고 질 좋은 일자리를 연결해주는 한편, 직업 능력을 갖추지 못한 사람들에게는 직업교육 기회를 제공하여 그들의 권리 보호와 자활을 돕는 사회적 기업인 '그린나래'를 만들었다.

나는 두레 친구들의 관심사에 맞게 시장성, 기업 운영 구조, 마케팅 방법, 자금 조달 방법 등을 분배하고 그 결과를 종합하여 사업 계획서를 정리했고, 두레원들과 프레젠테이션 발표를 하여 1등 평화상을 탔다. 이 과정은 2학년 때부터 고민해온 '따뜻한 경제'에 대한 가능성을 타진해보는 좋은 기회가 되었으며, 이 일로 사회적 기업의 CEO가 되고자 하는 나의 꿈은 더욱 확고해졌다. 한편 '착한 경제 두레'는 2년여 이러한 활동들의 가치를 인정받아 모범학습두레상을 받았다.

'착한 경제 두레' 활동을 통해 경제에 대한 교과서적 지식에 머무르지 않고 경제 문제를 보다 다양한 관점에서 바라볼 수 있는 안목을 기를 수 있었다. 그리고 무엇보다 우리가 하고 싶은 공부와 활동을 스스로 정하여 진행함으로써 경제에 더욱 쉽고 재미있게 다가갈 수 있었다. 경제에 대한 이런 관심과 열의로 2학년 경제 교과에서 항상 1등급을 받았고, 그동안 쌓아왔던 경제 실력을 점검해보기 위해 두레 친구들과 함께 방과 후에 남아 국가공인 경제 이해력 시험인 TESAT을 공부했고, 나는 TESAT에서 2급을 받았다.

환경문제 작은 실천, 잔반 쓰레기를 줄이는 활동을 하다

우리 학교는 환경에 대한 프로젝트 수업들을 많이 열었다. 모두가 환경에 대해 심각성을 깨닫기 시작했다. 2학년 초에 한 선생님께서 삼각산고등학교를 위한 환경봉사단을 만들 것을 제안하셨다. 우리는 우리 학교에서 나오는 음식물 쓰레기 양이 어마어마하다는 선생님의 설명을 듣고, 환경봉사단이라는 것이 취지도 좋고 우리에게도 좋은 경험이 될 것 같아서 환경봉사단을 하기로 결정하였고 환경봉사단 모집을 위한 안내 종이를 만들어 학교 곳곳에 붙이고 환경봉사단 친구들을 모집했다. 며칠 뒤 약 30명의 친구들이 모였다. 우리는 삼각산고등학교 환경봉사단의 이름을 '나눔과 비움'의 약자인 '나비단'으로 정하고, 앞으로 삼각산고등학교의 심각한 잔반 문제를 해결하기 위해 '빈 그릇 운동'을 진행하기로 했다. 우리는 수업에서 배운 환경 문제에 대해 지식 차원으로 인식하고 있는 것에서 한 걸음 더 나아가 '환경봉사단' 활동을 통해 우리가 당면한 문제를 스스로 해결해보고자 했다.

매주 수요일 점심시간에 급식실에서 빈 그릇 도장 찍어주기 및 피켓 활동을 하며 우리 학교의 급식 잔반량을 줄일 수 있도록 노력했다. 6월 환경의 달에는 환경 사진전, 빈 그릇 서명 운동 및 제3세계 기아 난민 돕기 모금 운동도 진행했다. 그리고 이러한 환경봉사단의 활동을 UCC로 제작해 학부모님들께 우리가 환경 연수를 시행하기도 했다. 1년간의 환경봉사단 활동을 통해 실제로 학교의 잔반량을 줄일 수 있었고 이를 보고서로 제작해 교내 프로젝트 대회에서 2위인 나눔상을 받았다.

나는 주말마다 봉사 활동을 했다. 1학년 때에 꾸준한 봉사 활동을 해보고자 인터넷으로 찾아보던 중 장애 아동들이 생활하는 시설인 승가원을 알게 되었고, 1학년에서 2학년 말까지 봉사 활동을 했다. 1학년 후반에는 친구에게 독거노인 도시락 배달 봉사에 대해 전해 듣고 성북나눔연대에서 봉사를 시작하여 수능 3달 전까지 활동을 했다.

승가원에서는 처음 1년 동안은 거의 시설 내 청소를 하였고 2학년 때는 매달 한 번씩 장애 아동들과 직접 만나 주말농장 텃밭 가꾸기를 했다. 농장에 오고 갈 때는 아이들의 사회 적응을 돕기 위해 봉사자 한 명과 장애 아동 한 명씩 짝을 이루어 손을 잡고 대중교통을 이용했다. 도심에서 벗어나 텃밭을 가꾸는 것은 내게도 신선한 경험이었고, 장애를 가졌지만 한없이 순수한 아이들과 함께하는 시간 동안에 내 마음도 정화되는 것 같았다.

성북나눔연대에서는 매주 독거노인 분들께 반찬 도시락을 배달했다. 우리 조원들은 도시락 배달보다도 홀로 있으신 시간이 많은 독거노인 분들의 말벗이 되어드리는 것에 주로 노력했다. 노인 분들의 집을 방문할 때면, 집 청소와 설거지를 해드렸고 벽에 못 박기, 가구 옮기기, 시멘트 바르기, 벽지 붙이기 등 집에서도 안 해본 일들을 도우며 여러 가지를 경험해보기도 했다. 독거노인 분들께서는 우리가 일주일에 한 번씩 와주는 것만으로도 정말 고맙다고 하셨다.

나는 이러한 봉사 활동이 정말 즐거웠다. 내 작은 관심과 성의가 승가원의 아이들과 독거노인 분들께는 큰 도움이 될 수 있다는 것에 보람을 느끼면서, 함께 따뜻한 정을 나누는 데에 시간을 아끼지 않게 되었다. 봉사를 하면서 피로함을 느낄수록 뿌듯함은 더욱 컸다. 그렇게 나는 3년간 400여 시간의 봉사 활동을 하였고, 이러한 활동의 가치를 인정받아 '2012년도 강북구청 모범자원봉사 학생부문 표창장'과 '2013년도 창의·인성 부문 서울 학생 상'도 받았다. 나는 봉사 활동을 하면서 사회적 약자들이 자립하고 행복하게 살 수 있는 건강한 사회 구조의 필요성에 대해서도 생각하게 됐고, 그런 사회를 만드는 데 기여하는 사람이 되고 싶다는 포부도 가지게 되었다. 이러한 일련의 일들은 내가 '사회적 기업가'라는 꿈을 품도록 하는 데에도 결정적인 영감을 주었던 것 같다.

입학사정관 전형을 위한 준비

1학년 때부터 경제 또는 경영학과에 가고자 하는 생각이 있었다. 대학 진학에 대한 고민과 진로설정은 빠르면 빠를수록 좋은 것 같다. 내가 입학사정관 전형을 준비하게 된 시기는 2학년이다. 입학사정관제도를 알고 준비했다기보다는 학교에서 하던 활동을 열심히 하다 보니 저절로 스펙이 쌓였고, 입학사정관 전형에 지원한다면 충분히 가능성이 있을 것 같았다.

　입학사정관제뿐만 아니라 대부분의 수시 전형에서 기본이 되는 것이 교내 내신 점수일 것이다. 나는 1학년 때 1.42, 2학년 때 1.26, 3학년 때 1.17로 내신을 향상시키면서 총 평균 내신 1.3이었다. 그리고 대부분의 대학에서는 1학년, 2학년, 3학년 내신 반영 비율이 20:40:40이어서 이것으로 하면 1.25의 내신 점수를 받았다. 고등학교 후배들에게 조언을 한다면 1학년 때 비교적 내신 등급이 낮더라도 반영 비율이 20%이기 때문에 2학년과 3학년 때 더욱 노력하여 좋은 내신을 만들라고 하고 싶다. 나의 내신 점수는 우리 학교에서 한 손에 꼽는 최상위권 내신이었지만, 전국적으로 보면 나보다 높은 내신을 가진 학생들이 많았다. 내가 중앙대학교 수시 전형에 지원할 때 학업 우수자 전형을 쓸까 다빈치 인재 전형을 쓸까 고민을 하다가 나는 활동 면에서도 풍부한 편이기 때문에 다빈치 인재 전형을 선택하게 되었는데, 만약 학업 우수자 전형을 선택했다면 1단계 성적 5배수 선발에서 탈락했을 것이다. 나보다 내신이 미미하게 더 좋았던 친구가 중앙대 심리학과 학업우수자 전형에 지원했다가 1단계 성적 5배수 커트에서 떨어졌기 때문이다. 입학사정관 전형을 준비하는 학생들이 스펙을 우선시하여 내신 등급을 중요시하지 않는 경우가 있는데, 이는 정말 잘못 알고 있는 것이다. 특목고 학생의 경우가 아니라면 내신은 정말 기본으로 갖춰야 할 요소이고 최우선으로 갖춰야 할 스펙이다. 나 같은 경우에는 다빈치 전형에 지원했을 때, 스펙뿐만 아니라 비교적 내신도 괜찮은 편이라 마음이 편할 수 있었다.

나 또한 입학사정관 전형에 치중하다 보니 내신까지는 챙겼지만 수능 공부를 다소 등한시하게 되었고, 수능 성적이 모의고사 때보다 훨씬 안 좋게 나왔다. 물론 우리 학교에서도 수능 공부를 시켰고 방과 후 수업도 진행했지만, 다른 학교들에 비하면 절대적인 공부의 양이 적었다. 굳이 꼽자면 혁신학교의 단점이라고도 할 수도 있을 것 같다. 물론 스스로 자율학습에 참가한다거나 인터넷 강의를 들으면서 더욱 노력한다면 다른 학교학생들 만큼 좋은 수능 성적을 얻을 수 있을 것이다.

자기소개서와 면접 준비

자기소개서에는 학교생활을 잘 담아내야 하는데 단순히 내가 무언가를 했다가 아니라 그 활동 속에서 느꼈던 것 또는 내가 그 활동에서 활약한 내용 등이 잘 드러나게 쓰는 것이 중요하다. 자기소개서에 쓸 내용을 위해 1학년 때부터 다양한 활동을 해놓는 것도 좋지만 자신이 정말 관심 있는 분야에 대해서 꾸준한 활동을 하는 것이 더욱 좋다. 중구난방적인 방대한 스펙보다는 지원하는 학과와 관련될 만한 활동들을 잘 정리해 놓는 것이 좋다. 또한 지원하고자 하는 특정한 학과를 설정해 놓고 준비한다면 자기소개서를 쓰기가 수월하다. 나는 모든 학교에 경영학과를 지원해서 자기소개서를 한 가지로 통일하고 학교별 양식대로 조금씩 수정만 했기 때문에 자기소개서 쓰기가 수월했다.

나는 포트폴리오에 1인 1프로젝트로 탐구했었던 사회적 경제에 대한 탐구 보고서, '착한 경제 두레'에서 했던 모의 창업 기획서, 환경봉사단 활동 보고서, 학생회 활동과 봉사 활동을 증빙할 수 있는 사진 등을 엮었다. 사실 고등학교 때 포트폴리오를 준비한다면 수많은 사진을 찍고 많은 수고를 들이는 경우가 많은데 적당히 중요한 것을 증빙할 정도의 사진만 있으면 되므로 사사건건의 모든 활동들을 기록해놓을 필요는 없는 것 같다.

면접은 삼각산고등학교 방과 후 면접 반에서 선생님들께 코치를 받고, 친구들과 선생님 앞에서 자기소개를 하고 몇 가지 질문이 나올 만한 것들에 대한 준비를 하였다. 면접은 준비와 연습을 몇 번이라도 해본 사람과 안 해본 사람이 확연히 차이가 난다. 면접자와 2대 1 또는 3대 1로 대면하면 대부분이 긴장하게 되고 말도 더듬게 된다. 나도 처음에는 긴장이 돼서 말할 것이 생각나지도 않고 부끄러워서 웃기만 하고 그랬지만 여러 번 연습을 통하면서 별로 떨지 않게 되었다. 여럿이 함께 준비하면서 서로가 부족한 면에 대해 파악하고 보완하면서 면접에 자신감을 갖게 되었다. 그리고 면접 전 날 집에서 엄마와 면접 준비를 한 것도 큰 도움이 된 것 같다. 엄마와 면접을 하면서 매우 어색하고 오글거렸지만 이런 상황을 통해 면접을 두려운 것이 아니라 나 자신에 대해 편하게 이야기를 하는 것이라고 내면화할 수 있었다.

실제 중앙대학교 면접에서는 자기소개서와 생활기록부를 바탕으로 학교생활에 대한 것을 많이 물어봤다. 동아리와 봉사 활동 등 나 스스로 자율적으로 한 활동들에 대한 반응이 좋았던 것 같다. 그리고 무엇보다 면접에서는 자신감이 가장 중요하다는 것을 면접장에서 다시 한번 느꼈다. 나는 면접 두 번째 순서대의 첫 번째 피면접자였는데 긴장하지 않기 위해 많이 웃으려고 노력했다. 면접자인 입학사정관 두 분도 밝게 잘 대해주셔서 나는 즐겁게 면접을 할 수 있었고 긴장하지 않으니까 학교에서 연습할 때보다 더 말이 잘 나왔다. 며칠 후 교실에서 합격 통보를 받게 되었다.

열정과 즐거움을 통해 저절로 스펙을 쌓았던 혁신학교

삼각산고등학교를 다님으로써 얻은 가장 큰 것은 나만의 가치관을 조금은 형성했다는 것이다. 좋은 선생님들을 만나고, 좋은 가치관을 학생들에게 가르치는 혁신학교인 삼각산고등학교에 다님으로써 많은 것을 느끼고 행복한 고등학교 생활을 했다. 선생님들은 학생들을 하나의 인격체로 존중해주시고, 대학 입시를 위한 공부만을 가르치는 것이 아니라 학생들의 미래에 도움이 될 만한 참교육을 지향하신다. 철학이 담겨있는 수업, 다양한 특강, 프로젝트 수업들을 통해 세상을 바라보는 시야를 넓힐 수 있었다.

대학에서 원하는 인재는 수능 문제를 잘 푸는 것보다도, 인성과 교양 등 다면적으로 발달한 학생일 것이다. 그리고 그러한 사람으로 성장하기 위해서는 책을 읽고 배우는 것에 그치지 않고 학교 그리고 사회 속에서, 무언가 스스로 실천함으로써 몸소 느껴보는 것이 중요한 것 같다. 나도 삼각산고등학교에 다니면서 아는 것에서 그치지 않고 더 나아가 작은 것이라도 실천하려고 노력했고 그러한 가치관을 품은 사람이 된 것 같다. 삼각산 고등학교는 내 인생에 있어서도 한 획을 그었다고 할 수 있을 만큼 많은 영향을 준 것 같다.

자사고에 다닐 때 나와 성적이 비슷했던 친구는 서울대에 갔다. 나도 나쁜 학교를 간 것은 아니고 3년간 학교 다니면서 행복했고 많은 것을 느낀 생각을 하면 전학을 온 것이 후회가 되지 않는다. 만약 내가 다시 고등학교 입학을 고민하는 중학교 3학년으로 돌아간다면 주저 없이 삼각산고등학교를 선택할 것이다. 다만 서울대, 고대, 연대에 간다면 취직도 수월하고 나쁠 것은 없으니 공부를 더 열심히 해서 '스카이'에 가려고 노력하긴 할 테지만 말이다.

혁신학교에 다닌 친구들은 대부분 행복한 고등학교 생활을 했다는 것에 많이 공감한다. 우리들의 자율을 존중해주는 학교에서 스스로 원하는 것을 하는 것은 무엇보다 행복한 일이었다. 내가 하고 싶은 머리스타일로 개성을 뽐냈고, 정말 공부를 하고 싶을 때 스스로를 위해 공부했으며, 내가 해보고 싶은 것에 도전하고 성취해본 경험은 무엇보다 보람찼다. 혁신학교는 입학사정관 전형을 준비하는 데 이상적인 학교라고 할 수 있다. 내신을 받기도 어렵지 않고, 학교에서 제공해 주는 다양한 기회들을 통해 내가 하고자하는 활동들을 열정적으로 하다 보면 스펙들이 알아서 차곡차곡 쌓인다. 이와 같은 이유로 주변에 동생들이 있다면 혁신학교 진학을 추천해주고 싶다.

대학 생활을 한 지 몇 주밖에 안 되었지만, 다른 여러 고등학교에서 온 친구들과 함께하면서 느낀 점이 있다. 토론 수업 시간 또는 팀플을 할 때 보면 주로 발표하고 그룹의 활동을 리드하는 몇몇 친구들이 정해져있는데, 대부분은 고등학교 때 비슷한 경험을 해본 친구들이다. 모둠 수업과 발표 수업을 많이 하는 혁신학교의 수업은 대학에서 진행하는 팀플이나 토론 수업과 비슷하다. 우리 삼각산고등학교를 졸업한 친구들은 각자의 대학에서 이러한 활동을 할 때 나서서 잘 리드하고 있을 것이라 생각된다.

나는 대학교에 다니면서 우선 경영학 전반에 대해 열심히 공부하고 살펴보고 싶다. 그리고 관심을 가져오던 사회적 기업이나 증권사에 취직을 하고자 한다. 현재 대학 내 투자 동아리에 들어가 공부를 하고 있다. 고등학교 때 했던 것처럼 내신 대신 학점을 챙기고 차곡차곡 나만의 스펙도 쌓아서 취업을 준비할 것이다. 나는 매주 토요일마다 고등학교 때부터 봉사하던 성북나눔연대에서 봉사 활동을 하고 있다. 궁극적인 나의 꿈은 이윤 창출뿐만 아니라 사회에 도움을 주는 사회적 기업을 운영하며 보람 있는 삶을 사는 것이다. 내가 이러한 꿈을 갖게 된 것은 삼각산고등학교를 다녔기 때문일 것이다. 삼각산고등학교를 다님으로써 이러한 가치관을 품게 된 것에 감사하게 생각한다. 나는 앞으로도 이 가치관을 지키며 우리 사회를 아름답게 바꾸어나가는 사회의 리더가 되고 싶다.

진짜

김 채 란

선 사 고 졸 업 생

다양한 활동과
경험의 값어치

다양한 활동과
경험의 값어치

나는 어릴 때 어느 순간부터 장래 희망에 대해 쓰라고 하면 항상 스트레스를 받았었다. 취미와 특기를 쓰는 것도 골치가 아픈 일이었다. 무엇을 써야 할지 도저히 생각이 나지 않았기 때문이다. 중학교 시절에 나는 막연하게 학교와 학원을 다니면서 공부를 열심히 하였고, 잘 나오는 성적에 자기만족하며 그냥 노력하는 학생이었다. 단순히 공부를 잘하는 소위 '전교권에 드는 학생'이였다는 점을 빼면 나머지는 매우 평범한 학생이었다.

진로와 진학에 관한 것은 항상 나의 고민거리였다. 친한 친구 중 하나는 기자라는 확고한 꿈을 가지고 있었고, 신문 동아리 활동을 열심히 하면서 자기의 미래를 항상 준비하고 노력했다. 그런 모습을 보면서 그 친구가 매우 부러운 한편, 나도 내가 원하는 것을 빨리 찾고 노력하고 싶다는 생각을 했다. 하지만 내 꿈은 무엇일까라는 고민은 언제나 해답이 나오지 않았고, 나를 괴롭혔다.

이 고민으로 가장 힘들었던 사건은 중학교 3학년 때, 제대로 된 자기소개서를 쓸 일이 생겼을 때였다. 정말 나는 내가 앞으로 무엇을 하고 싶고, 어떻게 준비할 것인지에 대한 답이 없는데 자기소개서는 나에게 그것을 요구하였다. 이 자기소개서를 준비하면서 나는 마음에도 없는, 주위에서 부추겼던 '외교관'이란 직업을 갖고 싶다고 무난한 글을 썼었다.

선사고등학교에 다니게 된 계기는 평범하다. 랜덤 배정을 통해 집과 학교가 가깝다는 이유로 배정을 받게 된 것이다. 처음에 희망했던 학교와는 다른 학교를 배정받았기 때문에 선사고등학교에 가게 되었을 때 기분이 좋지는 않았다. 처음으로 개교를 하는 학교에 대한 불신과 불안감 때문이었을 것이다. '고등학교'라는 중학교와는 다른 환경에 적응을 해야 하는 것도 큰 걱정이었는데, 아무런 정보가 없었던 학교에 입학하게 된 것은 더 큰 난관이었다. 선사고등학교가 서울형 혁신학교라는 것을 알게 된 것 또한 입학을 하게 되면서였을 것이다. 그만큼 나는 학교에 대한 관심이 적었고, 여전히 내 미래에 대한 생각도 어렵기만 했다. 중학교 시절 3년 내내 고민했던 문제가 고등학교를 가게 되면서 해결될 일은 만무하다.

고등학교에 입학을 하면서도 내 진로와 진학에 대한 문제는 해결 방법이 없는 큰 고민거리였다. 이러한 문제를 해결하기 위해 나는 학교의 다양한 프로그램에 참여를 하였고, 이를 통해 실마리를 얻을 수 있었다.

다양한 시각에서 생각하는 습관을 배운 모둠 수업

처음 다니게 된 고등학교가 혁신학교라는 것은 보통의 학교를 다니는 것과는 매우 다른 경험과 느낌을 나에게 선사했다. 혁신학교의 가장 큰 특징을 뽑으라면 나는 '모둠 수업'을 말하고 싶다. 우리 학교는 정말 모둠 수업이 많았다. 중학교 시절에는 모둠 수업이 기껏 해봐야 수행평가뿐이었는데, 매번 모든 수업이 모둠 수업으로 진행되는 것을 보고 문화적 충격 같은 것을 느꼈다.

처음에 나는 모둠 수업을 좋아하지 않았다. 다른 아이들과 모둠으로 함께해야 하는 수행평가를 하게 되면, 점수를 잘 받고 싶었던 나는 나서서 이것저것을 하려 했었고, 내가 가장 힘들고 많은 일을 하게 되었기 때문에 자연스레 그 모둠의 조장이 되었다. 같은 모둠의 아이들 모두를 수행평가 과제에 참여하시키기란 매우 어려웠다. 이런 모둠 수업의 분위기는 어색하기만 했다. 나뿐만이 아니라 다른 친구들도 그렇게 느꼈을 것이다. 모둠을 만들고, 서로의 의견을 나누거나, 학습지에 제시된 과제를 완성하는 활동에 익숙해져 있지 않았기 때문이다. 이러한 수업 방식이 짜증나는 친구도 있었을 것이다. 참여하기 싫은데 선생님들이 자꾸 참여를 하도록 시키니 말이다. 나 또한 처음에는 이런 모둠 수업이 귀찮고 싫기만 하였다. 모둠 수업을 하게 되면 내가 모든 걸 도맡아 하는 형식이었으며, 그동안 안 해봤던 일을 하려니까 불편하기만 했다. 친구들 또한 어색하고 처음 겪어보는 일이어서 그런지 참여도가 낮았다. 이렇게 불편한 옷을 입은 듯한 모둠 수업이 매일매일 수업 시간마다 반복되었다. 하지만 인간은 적응의 동물이라고 하지 않았던가. 정말 신기하게도 이런 새로운 형식의 수업에 우리 모두는 점점 익숙해졌다.

친구들과의 원활한 의사소통을 하기 위한 나만의 노하우가 나도 모르는 사이에 생겨났다. 아무래도 내가 모둠장의 역할을 계속 하게 되었지만 이전처럼 모든 걸 도맡아 하는 힘든 역할은 아니었다. 의견을 나누는 수업에서는 단순히 사회자로서의 역할로 친구들의 의견을 정리하고 참여를 유도했다. 모둠별로 발표를 하거나 과제를 수행하는 수업에서는 나만의 생각을 친구들에게 시키는 것이 아니라, 친구들의 의견도 들으면서 각자에게 맞는 역할을 찾을 수 있도록 도와줬다.

다른 학교 친구들과 학교에 대한 이야기를 할 때 가장 많이 불평불만을 했던 것은 모둠 수업에 관한 것이었다. 너무 힘들다고 말이다. 그런데 후에 다른 학교 친구와 수행평가에 관해 이야기를 나누게 되었는데, 그 친구가 정말 힘들다면서 고민을 털어 놓은 적이 있었다. 수행평가의 내용은 조별로 영어 연극을 짜고 공연하는 것이었다. 그때가 1학년 11월 정도였다. 내가 정말 깜짝 놀랐던 것은 1학년이 끝나가고 있을 시기였는데, 그 친구는 조별 활동이 처음이라고 하는 것이었다. 그동안은 개인적으로 보고서를 쓰는 것과 같은 개인 활동만 했다는 것이었다. 처음 하는 조별 활동에 다른 친구들과의 의견 차이와 같이 신경 쓸 것이 많다고 말하면서 정말 힘들어했던 기억이 난다. 그때 들었던 생각이 나는 수업마다 모둠 수업을 하기에 어느 순간 그런 일로 스트레스를 받지 않게 되었다는 것이었다. 나 스스로도 놀랐는데, 적응을 하고 이제는 그런 수업을 당연하게 여기고 받아들이고 있던 것이다.

이런 모둠 수업을 하면서 가장 크게 느낀 점은 사람들 개개인은 각자 다른 생각을 하기에 이런 것들이 합쳐지면 정말 다양하고 풍부한 아이디어가 될 수 있다는 것이었다. 그 이전까지 나는 내 생각이 다른 친구들의 생각보다 더 낫다는 생각을 은연중에 했던 것 같다. 아무래도 그들 중에서 내가 제일 똑똑하다고 생각했기 때문이다. 하지만 이 모둠 수업은 나의 이런 자만심을 깨는 데 도움이 되었다. 정말 좋은, 최고의 아이디어를 내가 냈다 하더라도 다른 친구의 생각을 들어보면 그것이 더 훌륭할 때가 많았기 때문이다. '아, 얘가 이런 생각을 하는 애였나?' 싶을 정도로 친구들이 새로 보이기도 했고, 이를 통해 더 많은 것을 배울 수 있었다. 모둠 수업은 나의 자만심을 반성하는 데 가장 큰 도움이 되었으며, 또 다각도로 생각하는 시각을 갖게 하였다.

요즘 대학을 입학하고 수업을 하면서 느낀 점은 고등학교 수업과 많이 다를 바가 없다는 것이다. 교수님께서는 설명을 하시고, 우리는 리포트 등의 과제를 제출한다. 최근 같은 고등학교의 친구가 SNS에 대학 수업과 우리 학교에서 했던 수업이 비슷하다는 글을 올린 적이 있다. 그 친구의 말에 많은 친구들이 '좋아요'를 누르며 많은 공감을 했는데, 나는 그 글을 처음 봤을 때 이해를 하지 못했다. 주로 강의 형태였고, 조별로 하는 과제가 없었기 때문이다. 그런데 바로 그 다음 날 글쓰기 시간에 나는 그 친구의 말에 바로 공감할 수밖에 없었다. 글쓰기 시간에 자신의 글에 대해 어떻게 생각하는가에 관한 학습지를 하게 되었는데, 교수님께서 모둠별로 모여서 서로의 의견을 나누라고 한 것이다. 5명이서 모여서 자기의 생각을 말하는데, 정말 고등학교 때 내내 하던 모둠 수업이 떠오를 수밖에 없었고, 나는 이 과제를 수행하는 데 좀 더 수월한 느낌을 받았다.

처음으로 느껴본 자유로운 학교생활

우리 학교는 자유로운 분위기였다. 사실 다른 학교에서 수업을 들어 보지 않아서 다른 학교와 비교하기는 어려운 것 같다. 상대적인 것이니 말이다. 그래도 내가 학교를 다니면서 느낀 것은 나는 정말 자유로운 분위기에서 생활했다는 점이다. 그리고 나는 그런 자유로운 분위기가 매우 잘 맞았고, 그 안에서 더 편하게 학업에 열중할 수 있었다.

우리 학교가 자유롭다고 느낀 이유들 중 하나는 우리 학교는 학생들의 외모 꾸미기에 관대했다는 점이다. 교복을 너무 심하게 변형하거나, 심한 화장이나 탈색만 하지 않으면 학생들이 염색이나 파마를 하는 등의 일은 괜찮았다. 학생들의 용모가 단정해야 공부하는 분위기가 생긴다는 말이 있는데, 어느 정도 맞는 말이다. 모두가 비슷하기에 차분하고 정적인 느낌을 주기 때문이라고 생각한다. 하지만 이와는 다른 분위기 속에서도 본인의 의지가 있다면 공부를 하는 것은 큰 어려움이 되지 않는다. 나의 경우도 이러한 자유로운 분위기를 통해 오히려 외모나 이런 것을 신경 쓰지 않고 마음 편하게 학교를 다니고 공부를 할 수 있었다.

그리고 이 특징은 다른 학교와 비교할 수 있는 것인데, 우리 학교에서는 방과 후 학습 활동과 같이 수업 외의 활동이 자유로웠다. 몇몇 다른 학교 친구를 보면 학교 방과 후에 늦게까지 강제로 남아서 방과 후 수업을 마저 들어야 했다. 그 친구들의 말을 들어 보면 그 수업이 자신에게 별로 도움이 되지 않는 것 같기에 수업 시간에 잠을 잔다는 것이었다. 하지만 또 강제적이고 만약 듣지 않겠다고 하면 불이익이 생길까 봐 어쩔 수 없이 듣는다는 말을 하곤 했다. 학교에서 하는 방과 후 프로그램이 유익하지 않다는 의미는 아니다. 하지만 학교 프로그램이 필요하고 잘 맞아서 도움이 되는 학생들이 있는 반면에, 그 이상의 수준을 필요로 하거나, 이러한 학교 프로그램이 맞지 않는 학생들이 있다. 이 학생들이게 강제적인 방과 후 프로그램은 시간 낭비이고 짜증나는 학교 수업이 될 수 있다고 생각한다.

우리 학교는 이런 방과 후 활동을 자유롭게 할 수 있었기에 오히려 더 효과적이었다고 본다. 나 같은 경우는 더 심화된 수준의 학습을 하고자 학원에 가곤 했다. 다른 친구들의 경우 자발적으로 방과 후 활동에 참여하였기에 더 열심히 수업을 듣고 참여할 수 있었다. 선생님들과의 상담을 통해 어떤 수업이 있는지 알지 못하다가도 자기에게 도움이 될 수 있는 수업을 추천받기도 하였다.

아이들 하나하나에 관심과 노력을 쏟는 선생님들

　선사고등학교의 자유로운 분위기에 가장 크게 일조한 것은 아마 선생님들과 학생들의 관계가 아닐까 싶다. 중학교 때까지 선생님들을 대하는 것은 아무래도 조심스럽고, 신경을 많이 써야하는 일이었다. 나는 소위 '예쁨 받는 학생'이었지만 조심스러울 수밖에 없었다. 그런데 선사고등학교에 입학하자마자 느낀 것이 선생님들이 굉장히 우리에게 가까이 다가가고자 노력하신다는 점이었다. 지금 와서 다시 생각해 봐도 정말 특이한 점이라고 밖에 생각이 되지 않는다. 선생님과 학생 간의 관계가 상하 수직적인 관계가 아닐 수도 있는 것일까?

　2011년 개교를 하고, 여러 가지 학교 운영 체제를 만들어나가는 시기에 나는 우리 학교 선생님들이 굉장히 많은 노력을 하고 계시다는 것을 느낄 수 있었다. 이러한 운영 체제를 만들어 나갈 때, 선생님들은 우리 학생들의 의견을 많이 반영하고, 학생 위주의 학교 프로그램을 만들고자 노력하신 것 같다.

　가장 기억에 남는 일은 우리 학교에 '선사 플래너'라는 자기주도 학습 플래너에 관한 것이다. 이 플래너를 선생님들께서 처음 만들어서 학생들에게 배포하고 1학기가 거의 지날 때 쯤, 나는 선생님의 부름을 받고 갑자기 회의에 참여하게 되었다. 그 회의의 안건은 '선사 플래너의 개선 방향'에 관한 것이었다. 이 플래너의 형식을 어떻게 바꿔야 학생들이 활용하는데 효율적일지에 관해 회의를 하게 된 것이다. 나는 평소에 쓰면서 느낀 플래너의 불편한 점 등에 관해 의견을 제시했고, 어떤 내용이나 형식이 들어갔으면 좋겠다는 말을 했다. 나 이외에도 여러 학생들과 선생님들이 참여해 의견을 내면서 회의가 진행되었다. 나는 이 회의를 하면서 선생님들이 정말 학생들에게 도움이 되는 사업을 하고 싶으시다는 것을 느꼈다. 학생들의 의견을 잘 반영하고자 하는 것 이외에도 나는 선생님들과 친밀감을 느낄 수 있었다. 단순히 수직적인 관계를 맺지 않기 위해 선생님들은 우리에게 친근하게 다가가고자 하셨다. 특히 학생들 개개인에게 신경을 써주시곤 했다. 반에 학생 수가 많다 보면 선생님들이 모두에게 신경을 쓰시기 어려울 수밖에 없다. 그러다 보면 활발하거나 공부를 잘해서 눈에 띄는 학생들에게만 집중을 하게 되는 경우가 많다.

학교 교실 수와 선생님 수의 문제 때문에 비록 2학년, 3학년 때는 경험하지 못했지만, 1학년 때 한 복수 담임제는 이러한 문제를 해결해준다는 측면에서 매우 좋은 제도였던 것 같다. 한 반에 34명이 수업을 듣는다고 했을 때, 이를 절반인 17명으로 각각 A반, B반으로 나누었다. 그래서 각각 A반, B반의 선생님들이 17명의 학생의 담임이 되는 것이다. 담임부담임 제도와 비슷하다고 보이겠지만 그것과는 완전히 다르다. 사실 보통의 경우에는 부담임 선생님이 누구인지도 잘 모르는 경우가 많으며, 부담임 선생님께서는 실질적으로 하시는 일이 매우 적다. 하지만 이러한 복수 담임제도는 담임이 2명으로 반씩 나눠서 담임 역할을 그대로 하는 것이다.

나는 이 제도가 모든 학생들이 선생님의 관심을 고루 받고, 친밀해질 수 있다는 점에서 좋다고 생각한다.

나는 1학년 때 담임 선생님께서 나도 몰랐던, 가장 친한 친구의 장래 희망과 그에 관한 이야기를 하시는 것을 보고는 정말 깜짝 놀랐었다. 그리고 반에서 가장 조용하고, 거의 한마디도 하지 않던 친구에게도 신경을 써주시는 모습이 신기하게만 느껴졌다. 이러한 복수담임 제도는 학교생활을 하는데 있어 다른 학생들도 꼭 경험 해봤으면 하는, 내가 우리 학교에서 경험했던 것 중 가장 좋았다고 항상 말하는 것이다. 이런 선생님의 개별적인 관심이 싫은 학생들도 물론 있겠지만, 나는 담임 선생님의 이런 세심한 배려를 받는 것이 학교생활에 큰 도움을 준다고 생각한다.

선생님들과 학생들과의 관계가 허물없다 보면 학생들이 버릇없어지는 등의 문제가 발생할 수 있다. 수업 시간에 집중을 하지 않고 딴짓을 한다든가, 규칙을 잘 지키지 않는 등의 일 말이다. 현재 교권 추락이라는 문제가 발생하는 만큼, 이 문제를 해결하기 위한 노력도 당연히 필요하다. 학생들 또한 선생님들의 입장을 이해하는 것이 필요한 것이다.

그래서 선사고등학교에서는 스승의 날마다 사제동행 행사를 열곤 하였다. '역지사지'란 프로그램이 있었는데, 몇몇 수업 시간에 학생이 직접 선생님이 되어 수업을 하는 행사였다. 선생님 역할을 맡아서 수업을 하다보면 선생님이 수업을 하실 때의 느낌을 본인도 느낄 수 있다. 나도 영어 텍스트를 해석하고 설명하는 수업

을 짧게 했었는데, 내가 아무리 이 내용을 알고 있다 하더라도 그
것을 다른 사람에게 전달하는 일이 매우 어렵다는 것을 느낄 수
있었다. 이런 식으로 학생들과 선생님들의 예의를 지키면서도 친
근하게 지내는 분위기는 학교를 밝고 자유롭게 만들어준 것 같다.
학교의 분위기가 자유로운 것이 자기와 맞지 않는다면 독이 될 수
도 있겠지만 나는 자유로운 분위기가 잘 맞았다. 이런 자유로운
학교의 분위기에서 학교생활에 적극적으로 참여하고, 내 방식대
로 자기 주도적으로 학습을 할 수 있었다는 것이 가장 좋았다.

다양한 분야를 공부하고 사고 능력을 키운, 토론 동아리 '늘애'

진로에 관해 많은 고민을 했지만 답이 나오지 않았다. 딱히 싫
어하는 것 없이 두루두루 좋아하다 보니 학교의 어떤 프로그램이
나 행사에 참여를 해야 할지 감이 잡히지 않았다. 그래서 선생님
과 부모님의 권유로 학교에서 하는 많은 활동과 행사에 열심히 참
여하면서 내가 특별히 더 좋아하는 것을 찾기로 하였다.

교내 활동 중에 내가 가장 꾸준히, 오래 열심히 했던 것은 토론
동아리 '늘애'였다. 책이나 영화를 읽고, 또는 주제를 잡아서 토론
을 하는 동아리였다. 솔직히 말해서 처음에는 토론 동아리가 소
위 말하는 '스펙'에 도움이 될 것이라는 생각으로 시작했다. 하지
만 동아리의 부장을 맡고, 친구들과 담당 선생님과 함께 동아리를

운영해 나가면서 그런 것 이외에 활동 자체에 대해 집중하게 되었다. 토론 동아리를 통해 자료를 찾고, 내 생각과 주장을 정리하는 능력을 키울 수 있었다. 이는 나중에 자기소개서를 쓰거나 학교 수행평가를 하는 데 큰 도움이 되었다. 논리적인 글을 쓰는 것에 익숙해질 수 있었기 때문이다. 토론 동아리 친구들과 함께 토론 대회에 나가는 활동도 했었다. 토론 캠프 또한 정말 활발히 참가하였다. 주어진 주제에 대한 CEDA토론, 책을 읽고 자신의 생각을 말하는 독서 토론, 논술 대회까지 정말 토론으로 하루 종일을 보내는 토론 캠프는 내가 더욱더 토론에 푹 빠질 수 있게 해줬다.

이런 토론과 관련된 활동은 철저한 사전 준비가 매우 중요하다. 그런데 항상 미루고 미루다가 전날 밤을 새 겨우 입론서를 작성한 적도 많았고, 친구들과 자료 조사를 하다가 밤늦게까지 학교에 남아서 준비한 적도 많았다. 하지만 힘든 만큼 내 배경지식을 넓히고 많은 공부가 되었던 것 같다. 대학 입시 공부와는 상관없는 공부이지만 그래도 이러한 사고 능력과 다양한 분야의 공부는 간접적으로 고3 입시 생활에 도움이 되었다고 생각한다.

학생회와 함께 협력하여 학생의 날 행사를 준비하기도 했는데, 이러한 모든 활동들이 후에 입학사정관 전형에 큰 도움이 되었다. 나는 시간적 여유가 없을까 봐 학생회 활동을 하지 않았다. 하지만 이 동아리를 통해서 학교 행사를 주최하는 역할을 맡았고, 이는 적극적인 학교 활동이라는 점에서 나의 큰 장점이 되었다. 학생의 날과 축제를 기획하면서 시간을 많이 뺏기기도 했지만 시험과 겹치지 않고 학업에 큰 지장이 있을 정도가 아니었기에 힘들지만 즐겁게 활동했다.

축제에서는 내가 사회자를 맡게 되어서 기획과 준비하는 과정에 더 많이 참여하게 되었다. 학생의 날 행사는 주최 자체가 우리 동아리였기 때문에 처음부터 끝까지 동아리 아이들끼리 아이디어를 내고 준비를 했다. 전교생에게 우리조차 생소한 '학생의 날'에 대해 설명하는 발표문을 만들고, 재미있게 볼 수 있는 콩트를 짜고, 다 같이 참여할 수 있는 퀴즈 프로그램을 만드는 등의 활동을 하였다. 이렇게 학교의 행사를 기획하는 일은 나중에 자기소개서를 쓸 때 나에게 큰 도움이 되었다. 내가 나중에 다양한 학교 활동들을 통해서 '경제'라는 분야에 관심이 있다는 것을 알게 되었고, 그에 관련된 직업 중에서 '경제 정책 전문가'라는 직업을 우선적 목표로 잡고 자기소개서를 쓸 때 이러한 학교 행사 기획 경험은 진로와 관련된 연관성을 제공하였고 도움이 되었다.

이러한 동아리와 학교 축제 행사와 같은 활동 이외에도 나는 학교의 다양한 대회와 활동에 거의 모두 참가하였다. 학교에서 하는 영어 말하기 대회, 과학의 날 행사인 과학 영화를 비평하는 글쓰기 대회와 사진 대회, 상식 퀴즈 대회, 육상 대회, 독후감 대회와 같이 '얘가 이건 왜 했지?' 싶을 정도로 나와 관련이 적어 뜬금없어 보이는 행사들도 많이 참여했다. 물론 그 대회에서 항상 좋은 성적을 거둔 것은 아니다. 하지만 이러한 다양한 대회 활동은 내가 무엇을 잘하는지에 대한 생각을 깊이 할 수 있게 해주었다. 이런 다양한 활동을 통해서 내가 좋아하고 잘하는 것을 찾으며 진로에 대한 해답을 찾아갔으며, 상을 받았기에 나중에 대입에 있어서도 유리한 점이 되었다.

탐구력과 연구 정신을 배울 수 있었던 '선사 연구 과제'

우리 학교 학생들이 자기소개서를 쓸 때 가장 내세울 수 있는 활동이 되어 준 것은 바로 연구 과제일 것이다. 선사고등학교 학생들은 1학년 때는 2학기 말에, 2학년 때는 1학기 말에 모두 의무적으로 '선사 연구 과제'를 쓰는 활동을 하였다. 사실 전교생이 이 학교 프로그램에 대해 처음 설명을 듣게 되었을 때 아마 모두들 패닉에 빠지지 않았나 싶다. 도대체 나 보고 무엇을 쓰라는 것인지, 내가 논문 같은 것을 쓸 수 있는 능력이 있기는 한 것인지 다들 고민거리만 잔뜩 생겼었다. 나도 처음 해보는 이런 활동에 정말 내가 무엇을 해야 하는지 감이 잡히지 않았고, 스트레스를 받았다. 게다가 또 조별 활동이라니! 지긋지긋하게만 느껴졌다. 결국 다들 그렇게 잊고 있다가 학기 말이 되자 다시 설명을 듣고 논문 준비를 처음으로 하게 되었다.

가장 힘들었던 점은 주제를 정하는 것이었다. 다들 평소에 관심을 가지고 탐구하고 싶었던 것이 있을 리 만무하다. 또한 4명에서 6명씩 조를 짜게 되었는데, 모든 조원이 관심을 가지고 탐구를 할 수 있는 주제를 정하는 것이 의견 충돌로 이어졌고, 가장 힘든 과정이 아니었나 싶다. 하지만 또 막상 논문을 작성하기 위해 설문지를 돌리고, 결과를 도출해내고, 현상을 분석하는 활동은 모두에게 특별한 경험이 되었다고 생각한다. 고등학생이 논문을 써 볼 기회 자체가 적은데, 많이 부족하지만 이런 논문을 써 보게 된 것 자체가 의미 있기 때문이다.

모두에게 힘들었던 논문 작성이었지만, 전교생이 참여를 하면서 각자에게 큰 도움이 되었던 것 같다. 대학 입시를 준비하면서 8월 달이 되자, 다들 자기소개서를 써야하는 시기가 됐다. 이 때 많은 친구들이 고민을 하는 것이 자기는 학교 활동에 열심히 참여하지 않았기에 자기소개서에 쓸 만한 활동이 없다는 것이다. 하지만 '선사 연구 과제'에는 모두가 참가했기에 잘 썼든 못 썼든 자신의 진로와 연관 지어 자기소개서에 쓸 수 있는 내용이 되었고, 많은 학생들의 고민을 해결하는 데 조금이나마 도움이 되었다.

나는 1학년 때 '색과 식욕의 상관관계'에 대해서, 2학년 때 '청소년들의 법의식 실태와 개선 방안'에 관한 소논문을 친구들과 작성했다. 내가 지원했던 경제학과와는 매우 상관이 없는 주제로 보일 수 있다. 그러나 하나의 현상에 관해 호기심을 가지고, 주제를 잡아서 연구 방법을 세우고 면밀히 탐구하는 자세는 어느 학문을 공부하는 데 있어서나 필요한 자세라고 생각한다. 앞으로도 경제학에 대해 공부를 하는 데 필요한 탐구력과 연구 정신을 갖출 수 있던 경험이라고 생각한다.

영어 원서 읽기 '학습 동아리' 활동

학업 능력 향상에 관한 학교 프로그램도 있었다. '학습 동아리' 프로그램인데, 말 그대로 같이 공부하고자 하는 학생들끼리 동아리를 만들고, 공부할 주제를 정해 모여서 다 같이 공부하는 것이다. 국어 공부를 하기로 했다면 국어 담당 선생님께 지도 교사를 부탁드려 선생님의 도움을 많이 받기도 한다. 내가 본 학습 동아리는 매우 다양하였다. 단순히 국어, 영어, 수학과 같은 교과목 학습 동아리뿐만 아니라 그림을 같이 그리는 미술 학습 동아리도 있었으며, 책을 읽고 자신의 생각을 나누는 독서 학습 동아리도 있었다.

나는 친구들과 영어 원서 읽기 학습 동아리를 했다. 2학년 때는 『정의란 무엇인가』로 유명한 마이클 센델의 『What Money Can't Buy』라는 경제와 윤리에 관한 책을 읽었고, 3학년 때는 에드워드 카의 『What Is History?』라는 책을 읽었다. 비록 많은 시간을 할애할 수 없었고, 또 영어 원서이다 보니 1년 동안 학습 동아리를 하면서 이 두 권의 책을 다 읽지는 못했다. 하지만 이 원서 읽기 학습 동아리를 하면서 영어 독해에 대한 능력을 키울 수 있었으며, 고급 단어를 배울 수 있었다.

입학사정관 전형에서 이러한 학습 동아리 활동 사실도 큰 도움이 되었다고 생각한다. 자기소개서에 주로 '학업, 또는 진로와 관련하여 스스로 자기주도적 학습을 한 것'에 대해 쓰라는 질문이 있는데, 우리가 했던 학습 동아리가 이에 부합한다고 생각하기 때문이다. 나는 경제학과 관련해 『What Money Can't Buy』를 통해 경제와 윤리, 도덕의 관계에 대해 다시 한번 생각해볼 수 있는 기회를 가질 수 있었다. 『What Is History?』를 읽고서는 인문학적 소양을 키울 수 있었다는 점에서 큰 도움을 받았다고 생각한다.

경제학에 대한 열의를 확인한 '진로탐색 인터뷰'

학교의 다양한 활동들 중에서 진로탐색 활동이 나의 진로를 결정하는 데 가장 큰 도움이 되었다. 학교에서는 매년 직업인 특강을 열어서 그 직업에 종사하시는 분을 초청하였고, 강연을 했었다. 나는 내가 관심 있는 직업을 찾고자 작가, 기자, 한의사 등 다양한 강연을 들었고, 이는 다양한 직업과 가치관에 대해 알 수 있었던 좋은 경험이었다. 나는 2학년 때 경제를 공부하면서 경제라는 과목에 다른 것들보다 큰 매력을 느꼈다. 글을 쓰는 데 재능이 있었고, 학교 행사를 기획하면서 배울 수 있었던 기획 능력과 리더십을 키울 수 있었던 나는 경제학과와 관련해 이런 능력을 발휘할 수 있는 경제 정책 전문가로 방향을 설정할 수 있었다.

경제학과에 관한 확신이 생긴 후에는 경제와 관련된 책을 읽고 독후감을 쓰거나, 대학 탐방 보고서, 포트폴리오를 쓰고 만드는 진로탐색 활동에 참여를 하였다. 그중 가장 기억에 남고, 내가 꼭 경제학을 공부하고 싶다는 생각을 하게 된 계기는 경제학과 교수님과의 인터뷰였다. 이를 통해 그동안 경제 관련된 책을 읽거나, 경제에 대해서 공부를 할 때 생겼던 궁금증에 대해 여쭤보고 교수님의 생각을 들을 수 있었다. '효율성과 형평성에 관한 문제' 등에 관한 질문을 하였고 교수님과 대화를 나누었다.

교수님과의 인터뷰를 하는 진로탐색 보고서 과제가 주어졌을 때 나는 정말 울고 싶었다. 고3 입시로 인해 공부해야 할 양도 많고, 바쁘기도 엄청 바쁜 시기에 이런 탐방 숙제라니. 그리고 심지어 교수님과의 만남이 쉽지 않기 때문이다. 하지만 나를 비롯한 3학년 친구들이 용기를 내어 대학 교수님들께 메일을 보냈고, 인터뷰를 허락받을 수 있었다. 인터뷰를 준비하면서도 내가 평소에 경제에 관해서 가질 수 있었던 생각을 정리하고, 앞으로 내가 무엇을 공부하고 싶은지에 관한 고민도 할 수 있었다.

교수님과의 인터뷰에서 가장 좋았던 점은 내가 궁금했던 것에 대한 해답의 실마리를 찾을 수 있던 것도 있지만 경제학에 대한 열의가 생겼다는 점이다. 교수님과의 말씀 중 '경제는 우리 삶 그 자체다.'라는 말이 정말 가슴에 와 닿았고, 내가 경제학과를 공부하면서 어떤 마음가짐과 자세로 공부를 할지 확신이 생겼다. 또한 꼭 경제학이라는 학문을 배우고 싶다는 열망이 생기면서 고3 입시생활을 앞으로 하는데 큰 동기부여가 된 의미 있는 활동이었다.

다각적인 사고와 폭넓은 경험을 배운 혁신학교

나는 고3 생활을 하면서 학교에서 가장 많은 시간을 보냈다. 여전히 학원을 다니면서 심화 학습을 하였지만, 학교의 야자실을 이용했기 때문이다. 정말 고3 시기에는 학원 이외의 자기 공부 시간을 늘려나가는 것이 관건인 것 같다.

이렇게 공부만 하던 3학년 시기 이전, 1~2학년 때 공부와 병행하며 했던 혁신학교의 다양한 활동들은 나에게 정말 큰 도움이 되었다. 진로에 관한 문제를 해결하기 위해 다양한 활동들을 하며 나의 숨겨진 재능을 발견할 수 있었고, 그 능력을 키울 수 있게 해 주었기 때문이다. 입학사정관 전형을 준비하면서 이런 다양한 활동 기록들을 통해 나는 내가 폭넓은 경험을 하면서 다각적으로 생각할 수 있다는 사실을 잘 보여줄 수 있었다.

현재 나는 정경학부에 입학을 하였고, 경제와 관련해 앞으로의 진로에 대해 더 고민하고, 탐색하고자 한다. 대학교를 다니면서 그동안 하고 싶었던 다양한 활동과 경험을 통해서 정책 전문가에서 더 나아가 다른 길 또한 모색해 보고 싶다. 혁신학교를 다니면서 나는 얻어가는 점이 많았다. 좋은 점만 있는 학교는 없기에, 혁신학교 또한 문제점이 많았고, 나 또한 학교가 싫었던 적도 많았다. 하지만 혁신학교에서의 다양한 활동과 경험은 앞으로도 내게 도움이 될 것이다.

진짜

조 용 주

인 헌 고 졸 업 생

저의 보람찬
고등학교 생활을 소개합니다!

'열심히 공부해서 효도해야지'

우리 부모님은 내가 태어나기 전부터 자영업을 하셨다. 어릴 때부터 나는 부모님의 꽃가게에 있는 시간이 많았고, 부모님이 어떻게 생활하시고 돈을 버는지 자연스럽게 알았다. 새벽시장에 가는 것부터 휴일 없이 매일 가게를 여시는 것을 보면서 부모님이 우리를 키우기 위해 정말 힘들게 일하신다는 것을 느껴왔다.

특히 내가 초등학교 2학년 때 어머니께서는 못다 이룬 학업의 꿈을 이루시고자 새벽 일찍 집을 나가 대학에 다니셨다. 공부와 일을 모두 하시느라 힘든 어머니에게 도울 것이 없냐고 물을 때면 네 할 일을 열심히 하는 게 가장 큰 도움이라고 하셨다. 어머니께서는 항상 나에게 이런 말씀을 하셨다. 공부할 수 있을 때 열심히 해서 엄마처럼 힘들게 살지 말라고. 공부를 하고 싶어도 가정형편 때문에 못했던 어머니의 이야기를 듣고, 이렇게 편히 공부할 수 있을 때 열심히 해야겠다고 생각했다. 또 열심히 공부해서 엄마, 아빠처럼 힘들게 살지 않고 돈 많이 벌어서 효도할 거라고 다짐했다. 그렇게 어릴 때부터 공부를 해야겠다는 동기가 있었던 것 같다.

나는 규율이 엄격하고 공부도 많이 시키는 사립 중학교를 나왔다. 그곳에서 나는 나만의 동기를 가지고 열심히 하는 주변 친구들 사이에서 당연하게 공부했다. 다만 뛰어난 친구들 속에서 항상 나는 중상위권이었고 그저 그렇게 꾸준히만 했다.

내가 원하는 대학에 들어갈 수 있게 한 가장 큰 발판은 인헌고등학교이다. 인헌고등학교는 자사고도, 특목고도 아닌 평범한 공립 고등학교이다. 사실 우리 학교는 분위기가 좋지 않다고 소문도 난 고등학교였다. 나도 처음 이 학교에 배정받았을 때는 충격 그 자체였다. 지원하지도 않은 학교인데다가 학교 이미지도 좋지 않아서 내가 이 학교에 갈 거라고는 생각도 못하고 있었기 때문이다.

그렇지만 막상 입학하고 나니 인헌고는 생각만큼 나쁘지 않았고, 울면서 같이 들어온 중학교 친구들도 즐거운 학교생활을 하는 것 같았다. 특히 우리 학교는 내가 2학년 때 혁신학교가 되면서 많은 것들이 바뀌었다. '교과 교실제'라는 제도를 일찍이 시행하기도 하고, '오픈스페이스'라는 대토론회를 처음 연 학교로 뉴스에도 나오는 등 우리 학교는 급격하게 변화했다. 이외에도 학교는 다양한 시도와 개선을 했는데, 이러한 분위기의 인헌고등학교는 나와 천생연분이었던 것 같다. 뒤에 내가 했던 다양한 활동들이 나올 텐데 그것들을 할 수 있게 해준 인헌고가 너무 좋고, 이 학교에 입학한 것이 지금은 너무나도 행복하고 감사한 일이라고 생각한다.

첫 시험에서 전교 7등이라는 놀라운 경험을 했다. 물론 회장으로서 수업 시간에 모범을 보여야 했고, 고등학생이라는 부담감에 중학교 때보다 더 열심히 한 것은 사실이지만, 이렇게 높은 등수가 나올 것이라고는 상상도 못했기 때문에 기분이 매우 이상했다. 나도 하면 되는구나, 나도 잘할 수 있는 사람이구나, 여기서 더 잘하면 되겠구나 싶었다. 첫 중간고사 결과가 알려지자 내 활발한 이미지 때문에 의외라고 말하는 친구들도 많았다. 반 1등이라는 꼬리표가 조금은 당황스러우면서도 짜릿했고, 이렇게 나는 항상 올려다만 봤던 상위권의 느낌을 맛보았다. 주변 사람들의 기대가 부담이 되긴 했지만, 나 또한 잃고 싶지 않았기 때문에 그때 처음으로 공부를 즐기면서 할 수 있었다.

물론 분위기가 좋지 않은 상황에서 공부하는 것은 쉽지 않았다. 후반으로 갈수록 점점 더 많은 친구들이 흐트러져갔고, 수업이나 자습 시간도 자주 어수선해졌다. 그렇지만 나는 그 속에서도 매번 눈에 보이는 성과나 반응을 즐기면서 공부했다. 자신이 원치 않는 학교에 배정받았다고 낙담해서는 안 된다. 그곳이 자신에게 더 좋은 영향을 미칠 수도 있다. 조금 힘들 수 있지만 반대로 더 좋은 기회가 될 수 있다. 환경을 탓하는 것은 핑계라고 생각한다. 나는 어디서든 긍정적으로 생각하고 노력하면 안될 것은 없다는 것을 깨달았다. 낮은 곳에서는 자기가 1등이 되도록 열심히 하면 되고, 높은 곳에서는 그곳에 어울릴 만큼 높아지면 된다고 생각한다.

나만의 공부법으로

나는 중학교부터 고등학교 때까지 고집스럽게 학교에서 자율학습을 했다. 나는 원래 내가 속한 곳을 좋아해서 학교라는 곳에 애착이 컸다. 또한 중학교 때 학원에 딱 한 달 다녀 보고는, 학원에서는 자신에게 맞는 공부를 할 수 없다고 느꼈다. 물론 사람마다 다르겠지만 나는 학원에서 하는 게 이 정도라면 혼자서 조금 더 노력하는 것이 돈과 시간을 아끼는 방법이라고 생각했고, 자습을 마음먹었다. 어머니께서는 다들 한 군데씩은 다니는데 괜찮겠냐고 말씀하셨지만 여기서 내가 고민하는 모습을 보이면 더 걱정하실 것 같아서 오히려 자신 있는 척을 하며 혼자 할 수 있다고 말씀드렸다. 그래서 '야자'는 나와 뗄 수 없는 단어가 되었고, 누구보다 오랜 기간, 오랜 시간 동안 야자실에 있어서 '야자실 빠순이'라는 별명도 얻게 되었다. 학교에 있으니까 친구들이 놀러가자고 할 때마다 거절하기 힘들긴 했지만, 그들을 설득하려고 노력하며 자리를 지켜 매번 개근을 했다.

그렇다고 내가 공부만 한 것은 아니다. 졸리거나 집중이 안 될 때 친구들과 운동장에 나가서 농구를 했는데, 처음에 친구랑 둘이서 시작한 자유투 운동이 나중에는 열 명이 넘는 아이들의 내기 게임으로 바뀌었다. 처음에는 공을 들고 뛰어다니는 등 룰도 제대로 지키지 않고 놀았는데, 잘하는 친구들이 가르쳐주기도 하고 자주 하다 보니까 나중에는 다들 실력이 수준급이 되었다. 시간 가는 줄 모르고 하다가 하루를 날린 적도 있었고 감독 선생님께 시끄럽다고 혼난 적도 많았다. 하지만 그때 함께 공부하고 놀았던 친구들과의 기억은 잊을 수 없는 추억으로 남았고, '야자팸'이라는 모임이 되어서 평생 만날 친구들로 남았기 때문에 후회는 없다. 이렇게 나는 아침 자습부터 야간 자습까지, 야자실에서 추억도 쌓고 공부도 하고 꿈도 꾸며 3년을 지냈다.

처음에는 학원 다니는 애들이 학원 선생님이 가르쳐주시는 것만 공부하고 쉽게 높은 성적을 받는 것처럼 보이기도 하고, 그 친구들의 요약집이나 기출 문제집이 부럽기도 했다. 특히 2학년이 되어 이과에 가면서 학원 다니는 친구들이 상위권을 차지하는 것을 보고 신념이 흔들린 적도 있었지만, 차츰 나만의 공부법을 터득해 나갔다.

그것은 스터디 일지와 교과서 요약 공책이다. 학원에 다니는 친구들이 두 번 수업을 받는 동안 혼자서 개념을 확실히 해야겠다고 생각했다. 뻔한 이야기 같지만 평소에는 스터디 일지를 쓰며 예습과 복습을 철저히 했고, 시험 기간이 시작되면 요약 공책을 만들었다. 내가 공부한 것과 시간을 기본으로 숙제나 해야 할 일 등을 적는 일지를 꼬박꼬박 썼다. 가끔 귀찮고 까먹을 때도 있지만 하루를 돌아보거나 계획하면서 자신의 생활을 피드백 할 수 있어서 좋고, 나중에 봐도 뿌듯한 자료가 되었다.

나는 이 스터디 일지 쓰는 방식을 조금씩 바꾸면서 나에게 맞는 방법을 찾아갔다. 처음에는 미리 자세하게 계획하고 지키면서 O,

△, X를 표시하거나 시간을 나누어 놓았는데, 그렇게 하니까 계획대로 지키기도 매우 힘들고 계획 짜는 데 시간을 허비하는 느낌도 클 뿐 아니라 그 공부가 딱 제시간에 끝나지 않아서 불편했다. 결국 마지막에 내가 찾은 방법은 그 날 할 공부만 대략적으로 적어놓고 공부를 한 후에 얼마나 했는지, 시간과 함께 적는 것이었다.

오늘 내가 한 것을 보고 내일의 계획을 짜고, 또 공부한 시간을 보고 오늘 얼마나 열심히 공부했는지 반성과 칭찬을 할 수 있어서 좋았다. 참고로 나는 공부하러 갈 땐 언제나 스톱워치를 들고 다녔다. 중요한 건 자기 혼자 집중해서 공부한 시간만 재야 한다는 건데, 따라서 수업 시간이나 친구와 같이 공부할 때는 예외이다. 이것도 처음에는 무작정 하루 종일 쟀었는데, 그것보다 공부 종류마다 따로 재서 적고 마지막에 총 시간을 계산하는 방법이 가장 좋았다.

시험 기간이 3주 또는 한 달 앞으로 다가오면 나만의 시험공부 계획표를 만들어 사용했다. 달력처럼 표에다가 날짜를 적고 간략한 공부 계획을 한눈에 볼 수 있게 만들었는데, 자세한 공부 내용은 2~3일 단위로 계획하는 방법이 가장 효율적이었다. 이때 나는 다한 건 파란색, 못한 건 빨간색, 하다 만 것은 초록색 볼펜으로 줄을 그어 표시했는데 그것을 보고 다음 계획을 수정했다. 가방도 무겁고 시간도 없는 시험 기간에 A4 용지 한 장만 들고 다니면 되니까 편하고 유용했던 것 같다. 이때도 물론 피드백을 위해 시간을 적었는데, 하루 총 공부 시간을 적어 '어제'와 '오늘'을 비교하는 정도로만 했다.

교과서 요약 공책이란 수업 시간에 선생님이랑 한 교과서나 교재를 모두 복습하면서 만드는 나만의 개념서이다. 과목에 따라 다른데, 과학과목은 처음부터 끝까지 전부 교과서 흐름을 따라 나만의 기호들로 글을 요약하거나 보기 좋게 정리했다. 보통 교과서는 적게 보고 요약된 문제집으로 공부하는 경우가 많은데 그렇게 하면 시간은 단축될지 몰라도 내용의 흐름을 읽기는 힘든 것 같다. 정리를 깔끔하게 하려다 보니까 교과서를 그냥 읽을 때보다 자세히 읽고 깊게 생각하게 되었다. 또 그림을 똑같이 따라 그려서 옮겨 놓으니까 여러 번 보는 것보다도 기억에 더 잘 남았다. 사실 시간이 굉장히 오래 걸렸지만 그림 그리는 것을 좋아해서 나름의 스트레스 해소 시간이었다. 국어, 영어 등은 충분히 공부한 다음 중요한 거나 외워지지 않는 것 등을 정리해서 반복해서 보면 된다. 이렇게 만든 공책은 가벼워서 들고 다니면서 볼 수 있고, 제 손으로 직접 쓰고 그림도 그리면서 만들었기 때문에 친구들에게 설명해줄 때도 많은 도움이 되었다.

나는 이런 방법으로 자기주도학습을 했고 성적도 올랐다. 결국은 혼자 공부하는 법을 모르는 친구들이 나를 부러워하며 도움을 요청하기도 했고, 정리 노트를 보여주거나 시험 계획표를 만들어주면서 도와주었다.

새로운 학교 교칙을 정한 학생회 부회장 활동

2학년을 앞둔 봄방학 중 한 친구가 자기가 학생회장 선거에 나가려고 하는데 회장단을 구성할 여자 부회장이 필요하다며 같이 해보지 않겠냐고 말했다. 1학년 1학기 때 반장을 하긴 했어도 학교 대표는 생각해본 적도 없었고 성적에도 영향을 미칠 것 같아 고민을 많이 했다. 혼자 고민을 하다가 부모님께 말씀을 드렸는데 어머니께서 기회가 될 때 해보라고 하셨다. 그 말에 용기를 얻어 한번 해보기로 마음먹고, 회장과 남자 부회장과 함께 선거를 준비했다. 많은 친구들이 우리를 도와주고 응원해주어서 당선될 수 있었다. 그렇게 학교를 대표하는 자리에 앉게 되었고, 이 자리는 나를 많이 변화시켰다.

부회장으로서 첫 번째로 한 일은 리더십이 어떤 건지 알게 해주었다. 가장 먼저 면접을 통해 학생회를 구성했다. '내가 뭔데 이 친구들을 평가하나?'라는 생각도 들었고, 처음으로 나에게 맡겨진 역할을 실감했다. 또한 짧은 시간에 많은 사람을 평가하고 선택하는 것이 얼마나 어려운지 알았다. 면접을 계획하고 진행하는 과정에서 전교 부회장 생활이 만만치 않다는 것을 깨달았던 시작이었다. 크고 작은 일들 중에 기억에 남는 활동 몇 가지만 이야기하겠다.

가장 많은 시간을 쏟아 기획하고 준비하고 진행한 학교 축제인 '인헌제'를 통해서 21명의 학생회 임원들을 이끄는 데 처음으로 어려움을 느꼈다. 학생회 내부의 문제를 해결할 방법을 회장과 상의하고 좋은 리더가 되기 위해서는 어떻게 해야 하는지에 대해서 생각해보면서 진정한 리더십을 더욱 키우고 싶어졌다. 구기 대회를 열면서 심신이 지치기도 했다. 개최 시기와 경기 방법을 정하는 것부터, 학생 시간표와 선생님 시간표를 보면서 일정과 대진표를 짜는 것까지 쉬운 일이 없었기 때문이다. 심판을 보는 것이 가장 어려운 일이었다. 한 학생회 심판이 규칙을 잘못 알고 실수를 하여 싸움이 날 뻔도 했고, 아무리 정직하게 해도 반 전체가 흥분하여 심판들에게 큰소리를 치는 일도 잦았다. 하지만 여기에서도 무언가를 객관적이고 정확하게 평가하는 것이 얼마나 어렵고 힘든지 여러 가지를 깨달았다.

특히 내가 2학년이었던 2012년에 인헌고등학교가 혁신학교가 되면서 우리는 더욱 바빠졌다. 그중 가장 기억에 남는 것은 학교 교칙을 새롭게 제정한 일이다. 오픈스페이스라는 대토론회를 통해 전교생의 의견을 들었다. 오픈스페이스는 많은 사람이 참여 가능한 토론 방식 가운데 하나였는데, 같은 주제에 스티커를 붙인 학생들끼리 모여 문제점과 해결 방안을 토의한 것을 자료로 정리함으로써 학생들의 생각을 모으는 것이었다.

정리한 자료를 가지고 대의원회의를 열었는데, 세부적인 사항까지 정확하게 정하려다 보니 회의가 길어져 힘들기도 했지만 식상한 회의보다는 재미있기도 했다. 치마 길이 몇 센티미터를 가지고 투표하기도 하고, 규정하기 애매한 머리나 액세서리 관련 주제에 '혐오스럽지 않을 만큼', '한쪽 귀에 5개 이하' 등의 재미있는 의견도 나왔기 때문이다. 이렇게 대의원회의를 통해 정리한 학생 측 단일안을 가지고 학생, 교사, 학부모 대표가 5명씩 모인 3주체 회의에서 학생 측 입장을 대변했다. 생각의 차이로 인한 충돌도 있었고 지도 기준을 두고 서로의 입장이 달라 곤란하기도 했다. 하지만 입장마다 차이는 있어도 학생들이 바르게 자라기를 위한 마음은 모두 하나라는 것을 느꼈고, 장시간의 협의를 통해 합일점 을 찾아가며 교칙이 개정되었다. 나는 우리가 많은 사람들의 관심 속에서 교육받고 있다는 것을 깨달았다. 아침마다 교문에서 피켓 을 들고 우리가 직접 만든 새로운 교칙을 홍보하면서 내가 학교를 변화시키고 있다는 뿌듯함을 느꼈다.

학교 밖에서 학교 대표로 활동하면서 넓은 세계를 경험할 수 있었다. 한 예로 '500인 원탁토론 서울 교육을 말하다'라는 서울 의 교육 주체들이 모인 토론 행사에 참여하였다. 나는 그곳에 학 생 대표로 참가하여 교사, 시민, 관련 전문가들과 함께 교육 정책 과 교육 예산에 관련된 토론을 했다. 조금은 어렵고 낯선 상황이 었지만 우리 테이블에서 내가 맡은 바를 해야 했기 때문에 열심히 임했다. 평소에 생각하지 않았던 부분에 대해 다른 분들의 생각을 듣고 내 생각을 발표하고, 서로의 시각 차이를 이해하면서 사고의 폭이 넓어짐을 느꼈다.

이렇게 학생회 부회장이라는 역할은 나에게 많은 것을 주었다. 하지만 견문을 넓혔다는 장점 뒤에는 공부 시간을 확보하는 것이 힘들었다는 사실이 있다. 이외에 동아리 활동도 많이 했기 때문에 처음에는 공부와 다른 활동의 기로에 서서 갈등도 하고 성적도 떨어졌다. 방학 동안 세운 공부 계획을 축제 준비 때문에 다 지키지 못할 때는 정말 스트레스도 받았다. 하지만 나는 당연히 모든 것을 가질 수는 없다고 생각하며 최선으로 하기 위해 노력했다. 일하는 시간을 단축하기 위해 고민하다가 역할 분담이 중요할 것 같다는 생각을 했다. 짧은 시간에 집중하거나 틈틈이 공부하는 방법도 연구했다. 또 메모 습관을 들여 낭비하는 시간을 줄이려고 했다.

'사람을 좋아하고 사람의 신체와 심리에 흥미 있는' 나에게 맞는 진로는?

고등학생이 되기까지 자신의 진로에 대해 고민해보지 않은 사람은 없을 것이다. 하지만 누구나 자신의 길을 확신하는 것은 아니다. 대다수의 학생들이 자신이 좋아하는 것이 무엇인지도 잘 모른다. 나도 마찬가지였다. 1학년 때는 정말 내가 어떤 사람인지조차 잘 몰랐고, 2학년 때는 급한 마음에 단순히 관심이 많이 가는 분야를 진로로 정하기도 했다. 보통 수시, 특히 입학사정관 전형을 준비한다고 하면 어릴 때부터 한 직업을 바라보고 활동해야 한다고 생각하기 쉽다. 하지만 이 나이에는 오히려 하고 싶은 것도 많고 꿈도 자주 바뀌는 것이 자연스럽지 않을까? 나는 얼마나 오랫동안 그 꿈을 쫓아 왔느냐보다는 얼마나 그 꿈을 이루기 위해 노력해 왔느냐가 중요하다고 생각했다. 그래서 나는 꿈을 일찍 못 정했다고 입학사정관 전형을 포기하지 않았다.

나는 계속해서 내가 잘하고 좋아하는 것이 무엇인지 고민해왔지만 쉽게 진로를 정하지 못했다. 그래서 적어도 학교에서 개최하는 다양한 활동에 거의 참여했다. 1학년 때는 정말 이것저것 잡다하게 참여했다. 천문 관측 행사나 정보 검색 대회 등 내 진로와 상관없는 분야의 활동도 많았고, 마라톤 대회나 구기 대회 등 예체능 활동도 했다. 하지만 나는 그것을 준비하고 참가했던 시간들이 너무 즐거웠기 때문에 아깝다고 생각하지 않는다. 물론 처음부터 내가 직업이나 과를 정한 학생이었으면 그런 시간들을 공부에 투자할 수 있었겠지만, 그런 것이 아니었기 때문에 한 가지, 한 가지 피가 되고 살이 되었다고 생각한다. 특히 진로탐색 프로그램이나 멘토링은 꼭 참여했다. 대학생의 과 설명이나 한 분야의 전문가들의 이야기를 듣는 것이 진로를 바로 찾게 한 것은 아니다. 하지만 이런 학과에서는 이런 것을 배우고, 이런 직업도 있고, 어떤 일을 하는지 알 수 있고, 그들 이야기에서 삶의 교훈까지 얻을 수 있는 값진 시간이었다. 또 1학년 초반에 했던 자기주도 학습반 '공부의 신'에서 플래너 쓰는 방법을 배우고 친구들과 스스로 공부하는 생활을 공유한 것은 매우 유익했다.

2학년 때도 비슷했지만 조금 더 내가 좋아하는 활동을 많이 했던 것 같다. 1학년 때부터 해오던 생물부에서는 동아리장이 되어 계속 활동했고, 2학년이 되어서 심리학 동아리에 '심장'에 입부했다. 심리학과 대학생을 만나 심리학이 단순히 사람의 마음을 알아내는 것이 아니라 사람 주변의 모든 것과 관련이 있는 학문이라는 것을 알았다. 그 후 심리학의 매력에 푹 빠진 나는 부기장을 맡아 동아리 활동을 주도했다. 부원들과 '방관자효과'를 실험해 보고 '엘렉트라 콤플렉스'와 관련된 설문을 해 보았으며 다양한 유형의 심리에 대한 책을 읽으며 심리학과를 희망하기도 했다. 하지만 심리학과는 인문계의 학과였고, 나는 자연계였기 때문에 주변 사람들이 걱정을 많이 했다. 그때까지만 해도 나는 심리학이 너무 좋았고 그저 막연히 방법이 있을 거라고 생각했다. 하지만 이과인 내가 인문계인 심리학과에 교차 지원을 생각하니 막막했다. 또 나는 활동적인 성격이라서 심리학이 전문적으로 공부하다 보면 매우 학문적이라는 말도 두려웠다.

그러던 중 평소 내가 잘 따르고, 나를 잘 아시는 선생님 한 분이 나에게 간호사라는 직업을 추천해주셨다. 나는 사람을 좋아하고 사람의 신체와 심리를 흥미로워했다. 이 세상에는 어떤 사람들이 어떤 생각을 가지고 살아가는지가 궁금하고, 다양한 사람들을 만나 이야기하고 싶었다. 그런 나에게 간호사는 다양한 분야 속에서 여러 사람들을 만나고, 친절을 베풀며 돌보아주고 치료하며 살 수 있는 길이라고 생각했고, 새로운 꿈을 키우게 되었다. 친구들, 선생님, 주변 사람들은 내가 문과와 이과의 중간 성향을 가졌고, 긍정적인 성격이 딱 맞는 것 같다고 하며 응원해주었다. 그때부터 나는 간호학과라는 목표를 가지고 공부하였고, 목표를 이루기 위한 방법을 곰곰이 생각했다.

간호학과를 지망하는 학생들의 작은 동아리를 만들다

이제는 정말 간호학과만 파야겠다고 생각하던 중 같은 반에 간호사가 꿈인 친구들이 6명이나 있다는 것을 알았다. 그래서 같은 목표를 가진 친구들끼리 모여 활동해보자는 취지로 작은 동아리를 만들었다. 학교에서 소규모 동아리를 개설하여 운영할 수 있었고, 진행 상황을 보고하며 활발히 활동하면 지원금도 나왔다. 동아리 이름은 '19gale'(나이틴게일)이라고 지었다.

먼저 『간호사가 말하는 간호사』라는 책과 《간호사 24시》 다큐 영상을 감상하고 함께 나누었다. 날짜를 정해 다 읽고 감상문을 써오기로 한 다음 모여서 서로의 생각이나 인상 깊었던 것을 나누거나 발표했다.

또 간호사에 대한 일반인들의 인식이 어떠한지 궁금해서 교내 학생들과 선생님들 200명을 대상으로 설문조사를 해보았다. 대부분이 간호사라는 직업에 대해 잘 아는 편이라고 대답했음에도 불구하고 3교대도 모르는 사람이 많다는 것도 의외였고, 인식 변화가 많이 필요하다는 것도 느낄 수 있었다.

마지막으로 인근 병원에 방문하여 간호사 직업 체험을 했던 것이다. 처음에는 간호사의 하루 일과를 관찰해보기 위해 가까운 병원에 전화를 걸어 가능한지 여쭤봤는데, 모두 안 된다고 하였다. 당황스러웠지만 포기하지 않고, 몇몇 병원에 계속 연락하던 끝에 한 병원에서 허락을 해주었다. 그런데 허락뿐 아니라 그쪽에서 오히려 적극적으로 체험활동 기회를 제공하겠다고 하서서 매우 감사하고 들뜬 마음으로 찾아갔다.

각자 다른 부서를 다녀온 뒤 보고 들은 것을 쏟아 놓으니 순식간에 모든 부서를 돌아본 것 같은 느낌이 들 정도였다. 하루 동안 병원에서 간호사들이 하는 일을 지켜보고 체험해보면서 많고 다양한 일을 묵묵히 소화해내는 간호사들이 정말 존경스러웠다. 의료진도 보호자도 아닌 입장에서 환자들을 관찰했다는 것이 조금 죄송했지만, 좋은 간호사가 되어서 보답하겠다는 생각을 하며 열정을 키웠던 뜻깊은 시간이었다. '19gale'은 개인으로는 불가능한 것을 경험 할 수 있게 해주었고, 정보 교환뿐 아니라 서로의 진로 상담까지 할 수 있게 해준 의미 있는 활동이었다.

동아리 활동 외에 큰 스펙이 된 것이 있다면 전문가 인터뷰가 될 것 같다. 학교에서 '진로의 날'을 지정하여 '잡월드'를 체험하거나 자신의 진로와 관련된 활동을 할 수 있게 해주었다. 나는 친구와 둘이서 내가 가고 싶은 학교였던 중앙대로 갔다. 미리 인터뷰 계획을 세운 후에 학교를 돌아다니다가 간호학과 대학생들을 만났다. 용기를 내서 인터뷰를 요청했더니, 흔쾌히 들어주셨다. 게

다가 그중 한 언니는 우리가 대견하고 귀엽다면서 카페로 데려가 음료수도 사주고, 인터뷰를 넘어 많은 대학 생활 이야기를 해주셨다. 그 후에는 병원으로 가서 간호사들도 인터뷰했다. 진로의 날을 통해 나의 진로에 대해 좀 더 자세히 알고, 내가 어떤 간호사가 될 것인지도 어렴풋이 그려보게 되었다. 전문가들을 만나기 위한 과정에서 긴장과 민망함, 실패와 성공을 반복하면서 자신감을 키운 것 같다. 정말 내가 하게 될 일, 꿈꾸는 일들을 하고 있는 사람들과의 대화를 통해 간호사라는 직업 선택에 대한 확신과 기대가 가득 찼던 활동이었다.

나는 이렇게 가지게 된 목표를 위해 노력했고, 그것을 서류 전형과 면접에서 보여드렸다. 그리 대단하지 않은 나도 이렇게 가고 싶은 대학에 갈 수 있었다. 진로를 일찍이 정하지 못했다고, 꿈이 중간에 바뀌었다고 포기하지 말자. 고민을 질질 끄는 대신 순간에 최선을 다하고, 그 노력을 기록으로 남긴다면, 늦게라도 자신의 길을 찾았을 때 스토리를 만들어낼 수 있을 것이다.

내가 간호학과라는 진로를 늦게 찾았음에도 불구하고 잘 짜인 스토리를 만들 수 있었던 데에는 두 가지 이유가 있다.

첫 번째로는 확실한 꿈은 없었지만 내 성격과 성향이 끌리는 데로 다양한 활동을 했다는 것이다. 예를 들면 생물부와 심리학 동아리가 간호학과를 가기 위에 했던 것은 아니었지만 좋아서 했던 활동들이 연결되어 스펙이 되었다. 참고로 이와 반대로 진로를 결정할 때 자신이 했던 활동들을 되돌아보는 방법도 있다. 이런 활동들이 좋았고, 활동 내역 중 어떤 분야가 많이 겹친다는 것을 찾았다면 막막했던 진로 결정에 도움이 될 것 같다.

두 번째가 바로 내가 가장 강조하고 싶은 점이다. 나는 앞서 말한 것들을 포함한 모든 활동을 거의 빠짐없이 기록했다. 활동 당시의 자료, 보고서나 감상문을 귀찮지만 조금 늦게라도 작성해서 보관했고, 사진 또한 모두 저장해두었다. 이게 나의 비법이라고 할 수 있을 만큼 기록은 나에게 많은 도움을 주었다. 생활기록부에 없는 것, 오래되어서 잊어버린 것을 제외하면 얼마나 남겠는가? 끄적거린 보고서 한 장이 증거 자료가 되고, 귀찮지만 모아놓았던 책자나 안내지도 참고 자료가 된다. 또 사진을 보다가 내가 이런 것도 했다는 것을 알게 되기도 한다. 누구에게나 기록은 중요한 것 같다. 당장은 조금 귀찮더라도 기록하는 습관을 기른다면 후회하지 않을 거라고 확신한다.

방과 후 프로그램을 통한 입학사정관 전형 준비

내가 준비한 '입학사정관제'라는 것이 명확한 기준이 있는 것이 아니기 때문에 대학교를 지원할 때 고민이 많이 되었다. 나는 중앙대학교가 집과도 가깝고 간호학과도 밀어줘서 너무 가고 싶었다. 하지만 그런 나의 목표에 대해서는 선생님들마다 다르게 말씀하셨다. 어떤 분은 조금 어려울 거라고, 어떤 분은 너라면 충분하

다고 하셔서 더욱 혼란스러웠다. 나는 안 되더라도 최선을 다해보
자는 마음으로 지원을 결심했다.

중앙대의 입학사정관 전형인 다빈치 전형을 간략히 요약하면,
생활기록부와 자기소개서, 선택 서류로 1차를 3배수로 뽑고 면접
으로 최종 합격자를 뽑는 전형이었다. 그 과정에서 다섯 가지 요
소, 학업수학능력, 리더십, 봉사, 자기주도성/창의성, 문화친화성
의 점수를 고르고 높게 받아야 유리하다. 나는 내가 했던 활동들
을 떠올리며 다섯 가지 요소에 자신이 생겼다. 앞서 말했던 것처
럼 워낙 많은 활동을 해서 뭐가 더 좋을까 고민도 했다.

가장 먼저 생활기록부, 나의 학교 선생님들께서는 생활기록부
를 열심히 써주셨다. 그래서 나는 친구들에 비해 양이 많은 편이
었다. 진로와 연관이 안 되는 쓸모없는 내용이 많다는 지적도 받
긴 했지만 3년을 열심히 보냈다는 증거로는 충분했다고 생각한
다. 어떤 활동 후에 생활기록부에 적을 수 있는 기회가 있다면 꼭
그렇게 하고, 기회가 없더라도 자신의 스펙이 될 수 있거나 긍정
적인 면이 있다면 선생님께 찾아가 적어달라고 하면 된다. 물론
감상문이나 보고서 정도는 써가야 한다. 그러나 양이 많을수록 자
기의 생활기록부 내용을 수용하기 힘들다. 꼼꼼히 읽어서 모든 내
용이 머릿속에 있어야 하고, 조금이라도 확실하지 않으면 찾아서
보충해놓아야 한다. 면접 질문이 생활기록부에서 나올 수 있기 때
문이다.

나는 자기소개서를 학교 방과 후 수업과 담임 선생님의 도움을

받아 혼자 작성했다. 나만을 관리해주고 직접적인 도움을 주는 분 없이 혼자 하는 게 쉽지는 않았지만 두 분의 선생님 덕분에 완성된 자기소개서를 만들 수 있었다. 디베이트 선생님께서 자기소개서에 들어갈 내용에 대해 조언을 해주셨고, 담임 선생님께서 글의 모양을 예쁘게 다듬어주셨다. 나 혼자서 오랫동안 끙끙댔지만 잘 썼다는 칭찬도 받고, 만족스럽게 완성되어서 보람이 컸다.

포트폴리오에는 나의 고등학교 생활을 담았다. 나는 사진을 무척 많이 가지고 있었기 때문에 활용을 많이 했고, 가지고 있던 활동 보고서나 감상문, 증거 자료 등을 스캔이나 복사해서 끼워 넣었다. 글보다 사진이 많은 내 포트폴리오가 어떤 평가를 받았을지는 잘 모르겠지만 말 백 번보다 한 번 보는 게 낫다는 말을 떠올려보면 긍정적으로 봐주시지 않을까 기대했다.

학교에서는 3학년 여름방학 때부터 방과 후 면접 프로그램을 개설했다. 선생님들께서 모의 면접과 피드백을 통해 학생 한 명 한 명을 봐주셨다. 방학 중에는 비슷한 학과별로 반을 나누어서 진행했다. 일주일 동안 매일 다른 선생님들이 들어오셨는데, 졸업한 선배님이 같이 들어오는 경우도 있었다. 인성이나 전공 등의 내용적인 부분은 물론 목소리, 자세, 인사, 시선 처리 등의 면접 태도도 꼼꼼히 잡아주셔서 많은 친구들이 도움이 되었다고 말했다. 그런 우리 학교 프로그램이 좋았던지 다른 학교에서 온 선생님들이 참관하기도 하고 그 학교 학생들 몇 명이 우리와 함께 참여하기도 했다.

면접을 봐야 한다면 '목소리는 또박또박, 자세는 바르게'라는 당연한 말을 듣는 것이 아니라 자기의 모습을 객관적으로 파악하고 수정하는 과정이 있어야 한다. 누구나 습관이 있고, 처음부터 완벽하지는 않기 때문이다. 그러기 위해서는 비슷한 상황과 객관적인 시선이 필요하기 때문에 기회가 된다면 모의 면접 프로그램을 해보는 것을 추천한다. 또한 실제 면접에서의 긴장감과 그 느낌을 미리 겪어볼 수 있다는 것만으로도 해볼 만하다고 생각한다. 하지만, 그런 프로그램을 하지 못하더라도 방법이 있다. 친구들과 함께 서로가 면접자와 면접관이 되어 실제 면접 상황을 만들면 된다. 친구라서 서로의 약점을 잘 알기 때문에 질문이 더욱 예리할 수 있다는 장점도 있다. 참고로 이때 동영상을 찍어서 자신의 면접 모습을 보는 것이 매우 좋다. 어색하고 가식적인 자신의 모습이 눈뜨고 보기 힘들겠지만 확실히 도움은 된다. 실제로 나는 면접 전에 수없이 반복했다. 장난스럽게 한다거나 대충하면 시간 낭비가 될 수 있다는 위험이 있긴 하지만, 서로에게 도움이 되는 방향으로 진지하게 하면 효과적인 시간이 될 것이다.

마지막으로 면접의 내용적인 부분이다. 나는 면접 노트를 한 권 만들었다. 면접에 관한 정보나 모의 면접을 할 때마다 내가 신경 써야 될 것들에 대한 기록을 했고, 예상 질문들을 생각나는 대로 다 적었다. 물론 그에 답할 내용도 틈틈이 적었다. 생활기록부와 자기소개서에서 뽑을 수 있는 질문은 물론이고, 가치관이나 상황 판단에 대한 질문에도 대비했다. 실제 면접에서 미리 생각했던 답

 혁신고등학교 졸업생들이 전하는 **진짜 공부**

이 다 떠오르지는 않겠지만, 충분한 시간을 가지고 내린 답이 기억난다면 순발력을 보완할 수 있을 거라고 생각했다. 자연계의 경우 수학이나 과학 전공 질문을 대비해야 한다. 오랜 기간 동안 배운 많은 양을 다 공부할 수는 없겠지만, 기본적인 것들은 체크하고 하는 것이 좋겠다. 나는 이렇게 면접을 준비하는 데 많은 시간을 투자했다. 가끔은 싫증나기도 했지만, 마지막인 면접에 대학 합격이 달려있다고 생각하며 최선을 다했다. 실제로 내가 본 면접에서 준비했던 예상 질문을 많이 받거나 하지는 않았다. 오히려 생활기록부나 자기소개서 내용의 진실을 확인하는 질문이 위주였기 때문인데요. 봉사했던 요양원 위치가 어디이고 어떤 방법으로 그곳에 가는지, 같은 질문이어서 당당하게 대답했지만 뭔가 당황스러웠다. 준비한 것을 다 보여드리기에 10분이 너무 짧아서 아쉬웠지만, 열심히 준비했던 것에 대한 후회는 없었다.

자신만의 특별함으로 진로를 만들어가기를 바라며

내가 후배들에게 항상 하는 말이 몇 가지 있다. 아무리 대한민국 고등학생이라고 해도 학창 시절을 돌아봤을 때 공부한 기억밖에 없다면 아쉽고 후회가 되지 않을까?

그래서 나는 그냥 막 노는 것이 아닌, 다양한 활동과 특별한 경험으로 평생 간직할 추억을 만드는 것이 중요하다고 생각한다. 예를 들어 나는 피아노 치는 것을 좋아하는 친구들끼리 소동아리를 만들어 스트레스를 푸는 취미 활동을 했던 것, 교내 마라톤 대회에서 2등을 한 것, 스터디 그룹을 만들어 친구들과 같이 공부했던 것, '오픈마인즈'라는 다문화 동아리에서 했던 캠페인 활동들, '도전 골든벨'에 출현한 것 등이 기억에 남아있다. 이것들 또한 그냥 '재미있었다'로 끝나는 것이 아닌 자신만의 특별함으로 만들 수 있다. 나 같은 경우에는 이런 활동들도 포트폴리오에서 나를 돋보이게 하는 데에 사용했다.

마지막으로 이건 내가 대학에 와서 느낀 점이다. 대학교에 와보니까 학과를 성적에 맞춰 온 친구들이 생각보다 많았다. 나는 나처럼 간호학과를 희망해서 온 학생들이 대부분일 줄 알았는데, 간호학과에 왜 왔냐는 질문에 간호사가 되고 싶어서라고 대답하는 친구들이 매우 적어서 놀랐다. 이 친구들 중에 대부분은 이 길을 밟아 간호사가 되겠지만 몇몇은 그렇지 않을 것이다. 고등학교 때 공부만 죽어라 하다가 정작 중요한 것을 놓치게 만드는 경우가 대부분인 환경이 너무 안타깝다. 나는 진로에 대해 많은 생각과 결정을 할 수 있는 환경에 있었고, 그 진로를 미리 알아보고 준비할 수 있는 전형을 선택했다. 지금 돌아봐도 그런 삶을 살았다는 것에 감사한다. 앞으로 더 많은 청소년들이 나처럼 자신의 진로에 대해 충분히 생각할 수 있었으면 좋겠다.

진짜

정 소 연

배 화 여 고 졸 업 생

우리를 위해
조금만 더

우리를 위해
조금만 더

자신을 '평범한 아이'로 생각하던 나

나는 꿈이 없었다. 그래서 항상 명확한 꿈이 있는 친구들이 신기했다. 나는 '나중에 크면 뭐가 될 것이다'라고 확고하게 말할 수 있다는 것이 그때는 그렇게 부러웠다. 그러면서 나 자신은 불안했다. 왜 나는 그렇게 당당하게 말할 수 없을까? 왜 나에게는 꿈이 없을까? 막연함에 숨이 턱 막힌 듯 괴로웠다. 학교에서, 거리에서, 인터넷에서, 꿈이 없는 자는 사회적으로 개인적으로 성공하거나 자아를 실현하지 못하는 삶을 살아갈 것이라 떠들었다. 심지어 내가 심심할 때마다 보는 만화에서도 꿈을 가진 아이들이 사회와 부딪치며 성장해나가는 아름다운 이야기를 그렸다. '세상이 억압해도 너는 네 꿈을 지켜.'라는 말에 나는 당황스러웠다. 나는 그렇게 세상의 압박에 깨져가면서 지키고 싶은 것이 없는 걸 …… 내가 잘못된 거야? 모두가, 어느 곳에서든 나에게 꿈을 가지길 강요했다. 어느 순간 나는 꿈이 없는 사람이 틀린 것으로 보였다. 이 문제에 대해 크게 고민하고서도 나에게 불꽃을 주는 꿈을 찾지 못한 나는 이렇게 결론을 지어버렸다. 그래, 내가 이상한 것이 아니야. 난 다만 평범할 뿐이고, 특별한 아이들만이 그런 '꿈'에 대해서 확고함을 보일 수 있는 거야. 어느 순간 나는 이런 식으로 나 자신을 꿈이 없지만 '평범한 아이'로 규정했다. 꿈이 없는 게 뭐가 대수로운 일이야. 주어진 일만 열심히 하기도 바쁠 텐데. 이렇게 어린 나이에 회의적인 심정으로 청소년기를 흘려버리고 있었다. 간혹 멋

있어 보이는 직업은 있었지만 멋있다고만 여겼지 그 일을 하고 싶었던 적은 없었기 때문에 앞으로 가질 직업이 곧 꿈이겠지 뭐. '내 가슴을 뛰게 하는 꿈은 없어.'라는 것이 16살 때까지의 내 생각이었다.

배화여고에 입학했을 때, 나는 그 이름도, 내용도 모르던 입학사정관제와 만났다. 입학사정관제도를 말하면, 대부분의 사람들이 성적은 좋지 않지만 공부 이상의 재능, 인성, 열정을 갖춘 학생을 선발하겠다는 그 기막히게 멋진 '기준'들을 떠올린다. 나 역시도 혹시 성적이 좋지 않아도 그 기준에 부합할 수 있을까 싶어서 입학사정관제도를 눈여겨보았다. 모두들 내가 "입학사정관제도라는 것은 무엇인가요?" 물으면 "이러저러한 제도야" 하고 막힘없이 대답해 주었다. 그들의 대답은 결국엔 입학사정관제가 정말 특별한 아이들을 위한 입시 제도라는 것이었다. 해외 봉사는 기본이고 한 지역을 넘어 전국을 아우르는 수상 경력과 그에 덧붙여 논문까지 발표한다면 금상첨화에 화룡점정이라 했다. 나는 그 이야기가 무척 화려해서 듣는 것마저도 감당할 수 없었다. "그럼 나 같은 애는 어떻게 해요?"라고 물으니 "너는 그냥 공부해서 수능으로 가야지." 이렇게 단순한 대답을 하고 어깨를 으쓱하며 나의 고민 같은 것은 다들 잊어버리고 스쳐지나가 버렸다. 홀로 남겨진 나는 '그럼 입학사정관제는 나와는 관계없구나.'라고 여기고는 나 스스로도 나의 고민을 스쳐 보냈다.

학교에서는 갓 입학하여 백지처럼 입시제도에 대해서는 한 개의 활자만큼도 모르는(입시제도에 관해 활자 하나 없는 백지 같았던) 우리들을 위해 수시, 정시에 대한 설명회와 간간이 수업 시간에 대학 합격 사례에 대한 기사를 프린트해서 나눠주었다. 그중에서 가장 기억에 남는 것은 새소리, 새 발자국, 새의 배설물만 보고 무슨 새인지 아는 아이가 내신이 6등급 정도인데도 연대에 합격한 사례였다. 그 기사를 보면서 '이런 희귀한 아이는 대학에서 탐낼 만하지!' 하는 생각과 알 수 없는 존경심마저 생겨났다. 동시에 입학사정관 전형에는 나도 모르게 감탄사가 일어나는 엄청난 아이들이 합격할 것이라는 생각이 들었다.

1학년 때 읽었던 기사들, 합격 수기들을 기억에 떠올려보면 입학사정관 전형에 합격한 학생들은 3가지로 나뉘어졌다. 첫째, 나로서는 전혀 겪을 수 없는 힘든 상황을 어떤 일탈 행위 없이 잘 이겨내고 잘 자라온 아이들. 둘째, 뛰어나서 보기 드문, 그래서 눈에 띌 수밖에 없는 아이들. 셋째, 재능과 상관없이 자신이 정말 좋아하는 확고한 꿈이 있어 한 길만 달려온 아이들.

나는 그 어느 곳에도 속하지 않았다.

'다문계'(多文系) 혁신학교 배화여고

나는 배화여고에 입학하기 위해 멀리서 이사를 온 학생이었다. 이것은 배화여고가 혁신학교라는 점 때문이 아니었다. 오히려 처음에는 배화여고가 혁신학교인 줄 모르고 있었다. 다만 나는 배화여고의 유서 깊은 전통에 매료되어 있었다. 많은 사람들은 공부 잘하는 학교를 선택해야 한다고 말하지만 나는 그런 것에 별로 신경 쓰지 않았다. 물론 공부 잘하는 아이들이 모여 있는 곳은 면학 분위기가 좋다. 하지만 그런 곳은 너무나도 답답하게 보였다. '그곳에 다니면 얼마나 숨 막히게 공부를 해야 할까? 그렇게까지 공부를 해야 하나? 무엇을 위해?' 나중에 나는 학교를 졸업할 시기에 공부 잘하는 명문고를 나왔다는 소리보다 내 스스로 자부심을 가질 수 있는 학교에서 졸업하기를 원했다. 그리고 그 선택은 옳았다.

내가 입학한 배화여고는 '혁신학교'이다. 네이버 지식백과에 따르면, 혁신학교란 획일적인 교육 체계에서 벗어나 창의 주도적인 학습 능력을 키우기 위해 시도되는 새로운 학교 형태를 말한다. 학교에 다닐 때는 그런 자각이 없이 학교에서 진행되는 프로그램에 참여했는데, 지난 3년을 돌이켜 보면 혁신학교라는 이름은 배화여고에 적합한 단어이다. 혁신학교는 인문계(人文系)이면서 동시에 다문계(多文系)이다. 우리에게 필요한 학과 공부를 하면서 동시에 다양한 체험을 통해 자신의 재능을 발견하고 꿈을 키워나가는 곳이다.

물론 배화여고도 다른 학교처럼 공부에 신경 쓰는 학교였다. 공신반이라는 우수반을 만들어 아이들을 긴장하게 만들고 학교 곳곳에 '야자실'을 개방했다. 하지만 아이들을 공부로 압박한 적은 없다. 선생님들께서는 아이들이 공부를 안 한다거나 성적이 나쁘다고 야단치시지 않았다. 덕분에 '숨이 답답할 정도로' 경쟁이 치열한 분위기를 싫어했던 나는 더 즐겁게 공부했다.

배화여고는 공부에 대한 지원도 많았지만, 예체능에 재능이 있는 학생들에 대한 지원도 많았다. 미술을 전공하고자 하는 친구들을 모아 교내에 벽화를 그리도록 하는 프로젝트를 진행한 적이 있고, 학생들 입장에서 그 프로젝트는 성공적이었다. 학교를 돌아다닐 때마다, '아! 저걸 무슨 반에 누가 그렸지?' 하면서 친구들에 대한 자부심을 느끼곤 했다. 작지만 어떻게 보면 큰, 학교라는 공동체의 공간 속에서 나의 손길이 닿은 작품, 내 주변 친구의 아이디어가 담긴 물건을 보면 마치 사회에서의 나에게 주어지는 것들과 내가 할 수 있는 것들이 점점 넓어지고, 사회에서의 영역이 커지는, 점점 어른이 되어가는 마음을 느낄 수 있었다. 이것을 통해 아이들은 더욱 자신감을 얻게 된다. 그리고 성장할 수 있는 계기가 된다. 미술을 전공하려는 친구들뿐만 아니라 그림에 관심이 있는 학생들도 언제든지 참여할 수 있어서 입시제도의 일환이 아닌 즐거움으로 이 행사는 진행됐다. 아이들이 붓을 들고 벽에 모여 그림을 그리던 모습이 지금도 생생하게 기억 속에서 떠오른다.

누구나 알고 있듯이 음악 수업은 이론 수업으로 진행되면 지루한 면이 있을 수 있다. 아니, 즐거움을 느끼기 위해서 만든 음악을 이론만 배운다면, 그것은 음악(音樂)이 아닌 음학(音學)이다. 혁신학교답게, 배화여고의 음악 수행평가는 아이들이 뮤지컬을 만들어 강당에서 공연하는 것이었다. 음악을 편집하고, 무대 의상도 만들고, 노래 연습은 물론 연기 연습도 했다. 이 수행평가를 입시라고 생각했다면 끝도 없이 지겹고 번거로운 시험이었겠지만, 즐기면서 참여하면 친구들과의 추억은 물론 뮤지컬에서의 소질을 찾을 수도 있다. 뮤지컬에서 가장 돋보이는 것은 노래 실력뿐만 아니라, 아이들은 음악 편집, 연출, 기획, 의상, 연기 등 많은 것들을 접해볼 수 있기 때문에 노래 외의 것들의 재능도 발견할 수 있다. 이것 외에 기억나는 것으로 혁신학교로서의 배화여고에서는 스터디 목적을 지니지 않은 동아리를 만들 수 있다. 한 예로 과학 실험 동아리로 시작한 '엘리시온'은 교내 보고서 대회에서 항상 최고의 성적을 거두었고, 크게 성장하여 지금은 학교 정식 CA 동아리가 되었다. 학과와 관련되지 않아도 공예품을 만드는 동아리, 언론 동아리 등 여러 가지 성격의 동아리들이 만들어지고 아이들은 그 속에서 공부 외의 다른 것들에 대한 흥미를 가져보기도 했다.

경쟁 구도의 사회를 경계하는 것 같으면서도 어느새 경쟁에서 우위에 서는 것이 미덕이 되어버린 요즘, 협력은 가장 중요한 덕목이라고 생각한다. 배화여고는 한울공부방이라는 프로그램이 있다. 한울공부방은 공부를 잘하는 아이가 멘토가 되어 학습이 미숙한 멘티인 학생의 학습을 도와주는 시스템이다. 멘토들은 같은 학년이나 후배를 멘티로 삼을 수 있다. 자신이 자신 있는 과목을 정해서 그 과목에 취약한 학생들과 공부하는 것이다. 한울공부방은 아이들에게 다양한 감정과 경험을 준다. 멘토는 가르치는 사람으로서의 선생님을 이해하고, 자신이 책임을 지는 멘티와 정을 쌓고, 좀 더 부지런해지고, 타인을 배려할 줄 알게 되고, 자기 스스로도 공부를 하게 된다. 멘티는 공부에 관한 도움을 받고, 또래 친구에게서 자극을 받고, 학습에 대해서 관심을 가지게 된다. 한울공부방은 학생들이 주도적으로 공부하고, 인성적으로도 성장할 수 있는 커리큘럼이라고 할 수 있다.

전통과 긍지를 배우는 배화여고

　혁신학교로서의 배화여고도 훌륭하지만, 배화여고는 다른 학교들이 쉽게 가지지 못하는 특별한 점이 두 가지가 있다. 우선, 배화여고는 미션스쿨이다. 어떤 사람들은 미션스쿨에 대한 오해를 가지고 있다. 종교에 대해서 강요하고, 다른 종교를 배척하려 드는 사람들이 모이는 곳으로 착각한다. 물론 목사님들은 종교에 대한 애착을 지니고 계신다. 그러나 기독교에 대한 믿음을 강요하시지는 않는다. 내가 학교를 다닐 때에 학교 선생님들께서도 가끔 시험 전에 기도를 해주시고는 했지만, 종교에 대한 이야기는 수업 시간이던 그 외의 시간이던 꺼내신 적이 없었다. 수요일마다 채플 시간이 있었지만, 그저 관례일 뿐, 도리어 설교 내용에서 좋은 말씀을 찾기도 했다.

'미션스쿨'이라는 특이점은 나에게 좋은 영향을 미쳤다. 나는 종교가 주는 차분하고 엄숙한 분위기를 좋아했다. 기독교도는 아니었지만 종교 그 자체가 내게 힘을 주었다. 위에서 말했듯이 학교 안에서는 기독교라는 종교가 우리에게 믿음을 강조하기 위해서 이용되는 것이 아니라 우리에게 마음의 평안을 주기 위해서 주어지는 시간과 공간이었기 때문에 아이들은 채플이나 기도를 거부감 없이 받아들였다. 수능 전에 담임 선생님께서 기도를 해주실 때, 얼마나 가슴이 울컥거리고 알 수 없는 힘이 생기던지. 미션스쿨 학생이 아니면 느낄 수 없는 감정이다.

또한 미션스쿨이라는 점과 혁신학교라는 점이 결합되어서 아이들은 다양한 활동을 할 수 있었다. 채플 시간마다 각 반에서 찬양을 준비하면서 다른 학교의 체육 대회, 축제, 합창 대회와 구별되는 특별한 단체 생활을 경험할 수 있었다. 그리고 재능이 있는 아이들은 목사님께 말씀드리면 채플 시간에 특별히 독무대를 가질 수 있다. 이렇게 우리에게는 축제 같은 특별한 시간이 아니더라도 언제든지 자신의 재능을 펼칠 수 있는 공간이 마련되었다.

두 번째는 배화여고가 오래된 전통의 학교라는 것이다. 올해로 개교 115주년이 되는 나이든 학교이다. 이 점이 재미있는 이유는 거의 4대 정도가 되는 사제 관계가 형성되어 있다는 것이다. 1학년 때 담임 선생님께서는 배화여고 출신의 선생님이셨다. 담임 선생님께서 배화여고에 학생으로 계실 때의 선생님도 배화여고를 나오셨고, 그분의 선생님도 배화여고를 나오시고, 그분의 선생님

도 배화여고에서 오래도록 근무하시고……. 이렇게 오래된 관계
가 지속되는 것이다. 또는 한 집안의 모든 여자들이 배화여고 학
생들이었던 경우도 있었다. 할머니, 어머니, 언니가 배화여고를
나오고, 그리고 자신이 배화여고를 다니는 경우가 반에서 한 명은
있었다. 이토록 역사가 깊은 학교를 바라보면서 나는 학교에 대한
애정과 긍지를 느꼈고, 그 관계들에 대해서 바라볼 때마다 오래된
관계 속에 있는 나 자신도, 그것을 아름답다고 여기며 바라보는
나의 시선도 아름답다고 느꼈다. 개인이면서도 사회라는 것은 이
런 의미가 아닐까 하는 생각 속에서.

나 자신에 대한 신뢰를 얻은 시사 토론 동아리 활동

고등학생이 된다는 불안감과 설렘을 안고 배화여고에 입학했
다. 중학교 때와는 달리 다양한 부서가 있는 고등학교 시절에, 많
은 체험을 해보고 싶었다. 먼저 1학년이 되면 정해야 하는 것이 있
는데 그것은 바로 CA 활동이다. 예전부터 재능이 있는지는 모르
겠지만 글 쓰는 것에 관심이 있었고, 중학교 때 기자부 활동을 했
던 경험이 있어서 교지편집부에 들어가기로 마음을 먹었다.

교지편집부는 3차의 시험을 거치는데 각각 서류, 장기 자랑, 면
접이었다. 처음 겪어보는 일이서 당황했다. '무슨 고등학교가 3차
씩이나 거쳐서 부원을 뽑지?'라는 생각도 들었다. 또한 장기 자랑

이라니 정말 당혹스러웠다. 하지만 잘 부르지도 못하는 노래, 잘 쓰지도 못하는 글. 면접 때, 선배님의 날카로운 질문에도 긴장했지만, 꿋꿋하게 잘 대답하여 자신감으로 높은 점수를 받아 합격했다. 부끄러움을 잘 타는 성격이지만, 이렇게 항상 중요한 순간이면 알 수 없는 자신감이 생겨서 당황스러운 질문에 잘 대답하고 있는 나 자신을 발견하게 된다. 스스로가 내성적이라고, 쑥스러움을 많이 탄다고 걱정하지 마라. 언젠가 자신의 새로운 가능성이 특별한 순간에 나오게 되는 것을 나는 경험했다.

어느 날 학교에서 동아리를 만든다는 공고가 붙었다. 그때 마침 사회 문제에 관심이 많이 생기던 참이어서 시사 토론 동아리를 만들었다. 처음에는 반에 있는 10명 정도의 아이들과 같이 하자고 결성한 동아리였다. 그러나 첫날 계획부터 틀어지기 시작했다. 시간 조율이 불가능했던 것이다. 모든 아이들이 방과 후에 하는 일들이 달라서 서로의 편의를 맞추어 줄 수 없었다. 잘 진행되지 않자 속이 상했고, 잘 이끌지 못하는 내가 한심하게 느껴졌다. 결국 다른 반에 방과 후 수업을 같이 듣는 친구 2명, 모두 3명이 동아리를 결성했다. 인원은 정말 적었지만, 적은 만큼 성과를 보이고 싶다는 생각이 컸다. '야자' 시간 중간에 선생님께 양해를 구해서 또는 주말마다 학교 근처에 살고 있는 우리 집으로 와서 토론을 했다. 친구들도 모두 열성이 넘치는 아이들이었기에 일이 잘 진행되었다.

교내에는 동아리가 자신의 역할을 잘 수행하고 있는지 시험하기 위해 보고서 대회를 개최한다. 우리 동아리는 양이 많진 않지만 질로 승부했다. 먼저 심사하시는 선생님들께 잘 보이기 위해서 표지가 투명한 파일을 사서 깔끔하고 정돈된 느낌으로 배색한 다음 첫 장을 끼워 넣었다. 차례도 선생님들께서 보기 좋게 정리해서 꼭 읽어보고 싶도록 만들었다. 토론한 내용의 보고서만 제출해서는 우리들이 열심히 토론한 과정을 보여드릴 수 없다고 생각해서 토론 시간마다 일지와 우리의 일련의 사고 과정을 보여줄 수 있는 메모를 첨부했다. 양은 적지만 보고서의 진가를 인정받아 우리는 교내 동아리 보고서 대회에서 은상을 받았다. 처음에 아이들이 모두 빠지고 안 하겠다고 나에게 와서 말하던 그때의 아픔을 보상받는 행복한 순간이었다.

동아리 활동은 그저 '재미있을 것' 같아서 한 것이었다면, 독서는 나의 '재미있는 것'이다. 어렸을 때부터 책 읽는 것을 좋아했다. 그것은 꾸준히 이어져 고등학교 때까지도 시험 기간인데도 불구하고 책을 놓지 않았다. 자연스럽게 학교 활동에도 영향을 주어서 독서에 관련되어서 인정을 받았다. 독서 퀴즈 대회에 나가서 은상을 받고, 반 대항 퀴즈에서도 동상을 탔다. 가끔 내가 의도하지 않았는데도 내 스스로가 즐겨하는 것이라면 어떤 결과물이 남는다는 것이 신기한 일이다.

배화여고는 아이들의 협력을 중요하게 여겼다. 시험 2주 전이면 각 과목을 잘하는 아이들이 시험 범위 중에서 어려운 부분을 쉬는 시간이나 자습 시간마다 가르쳐주었다. 그때 나는 국어를 잘

하는 것이 아님에도 국어 부장을 맡고 있었다. 마땅히 국어를 맡길 사람이 없어서 나는 국어를 담당하게 되었고, 긴장했다. 비록 아이들이 모르는 것을 가르쳐주거나 수업을 하는 어려운 일은 하지 않았지만, 어느 정도 친구들에게 도움이 되기 위해 프린트를 만들고 문제를 만들어 나누어주었다. 이런 체계는 아이들에게 책임감을 심어주고 나만이 잘하는 이기심을 없애고 반에서 한 역할을 담당하는 중요한 사람으로 만들어 준다. 이것을 계기로 나는 좀 더 다른 사람 앞에 나서는 것을 두려워하지 않게 되었고, 나 자신에 대한 신뢰를 가지게 되었다.

K-Pop이 좋아서 한국에 온 핀란드 교환학생 엘리나와 만나다

학년이 바뀌어 2학년이 되었다. 2학년 학기 초에 교환학생 프로그램으로 우리 반에 핀란드에서 '엘리나'라는 친구가 왔다. 나는 우연히도 엘리나의 첫 짝꿍이 되었다. 엘리나가 어려운 부분이 있으면 익숙하지 않은 영어로 설명해주고, 거의 대부분의 일들을 도와주다 보니 자연스럽게 친해졌다. 핀란드라는 잘 알지 못하는 곳에서 온 엘리나에 대한 관심이 생겼고, 문화와 언어를 물어보면서 넓은 세상에 대한 욕심이 생겼다. 핀란드에 대해서는 아는 것이라곤 노키아, 자일리톨, 복지국가, 그리고 높은 교육 성취도에 대한 것밖에 없었지만, 핀란드에 가보고 싶다는 막연한 꿈이 생기기 시작했고, 지금은 꼭 엘리나의 나라를 여행하는 것이 목표가 되었다. 관심이 생기니 도와주는 것을 넘어서 마음을 나눌 수 있을 정도로 친해지고 싶다는 생각을 했다.

엘리나와 친하게 지내면서 우리는 많은 것을 함께했다. 1학년 말에 들어가게 된 영어 에세이 동아리에 엘리나를 추천해 같이 활동했다. 한국인들뿐인 동아리에 들어온 외국인 친구에 대해 관심이 많던 회원들은 엘리나의 모국인 핀란드에 대해서 각각 다른 주제로 글을 쓰기로 했다. 여러 가지 주제들 중에서 나는 선거에 대해서 글을 써서 발표했다. 그 당시 2012년 여러 많은 나라에서 선거가 있었는데, 정치에 관심이 있던 나로서는 핀란드의 선거 상황이 궁금했다. 핀란드의 선거에 대해 인터넷으로 찾아보기도 하고, 다른 나라의 선거, 우리나라의 선거 상황에 관해 공부를 하기도 하면서 다양한 관점으로 정치를 바라보았다. 핀란드의 상황에 대해서 엘리나에게 물어보기도 하고 새로운 정보를 얻는 귀중한 시간이었다. 이렇게 특별한 존재인 엘리나가 있어서인지 우리 동아리에 있는 회원들은 더 열심히 글쓰기에 집중했고, 영어 에세이 동아리는 동아리 보고서 대회에서 은상을 받았다.

엘리나는 K-Pop에 관심이 있어서 교환학생 프로그램을 통해 한국으로 온 것이었다. K-Pop이라는 우리나라 문화의 일부분이 밖에서 열광적인 반응을 이끌어내는 것에 정말 놀랐고 동시에 기뻤다. 하지만 나는 음악 말고도 우리나라만이 보여줄 수 있는 아름다운 것들이 많다고 생각했다. 그렇기에 나는 K-Pop 말고도 우리

나라의 멋진 문화를 어떻게 소개하면 좋을지 생각했다.

엘리나에게 좋은 경험을 주고 싶은 마음에 항상 고민하고 있던 차에 엄마께서 정동극장에서 춘향전 번역극, 《미소》 공연을 한다는 이야기를 들려주셨다. 영어로 하니까 외국인인 엘리나가 알아듣기 어렵지도 않을 것이고, 춘향전이야말로 우리나라의 '한'의 정서와 '절개'를 대표하는 작품이라는 생각이 들었다. 《미소》 공연은 여러 가지 장치들을 이용해 공연을 외국인들에게 잘 전달될 수 있도록 만들어져 있었다. 공연 중간마다 관객의 참여를 유도하기 위해 관객들 중 두 명을 불러 무대로 올리거나, 현대적인 노래를 부르거나, 007의 테마곡을 집어넣는 등 색다르게 꾸며져 있었다. 앉아있는 외국인들 중에서 가장 나이가 어리고 귀엽게 생겼기 때문일까? 엘리나는 무대로 나가서 도우미들과 함께 접시돌리기를 했다. 지켜보는 나로서도 내 친구가 그런 경험을 할 수 있다는 것만으로도 즐거웠고, 엘리나와의 공연 관람은 내 고등학생 시절에 다시없을 일이었다.

교환학생 프로그램으로 나는 새로운 문화의 아이와 만나서 그 문화를 배우고 동시에 나의 문화를 전달하는 것의 즐거움을 알았다. 우리가 만나서 보낸 시간들과 특별히 《미소》 공연이 엘리나에게 특별한 시간이 되었으면 좋겠다는 생각을 한다.

나의 길을 알게 해준 '김유정 문학촌 사제동행'

배화여고에는 김유정 문학촌 사제동행 프로그램이 있다. 참가 신청서를 내는 날 친구가 부르지 않았다면 모르고 넘어갈 뻔했다. 친구는 내가 독서를 좋아하고, 여러 곳을 돌아다니며 역사를 느끼는 것을 좋아하는 것을 알고 있었기에 나에게 이 프로그램을 소개해주었다.

복도에 아무 생각 없이 두리번거리는 나를 보고 친구는 교무실로 잡아끌고 갔다. 가는 길에 천천히 프로그램에 대한 설명을 들으면서 이번 주에 날 즐겁게 해줄 일이 생겼다는 것을 알아차렸다. 나름 스스로 '문학소녀'라고 자부하는 나로서는 행복한 계획이었다. 특히 '김유정' 하면 떠오르는 농촌 사람들의 건강함과 순박함이 나를 더욱 기분 좋게 만들었다.

이 프로그램을 부모님께 알려드리자, 준비성이 철저하신 두 분은 여러 가지를 준비해주셨다. 그중에서 깜짝 놀랐던 것은 아빠께서 나를 위해 김유정 작가의 모든 작품이 수록되어있는 책을 빌려오신 것이었다. 일단 문학촌을 답사하기 전에 작품을 모두 읽어봐야 한다는 당연한 일을 당연하지 않게 넘겨버린 나에 대한 당혹감과 그렇게 나를 배려해주신 아빠에 대한 감사한 마음이 들었다. 산골 나그네, 솥, 소낙비, …… . 스스로는 꽤나 많은 작품을 알고 있다고 생각했었지만, 그것은 아무것도 아니었다. 문학소녀를 자칭하던 스스로가 얼마나 부끄럽던지, 이제부터라도 알면 되지 하는 반성하는 마음으로 차근차근 읽어나갔다.

　문학촌에 도착한 후, 안으로 들어서니 가장 눈에 먼저 들어오는 것은 남자, 여자, 그리고 닭 두 마리였다. 작품 〈동백꽃〉의 한 장면이었다. 절로 입가에 미소가 걸렸다. 아마도 나는 동상을 바라보면서 문학촌에 들어온 것을 실감했던 것 같다. 오른쪽으로 얼굴을 약간 돌리니 기념관이 눈에 들어왔다. 기념관 앞에서 옹기종기 모여 있는 우리들 쪽으로 문학촌의 간사님께서 가까이 오셨다. 간사님은 우리를 이끌고 마을 바깥으로 나가셨다. 조금 걸어가서 보이는 지도 아래에서 간사님은 나뭇가지를 나누어 주셨다. 〈동백꽃〉에서 주인공 '나'가 넘어지면서 맡았던 알싸한 동백꽃 향 생강나무였다. 맛있는 레몬향이 났다.

　산 쪽으로 올라가니, 김유정이 야학을 하던 움막집 터가 남아있었다. 그곳에서 학생들이 '가갸거겨'를 배웠겠지 하는 생각이 들었다. 저 멀리 산이 보이고, 눈앞에 갈림길 직전을 보면 그곳은 〈산골 나그네〉의 소설적 배경이 자리 잡고 있었다. 이리저리 떠돌아다니는 들병이의 이야기. 간사님께서는 우리더러 작품 〈산골 나그네〉를 아느냐고 물어보셨다. 전에 작품을 읽었던 나는 자신감 넘치게 대답했고, 모든 사람들의 주목을 받았다.

　나의 적극적인 태도에 이효정 선생님께서 마음에 드셨는지 교지에 문학촌 답사기를 써주길 부탁하셨다. 영광이었다. 나는 좋아서 한 일들이 항상 이렇듯 나에게 알 수 없는 기회들로 바뀌었다. 교지에 글을 올리면서 나는 처음으로 국문학과로 진학할 것을 진지하게 생각해 보았다. '나는 정말로 이 길에 관심이 있고, 어쩌면 재주도 있는 것이 아닐까?' 뛰어난 능력이 아니더라도 상황과 기회들이 나 자신을 알게 하고, 나의 길을 알려주는 것임을 깨달았다.

2학년이 되어서도 나는 책을 읽었다. 부모님은 공부보다 독서에 관심이 많은 나에게 걱정이 많으셨다. 그러면서도 성적이 떨어지지는 않고, 더 올라갔기에 뭐라고 하시진 않았다. 여태 읽은 책의 감상을 모아서 독서 포트폴리오 대회에서 상을 받았다. 책을 읽는 것은 보상을 바라고 하는 것이 아니지만, 내가 하면서 즐거운 것이 다른 사람들이 하길 바라는 것과 일치한다는 것은 크나큰 행운이다.

책을 읽는 것 말고도 엄마와 맛있는 음식집이나 공연, 미술관에 다니는 것을 고등학생이 되어서도 게을리 하지 않아서 여기저기 다녀온 흔적들이 남았다. 그런 활동들을 모아 '아주 특별한 보고서'라는 이름을 붙여 보고서 대회에 냈다. 사실 그렇게 특별하지 않은 일이었지만, 그렇게 많은 보고서들 중에 눈에 띄게 하려면 제목을 읽어보시게 만들어야겠다는 생각으로 그런 이름을 붙였다. 그런 정체성을 알 수 없는 보고서는 창의 부문에서 상을 받았다. 모든 사소한 일들은 하나하나 다시 들여다보면, 그리고 알고 보면 나에게 큰 의미라는 것을 알 수 있다.

면접에서는 '본연의 모습으로'

입시의 고비인 3학년이 되어서 나는 국문학과로 진학하기로 결심했다. 중학교 때부터 고등학교 2학년 때는 막연하게 글 쓰는 직업에 대해서 동경하기만 했는데, 기자, 문화평론가라는 확실한 길을 잡게 되었다. 선생님들께서도 국어에 대한 나의 소질과 많은 활동들이 국문학과와 연결된다는 말씀을 하시면서 나는 나의 길에 대해서 더욱 확신하게 되었다. 그래서 대학 입시에서 모든 학과를 국문학과로 지원했다.

입학사정관 전형에 2개의 원서를 썼는데, 그중 한 대학에 1차 통과했다. 1차 서류 평가는 서류와 자기소개서를 보내는 것이다. 사람들은 입학사정관들이 자기소개서보다도 성적으로 아이들을 평가하는 줄 알고 있지만, 자기소개서의 위력은 대단하다. 입학사정관들은 자기소개서를 통해 성적에서는 알 수 없는 아이들의 잠재력을 찾는다. 그래서 자기소개서에는 자신의 진솔한 이야기를 담는 것이 중요하다. 지금껏 짧지만 항상 바르게, 열심히 살아온 나의 이야기를 적어 내려갔다. 나의 유년 시절과 중·고등학교에서 많은 일들, 특히 고등학교에서 있었던 자기 스스로 한 많은 활동들, 돈이 필요 없는 나의 힘이 필요한 일들을 자신 있게 적었다.

학교에는 담임 선생님 말고도 진학 담당 선생님이 계시는데, 원하는 학생들은 선생님께 상담을 받을 수 있고, 입시에 대한 가이드라인을 잡을 수 있었다. 나 스스로도 여러 번 살펴보고 가족들께도 도움을 청했다. 여러 사람의 눈을 거치니 자기소개서는 나의 길고 긴 이야기들을 잘 반영하게 되었다.

입학사정관들에게 나의 이야기가 잘 전달되었는지, 1차 합격 소식이 들려왔다. 선생님들께서는 당연히 1차에 합격할 줄 아셨다며 축하와 격려의 말씀을 해주셨다. 무척이나 행복했지만, 나는 기쁨을 가라앉히고 면접 준비를 시작했다. 자기소개서와 생활기록부를 가지고 스스로 질의응답을 해보기도 하고, 담당 선생님께서 실제 면접과 같은 분위기로 들어오는 것부터 나가는 것까지의 과정을 공부시켜 주셨다. 동시에 타 학교에 국문학과로 합격한 선배 언니와 성신여대의 정치외교학과로 합격한 선배 언니께 부탁드려서 면접 직전에 실제 면접 분위기는 어떻고, 특히 내가 시험을 보러가야 하는 성신여대의 분위기와 면접에서의 주되게 물어보는 질문이 어떤지 자세히 알려주셨다.

성신여대는 3:2 면접 구조로 되어있다. 3명의 면접관님과 2명의 학생들이 함께 면접을 본다. 2명이 함께 면접을 보면 서로에게 득이 될 수도 있고 오히려 해가 될 수도 있다. 질문에 대해서 잘 파악하지 못했더라도 대답을 잘한 학생의 것에서 힌트를 얻어 더 좋은 대답을 이끌어낼 수 있다. 이것은 누가 보아도 득이 되는 상황이다. 그러나 먼저 답변하는 학생이 잘 대답하지 못했을 때, 그 다음에 답변하는 학생은 방향성을 잃을 수 있다. 또한 자신이 생각하고 있던 답변을 다른 학생이 먼저 말하게 되면, 당황해서 역량이 있는데도 면접을 망쳐버린다. 선배 언니는 이런 상황이 올 수 있으므로 주의할 것을 당부하셨다.

또한 성신여대는 다른 학교와는 다르게 '창의력 문제'라는 것이 있다. 창의력 문제는 인성 면접과 다르게 학생이 준비되지 않은 내용의 질문을 한다. 인성 면접과 마찬가지로 3가지 질문을 던지는데, 학생의 순발력과 평소의 가치관을 확인하는 문제로 보인다. 다행히도 나는 금방 답할 수 있는 평범한 수준의 문제가 나와서 당황하지 않았다. 그러나 만약 무슨 말을 해야 하는지 정리가 되지 않을 때는, 앞에 메모지가 주어지기 때문에 메모지를 통해 대답을 차근차근 생각해 말하면 된다.

성신여대 면접을 통해 느꼈던 점은 면접에서는 '본연의 모습'이 나온다는 것이었다. 나와 면접을 같이 본 친구는 예상 질문으로 생각되는 것들을 모두 외우고 있었다. 하지만 막상 면접 때는 외운 것들은 모두 쓸모가 없어져 버렸다. 미리 만들어 놓은 예의바른 대답은 온데간데없고, 평소에 쓰는 듣기 안 좋은 단어들이 마구 튀어나오는 것을 보았다. 그 친구가 너무 긴장한 탓도 있지만, 면접은 사람을 백지로 만든다. 백지가, 긴장으로 머리가 새하얗게 되는 부정적인 결과를 말하기도 하지만, 내 경우에는 아무런 긴장감도 없이 무념무상의 상태로 만드는 효과를 낳았다. 실제로 나는 면접 전에는 사시나무 떨듯 몸을 떨면서 긴장했지만, 실제 면접 당시에는 전혀 긴장하지 않았다. 면접에서 나의 진짜 모습이 나왔던 것 같다.

면접에서 마지막 질문은 '왜 하필 성신여대에 왔는가?'이었다.

대체로 마지막에 물어볼 만한 단순한 질문이었는데도 전혀 생각해보지 않은 질문이었다. 문득 생각나는 사람은 성신여대에 합격한 선배 언니였다. 그 순간에 나는 거짓말을 했다.

"저희 학교는 사제 관계, 교우 관계가 좋은 학교입니다. 그뿐 아니라 선후배 관계가 돈독합니다. 저는 배화여고에 존경하는 선배님이 계십니다. 선배님께서 성신여대에 입학하셔서 저도 성신여대에 관심을 가졌고, 당연히 이곳에 합격해야겠다는 생각을 했습니다."

"그 선배는 무슨 학과죠?"

"정치외교학과입니다."

모의면접 때, 선배 언니가 멋있다고 생각은 했지만, 성신여대를 선택한 결정적인 이유는 아니었다. 하지만 나는 면접 내내 학교에 대한 나의 애정, 우리 학교만의 특별한 사제 관계에 대해서 계속해서 말해왔기 때문에 고등학교에 대한 이야기로 마무리하게 되었다. 생각해보면 거짓말도 아니다. 선생님, 선배님, 그리고 나의 생각이 그 학교로 나를 이끌었으니까. 결국 나는 성신여대에 합격했다. 그렇게 극적이고 글로써 남들을 울릴 만한 이야기는 아니지만 나는 물과 같이 흘러 이렇게 성신여대라는 하나의 강줄기에 도달했다.

스스로 하는 힘을 배운 '혁신학교' 배화여고

혁신학교를 바라보는 세상의 어떤 오해가 있다. '학교에서 여러 가지 활동만 시키다가 우리 아이가 공부도 아니고, 제대로 된 활동도 없이 졸업하지는 않을까?', '결과적으로 좋지 않은 대학에 가지 않을까?' 부모님과 아이들을 염려하는 주위의 분들은 그렇게 걱정한다. 그 생각은 틀리지 않다. 아마도 어떤 아이는 아무것도 '되어 있지 않은' 아이로 성장할지 모른다. 하지만 그것은 주어진 환경에서 아무것도 '하지 않은' 아이들에게 해당되는 이야기다. 그 친구들이 공부를 열심히 시키는 학교 분위기에서 어떻게 행동할지 확실하게 말할 수는 없지만, 결국 그 친구들은 어디에서든지 스스로 하는 무언가 중요한 힘을 키우지 못한다.

부모님들께서 아이들을 걱정하시고 또 사랑하시는 소중한 감정은 이해할 수 있다. 하지만 아이들은 좋은 환경에 있으면 언제나 아름답게 자라날 수 있다. 그리고 그것이 될 수 있도록 하는 것은 자신의 힘이다. 다른 혁신학교는 어떤지 모르기에 함부로 말할 수 없지만, 나의 배화여고는 그렇다.

나는 아직도 특정한 꿈을 꾸고 있지 않다. 그것은 꿈이기 때문이다. 꿈은 꾸기 위해서 있는 것이지 나를 좌절시키기 위해 있는 것이 아니다. 하지만 목표는 있다. 아직도 뚜렷하지 못한 꿈을 위해 앞으로 나아가려는 표지판이 되어주기 때문이다.

나의 목표는 5개국 언어를 하는 것이다. 나는 해외에서 가르치는 사람이 되고 싶다. 그것을 꿈이라 말하지 않는다. 나는 한글을 가르치는 사람이 될 수도 있고, 한국문학을 가르치는 사람이 될 수도 있고, 아니면 예전의 기자의 꿈을 살려 해외 특파원이 되기 위함일 수도 있다. 나는 그저 나의 꿈을 확고하게 하기 위해 앞으로 나아갈 방법으로 외국어를 목표로 하는 것이다.

해외로 나가고 싶다는 생각은 교환학생이었던 엘리나를 통해서였다. 큰 목표를 위해서가 아니라 한국이 'K-Pop'의 나라라는 이유로 이곳에 왔다. 자신이 좋아하는 것을 위해 먼 곳에서 날아온 것이다. 재미있는 아이다. 동시에 용감한 친구이다. 우리나라뿐만 아니라 세계에 그런 아이들이 얼마나 있을까? 부지런하지 않고 자신을 위하지 않는 아이라면 절대 할 수 없는 일이다. 엘리나는 대학에서 동북아시아에 대해서 공부하는 것이 목표라고 했다. 엘리나가 교수가 될지 한국에서 일하게 될지는 모르는 일이다. 하지만 그것은 엘리나가 꿈으로 다가가는 하나의 길이 될 것이다.

우리들은 공부로 꿈을 포기하길 강요당하기도 하지만, 가끔 꿈을 가지길 강요당하기도 한다. 아직 어린 우리들이 자신의 길에 확신이 없는 것은 당연하다. 확실한 꿈이 없는 것은 창피한 것이 아니다. 이제 나도 내가 꿈이 없음을 부끄러워하지 않고, 나를 '평범한 아이'라고 정해두지도 않는다. 하지만 잊지 말아야 할 것은 자신이 좋아하는 것이 무엇인지 찾으려는 노력과 꿈을 찾기 위한 노력이 없는 것이 부끄러운 일이라는 것이다.

세상이 앞으로 나아가려는 우리들, 희미한 길 앞에서 갈팡질팡

하는 어린 친구들을 조금만 더 믿고 도와준다면, 정말 좋을 것 같다. 우리들은 언제든지 아름다운 곳에서 아름답게 자라날 수 있다.

모두들 우리들을 위해 조금만 더 기다려주세요.

진짜

장 유 진
삼 각 산 고 졸 업 생

특별한 게 당연한,
당연한 게 특별한,
특별한 학교

특별한 게 당연한,
당연한 게 특별한,
특별한 학교

최근 3년 동안 나는 큰 변화를 겪었다. 나를 스펀지라고 한다면, 나는 최근 3년간 나를 가장 많이 찢고, 붙이고, 물들이고, 짜내고, 적시는 일들을 했다. 그 전까지의 나는 형체를 알 수 없는 쪼가리였다.

초등학교 4학년 담임 선생님의 영향으로 선생님이 되고 싶다고 생각했었다. 그런데 초등학교 5학년에 찾아온 사춘기의 반항심으로 학교에서 엇나가려고만 했다. 심지어 학교에서 부모님께 전학을 권유했고, 부모님이 비밀로 부치셨기에 나는 이유도 모른 채 전학을 갔다. 이를 계기로 나는 학교에서뿐 아니라 집에서도 반항심으로 가득 차게 됐다.

그런데 중학교에 올라가기 전, 크게 혼이 나면서 몰랐던 일들을 알게 됐고 나는 혼란에 빠졌다. 내 잘못을 인정하고, 반성하고, 끝맺는 일은 당시의 내게는 벅찬 일이었다. 자신을 돌아보고 사춘기에서 벗어나는 것만으로도 힘들었던 때에 부모님은 선생님이 되고 싶다면 공부를 해야 한다며 나를 작은아버지 댁으로 보내 공부시키셨다. 이후 나는 최우선의 가치를 공부로 생각하며 살았다. 중학교 1학년 때 문학을 접하며 국어에 관한 애정이 넘쳤고, 국어 교사가 되기로 결심했다. 이렇게 오랫동안 나는 나를 끊임없이 물들이기만 했다.

그런데 고입을 앞두고 내게 서서히 여러 일들이 생겼다. '국어는 좋지만, 필기 내용 알려주고 시험을 치는 일만 하려고 국어 교사를 하나?' 하는 생각이 들기 시작했다. 하지만 국어 교사가 최선의 직업이라고 생각하며, 그것을 위해 좋은 대학에 가서 임용 고시를 쳐야겠다는 생각을 할 뿐이었다.

그래서 좋은 대학을 위해 나는 좋은, 소위 '빡센' 고등학교를 가고 싶어 자율형사립고등학교에 지원했다. 하지만 추첨에서 모두 떨어졌고, 그 다음에는 일반 고등학교 중 공부를 잘한다고 소문난 학교에만 지원했다. 그런데 모든 지망에서 떨어지고, 가장 가고 싶지 않았던 혁신고등학교에 입학했다.

'개성 존중'의 학교 분위기가 내 마음을 바꾸다

학생이 행복한 학교라는 목표 아래 자유로운 규정, 어쭙잖은 여러 활동이 진행되며 공부를 열심히 시키지 않는 곳이라고 생각했기 때문에 가고 싶지 않았다. 실망이 컸지만 그래봤자 다 같은 고등학교이니 나만 잘하면 오히려 성적을 더 잘 받을 수 있을 거라고 생각하며 고등학교에 들어갔다.

그러나 삼각산고등학교는 그저 그런 고등학교가 아니었다. 정말 수많은 것들이 나를 바꿔갔다. 내 가치관을 가장 첫 번째로 바꾸며 마음의 문을 열어준 것은 바로 '개성 존중'의 분위기였다. 자유로운 학교 분위기에 따라 학생들도 개성이 넘쳤다. 뮤지컬, 성악, 플롯, 운동, 개그, 미술, 피아노, 화장, 연기 등을 좋아하고 잘하는 친구들이 많았다. 그리고 그런 모습을 뽐낼 수 있었고, 서로를 인정해주고 스스로 즐거워하는 분위기가 형성됐다. 내게는 생소한 분위기였다.

그때까지 공부가 최우선이었던 환경에서 최우선의 것을 잘하는 학생으로서 받아왔던 기묘한 대접들을 받지 않았을 때, 나는 스스로를 역차별하기 시작했다. '다른 친구들은 잘하는 게 하나씩 있고, 공부를 못하더라도 다 참 좋은 친구들인데, 나는 공부 말고 할 줄 아는 게 뭐지?'라는 생각에 휩싸였다. '자존감이 없다'라는 말을 이해하지도 못했던 나는 스스로를 미워하고, 부끄러워했다.

하지만 이런 생각을 이겨내게 해준 것도 '개성 존중'의 분위기였다. 내가 공부밖에 할 줄 아는 것이 없는 게 아니라, 내가 잘하는 분야는 공부라고 인정하게 됐다. 친구들과 같이 모둠 활동, 토론, 발표 등을 하며 나는 누구보다 즐거워했고 잘해냈기 때문이다. 반년 넘게 한 고민은 내게 큰 성과였다. 이외에도 3년간 나를 바꾼 것들이 여섯 가지 정도 있었다.

낯설었던 수업 방식에서 협력과 토론의 힘을 배우다

삼각산고등학교에서는 모둠, 토론, 발표가 주된 수업 방식이다. 이 세 가지 활동은 나로 하여금 다른 사람의 입장을 생각하게

끔 했고, 그를 바탕으로 스스로의 역량을 끌어올리게 했다. 다른 학교에서는 수업 속에 활동들이 끼워져 있다면, 우리 학교는 활동 그 자체가 수업이었다. 처음에 학생들은 이러한 수업을 버거워하고 싫어했고, 나도 재미는 있었지만 같은 문제를 앓았다.

첫째, 모둠 활동에서 잘 협동하기란 어려웠다. 당연히 무임승차가 있었고 협력이 완벽하지 않았다. 하는 아이들은 그냥 자기가 혼자 다 하는 것이 속 편하고 점수도 잘 나오기 때문에 부담이 되더라도 혼자 활동을 수행했다. 물론 나도 그랬다.

그런데 1학년 후반쯤 이런 생각이 들었다. '잠깐씩 하는 것도 아니고 계속되는 일인데 앞으로 계속 이렇게 해야 하나?' '무임승차는 무임승차하는 사람만의 잘못일까?' 그때부터 모둠 활동의 특성과 무임승차를 하는 사람이나 무기력한 친구들의 특성을 생각해 봤다. 보통 모둠 활동은 지식을 전달하는 것이라도, 항상 독창적인 과제를 하게 한다. 그리고 보통 무임승차하는 아이들은 성실하지 못한 편이거나 장난꾸러기들이다. 하지만 이들은 재밌는 친구들이고 생각이 톡톡 튄다. 그래서 그 친구들에게는 주로 참신한 아이디어를 내는 역할을 맡기기로 했다. 그리고 무기력한 친구들에게는 간단한 과제라도 꼭 맡기고 계속 닦달하여 참여하게 했다. 초반에 나 혼자 친구들을 부정적으로 판단하고, 과제물을 완성하는 것에만 집중했을 때보다 결과가 좋았고, 각자 맡은 영역에서 능력을 더 낼 수 있었다. 예를 들면 한국지리 시간의 '기후에 따른 상품 개발' 등이 있었다. 이렇게 지속적인 모둠 활동을 하면서 타인을 대하는 태도를 배웠고, 조화를 이루려는 의지를 배웠다.

둘째, 토론을 할 때 다들 나서려고 하지 않았다. 나도 그렇고 모두들 앞에서 말하는 것에 익숙하지 않았기 때문에 진행이 수월하지는 않았다. '혹시 말하자마자 반박당하지는 않을까?', '다른 사람이 비웃지는 않을까?' 하는 마음도 많았다. 그런데 선생님께서 정말 장난으로 하는 헛소리조차도 내용과 연결 지어 이끌어 내셨고, 점점 반박당하는 게 부끄러운 게 아니라 당연한 것이라는 생각을 하게 됐다. 국어 시간에는 '지속 가능한 발전이 가능하다', '이 이야기 속에서 가장 나쁜 사람은 누구이다' 등의 주제로 토론을 했고, 과학 시간에는 '동물실험 반대', '원자력 발전소 반대' 등의 주제로 토론을 자주했다. 여러 과목에서 계속 자신의 생각을 말하는 연습을 지속한 것이 결국에는 적극적으로 말하는 문화를 키웠다.

셋째, 발표 수업은 아이들에게 앞에 나가서 말한다는 부담과 함께 수업을 선생님이 하지 않으신다는 점에 대한 불안감을 줬다. 모둠으로든 개인으로든 앞에 나가서 말을 한다는 게 참 무서운 일이었다. 나는 특히 1학년 때 자존감 하락과 함께 갑자기 잘하던 발표를 두려워하고 말을 잘 못하면서 선생님이 될 자격이 없다고 생각하기도 했다. 그런데 발표 시간뿐 아니라 일상적인 토론이라든지, 손들고 하는 발표 등을 통해 말하는 것 자체에 대한 두려움이 차차 사그라졌다. 또한, 발표를 하면서 청중의 반응에 따라서 발표를 더 좋은 방향으로 변화시킬 수 있었다. 프레젠테이션을 만드는 방법도 배우고, 구성을 어떻게 해야 더 강조할 수 있는지, 말을 어떻게 해야 하는지, 듣는 사람들이 어떤 내용을 좋아하는지, 발표 중 듣는 사람들이 졸려할 때 어떻게 해야 하는지 등을 배웠다. 하면 할수록 어렵고 부끄러운 일이긴 하지만 분명 지속할수록 성장이 있었다. 덕분에 중학교 때까지는 적극적인 발표에 대해 '나대는 것'이라고 부정적으로 생각하고 부끄러워하던 내가, 시청각실에서 한 학년이나 전 학년 대상 발표를 자주 하고, 졸업식 때는 감사의 글을 읽기도 하는 사람이 될 수 있었다.

역사 시간에는 30명의 한 반 학생들이 모든 장을 하나씩 맡아 정말 학생이 수업하는 발표도 있었다. 이것에 대해 처음에는 제대로 지식을 얻을 수 없는 비합리적인 방법이라고 생각했다. 일부에서는 선생님이 날로 먹는 것이라는 말도 있었다. 하지만 전혀 그렇지 않았다. 한 단원의 수업 발표를 준비를 할 때, 자신의 발표가 반 친구들의 시험 범위라는 생각으로 제대로 준비를 하게 된다. 교과서와 선생님이 주신 참고 자료를 요약하고, 인터넷으로 참고 자료를 더 찾고, 선생님께 초본을 보여드리며 빠진 사항은 없는지, 뭐가 중요한지 자문을 구하고, 다시 수정하여 선생님께 확인을 받거나 발표를 진행한다. 실전 발표가 끝난 후에 질의응답이 이어지고, 선생님께서 마지막으로 정리를 한 번 더 해주시니 지식에 대한 이해는 문제가 되지 않았다. 오히려 각 단원에 대해 '아, 걔가 발표했었던 거!'라는 식으로 잘 각인되고, 눈높이 교육이 가능해 이해도 쉽다는 평이 있었다. 그리고 발표자에게는 그 단원만큼은 누구보다 잘 학습할 수 있는 기회가 되었다.

이런 측면들로 볼 때 모둠, 토론, 발표 학습에 대한 걱정과 불신은 그것이 우리에게 낯설기 때문이라고 생각한다. 여태까지 이런 활동들을 해보지 못해서 선생님이 이끌고 우리는 받아들이는 수업을 고집한다고 생각한다. 우리 학교 학생들에게 수업 시간은 그뿐 아니라 6명이서 얼굴을 맞대고 얘기하는 모습, 학생이 앞에 있고 나머지가 듣는 모습, 학생 전체가 얼굴을 맞대고 선생님이 가운데 있는 모습 등 수많은 모습들로 기억될 것이다.

두레 활동에서 자율과 책임의 가치를 배우다

나를 바꾼 다섯 번째 활동은 두레 활동이다. 두레란 학생들이 원하는 학습이나 취미 활동을 학교의 허가와 지원을 받으며 하는 소모임이다. 두레는 나에게 '스스로', '함께', 그리고 '학생 권리'의 가치를 가르쳐줬다.

1학년 때는 그저 학교에서 돈을 지원해주고 자유로운 활동을 할 수 있다는 소리를 듣고 친구들과 '고등학생이 됐으니까 공부를 해볼까?'라는 마음과, 그냥 장난스러운 마음으로 시작했다. '빛나는 10반 엘리트'와 'Hands Study'라는 두레였다. 전자는 독서 토론 두레로 『바람의 딸 걸어서 지구 세 바퀴 반』, 『먼나라 이웃나라』, 『인형의 집』을 읽고 자유롭게 얘기하는 활동을 했다. 지원금으로 책을 사서 각자 읽어오기도 하고, 만나서 읽기도 하면서 자율적인 만큼 융통성 있게 해나갔다. 마지막 『인형의 집』을 읽을 때에는 멘토 선생님의 조언으로 무대 상상도를 그리기도 했고, 희곡의 특성을 살려 직접 낭독하는 방법으로 책을 읽었다. 처음에는 어색하고 웃겼지만 읽으면 읽을수록 내용에 몰입하게 됐고, 더 재있게 활동할 수 있었다. 이런 활동들이 할 때는 그저 재있는 활동이었지만 나중에 돌아봤을 때 큰 힘이 됐다. 1차적으로 독서 자체가 힘이 됐을 뿐 아니라, 독서 토론의 방법, 낭독법과 묵독법의 효과와 차이점들을 직접 몸으로 느꼈던 것이다. 수학 공부 두레에서 이것을 느낄 수 있었다. 수학 공부 두레는 5명이서 방과 후에 모여 모르는 걸 서로 물어보고 가르쳐주는 두레였다. 1학년 때까지는 큰 목표 의식을 가지고 활동하지 않았지만, 2학년이 되어서 정말 공부를 하려고 할 때 두레는 큰 힘이 되어주었다.

2학년 때는 '빛나는 10반 엘리트'에서 읽은 책들과 『리딩으로 리드하라』라는 책의 영향으로 인문 고전에 관심이 생겨 인문 고전 독서 토론 두레 '천리안'을 만들었다. 그리고 가장 취약한 수학을 보충하기 위해 수학 두레에 참가해 다른 반 친구들과 멘토 선생님을 중심으로 심화 과정을 공부했다.

3학년 때는 짬짬이 함께하는 두레가 내게 힘이 됐다. 기존의 '천리안' 두레를 여러 과목 공부에 대해 서로 묻고 답하는 두레로 바꿨다. 그리고 세계사 공부를 하는 여러 명이 모여 '세계사 두레'를 했다. 또한 담임 선생님의 조언으로 같은 학년뿐 아니라 선후배가 함께 하는 '청출어람'이라는 두레를 만들었다.

두레 활동을 하면서 자율적으로 하나의 주제를 함께 공부하기 위해서는, 학습 방법, 학습 내용 등을 계획하는 과정이 필요하다는 것을 깨달았다. 학교 수업을 토대로 공부할 때는 아무리 자율적으로 공부를 한다고 해도 이미 정해진 내용과 방법 안에서 우리가 움직였다. 그런데 두레 활동에서는 그런 것들부터 벗어나 스스로 하게 되니 감회가 새로웠다. 그리고 그것들을 설정하고 실천하는 데에는 모두의 강한 의지가 필요하기도 하다.

그렇다면, '의지가 약하면 그냥 10만 원만 받고 말 수 있지 않나?'라는 의문이 들 수도 있다. 이런 의문에 나는 책임감에 박차를 가해주는 것이 있다고 답하고 싶다.

믿음이다. 원래 4명이 넘어야 꼭 가입할 수 있지만, 일지를 일정 이상 쓰지 않으면 사라져야 하지만, 선생님들은 규칙에 의해서만 칼같이 우리를 대하지 않으셨다. 4명이 넘지 않으면 어떻게든 모집해 보라고 해주시고, 일지를 쓰지 않으면 몇 번이고 다시 일지를 조금이라도 쓰는 의지를 보일 기회를 주시고, 멘토 선생님이든 다른 선생님이든 두레 활동에 대한 관심을 보여주신다. 이런 믿음들이 우리의 책임감을 강하게 해준다. 그래서 자율과 책임이 함께 어우러져 두레 활동을 계속할 수 있다.

이렇게 3년 동안 잘 아는 반 친구, 낯선 동갑 친구, 낯선 후배들까지 다양한 친구들과 두레를 하면서 가장 크게 배운 것이 한 가지 있다. 바로 스스로의 가치다. 나는 그동안 아무리 공동체의 가치가 크고, 함께 하는 게 중요하다고 해도 공부는 혼자 하는 것이라고 생각했다. 그런데 함께 공부하고 생각을 나누면서 더 깊은 생각을 하고 성장하는 것은 함께 있을 때 시작된다는 것을 깨달았다. 후에 혼자서 더 번민하는 것도 물론 중요할 테지만 혼자만은 힘들다는 것이다. 스스로 시작했을 때, 그리고 그 스스로가 모였을 때 참 의미가 있고 그런 것들을 두레 활동에서 얻을 수 있었다고 생각한다. 나에게 있어 두레 활동은 그랬다.

동아리와 봉사 활동으로 지역사회와 더 넓은 세상을 배우다

동아리 활동은 내게 내가 학교를 넘어 마을 공동체, 또 더 넓은 세상에 살고 있음을 깨닫게 해줬다.

1학년 때 처음 한 동아리는 'WeStory'라는 역사 동아리였다. 근현대사보다는 고대사에 관심이 많았기 때문에 여러 유적지를 돌며 역사 공부를 할 생각에 들었던 동아리다. 우리가 지은 'WeStory'라는 이름처럼 우리들이 만들어가는 역사, 함께 하는 역사를 역동적인 방법으로 배웠다. 4 · 19 묘지에 답사를 가고, 아랍의 봄과 우리나라 민주화운동을 비교하고, 이주민 노동자와 우리나라 노동 역사를 알아보고, 이주민 영화제에 가 관계자 분과 얘기도 하고, 역사 속에서 이어져 온 불합리한 무역을 알아보고 공정무역에 관해 공부했다. 공부하고 우리끼리 이야기하는 것에서 그치지 않았다.

우리 학교는 교내 봉사 활동을 동아리별로 진행했다. 그래서 우리는 학교에서 배운 정크아트와, 동아리에서 공부한 공정무역에 관해 지역아동센터 아이들에게 가르쳐줬다. 봉사 활동이 원래 의미 있는 일이지만, 아는 것에서 그치지 않고 행동으로 실천함으로써 진정 더욱더 의미 있는 동아리 활동으로 느껴졌다. 또한, 공정무역을 주제로 축제 때 부스를 열어 공정무역에 관해 알리고, 공정무역 물품을 소개했다. 여러 가지 주제를 다루기도 했지만 이처럼 하나의 주제에 관해 여러 번 공부하고, 학교 안팎에서 여러 방면으로 지속적으로 활동하면서 살아있는 지식을 얻을 수 있었다.

2학년 때는 독서 토론 동아리를 했다. 오랫동안 콤플렉스를 가지고 있던 토론을 극복하고 싶은 마음에서 시작했던 것이다. 매일 앉아서 책을 읽고 토론만 할 것이라고 생각했지만 역시나 동아리는 내게 새로움을 줬다. 주된 활동은 책을 읽고 토론하는 것이었다. 어려웠지만 책에 관해 같이 얘기하는 것이 즐거웠다.

동아리에서 가장 신선했던 것은 봉사 활동이었다. 우리는 청소년 문화 공동체 '품'에서 주최하는 마을 축제에 참여하여 부스를 운영하는 활동을 했다. 우리는 대중에게서 어느새 멀어진 '책'을 가지고 축제라는 즐거운 공간에 함께하고 싶었다. 그래서 생각했던 것이 '북토크'였다. 책에 관해 자유롭게 얘기하며 좋은 책을 소개하고, 책에 관한 두려움을 없애고 싶었다. 하지만 역시 우리도 걱정이 됐다. 우리의 취향과는 다르게 딱딱하게 느껴지는 것이 사실이고 사람들이 관심을 가질 것 같지 않았기 때문이다. 첫 참여에서는 책과 관련 없이 축제의 분위기를 파악하려 아이들을 대상으로 여러 가지 놀이를 진행했다. 그리고 그 다음 크게 열린 축제 '추락'에서 길거리 음식을 팔면서 동시에 '북토크'를 진행했다. 처음에는 사람이 많이 오지 않았지만, 홍보도 하고, 우리끼리 이야기도 하면서 '북토크'가 무엇인지 알리니 사람들이 꽤 오기 시작했다. 고등학생, 대학생, 주부, 꼬맹이들, 외국인 등 다양한 사람들이 참여했다. 『오만과 편견』, 『폭풍의 언덕』, 『박사가 사랑한 수식』, 『은교』, 『백설공주』, 『신데렐라』 등 다양한 책을 대상으로 했다.

나는 이 활동에서 사람들에게 문학적 본능이 있다고 느꼈다. 이야기에 이끌리는 우리들의 속성을 느꼈다. 5~8살 쯤 된 아이들이 꺄르르 웃으며 책에 관한 신선한 생각들을 말할 때, 말이 잘 통하지 않는 외국인이 친구의 통역을 들으며 이야기하려고 애쓸 때, 여고생들이 『은교』에 대한 관심을 보일 때, 『폭풍의 언덕』에 관해 같기도 다르기도 한 생각을 말하며 여대생 언니와 친해질 때, 문학적 본능을 느낄 수 있는 순간이 있었다.

나는 아무 연고도 없었던 강북구 사람들과 책 이야기를 할 수 있을 거라곤 상상도 못했다. 그런데 정말 그런 일이 일어난 것이다. 우리 부스뿐만 아니었다. 다양한 사람들이 다양한 부스를 열어 축제를 만들었고, 모두가 즐기고 있었다. 주소를 쓸 때나 이용하는 강북구가 아니었다. 정말 사람 사는 장소로 느껴졌고, 함께

사는 사람들이라는 생각이 들었다. 세계를 바라보기 전에 바로 옆에 있는 우리 마을 사람들부터 챙겨야겠다고 생각했다. 이렇게 동아리 활동은 내게 나의 관심 분야를 즐길 수 있게 해줌과 동시에, 학교 밖 세상을 보여줬다. 마을을 보게 하고, 우리나라를 보게 하고, 지구를 보게 했다. 동아리는 여러 가지를 몸소 체험함으로써 뭔가 내가 정말 살아있음을 느끼게 해주는 활동이었다.

'하고 싶은데 없으면, 만들면 되지!' 학생자치 활동

정말 수도 없이 많았던 우리 주도의 활동들은 내게 자율이 무엇인지, 책임은 무엇인지, 잊고 있던 당연한 학생의 권리가 무엇인지 알게 해줬다. 학교에 들어와서 가장 처음 한 것도 자치활동이 아니었나 싶다. 우리가 규정을 만들어야 했기 때문이었다. 이는 참 새로운 기분이었다. 그 전까지는 학교에 입학하면 우리가 지켜야 할 규정들이 있고 우리는 마땅히 따라야만 했다.

그런데 교복 모양, 화장이나 두발에 관한 규정, 여러 규정 위반 시 징계 등을 우리가 정했다. 간단해 보였지만 하나하나 정할 때마다 그 이유에 관해 생각하면서 '이 규정이 필요한 규제인가?', '왜 규제해야 하는가?' 등의 문제를 고민했다. 그리고 이 과정에서 '아, 정말 우리를 존중해주려는 학교구나! 말로만 혁신은 아니겠구나.'라고 느끼기도 했다. 규정 정하기, 축제 기획, 캠페인, 행사 등 여러 자치, 기획 활동이 있었지만 나는 무엇보다 두 가지가 가장 기억에 남고 내게 긍정적 영향을 끼쳤다고 생각한다.

첫째는 수학여행이다. 우리는 테마별 수학여행이라고 해서 선생님들이 약 20개의 테마와 지역을 설정하면 학생들이 원하는 테마를 골라 10~30명의 학생과 1~3명의 선생님이 소규모로 떠나는 수학여행을 진행했다. 그리고 학생이 중심이 되어 뭘 타고 갈지, 어디를 둘러볼지, 어떤 활동들을 할지 등의 전체 일정을 정하고 예약하는 등 친구들끼리 우정 여행을 가듯 여행을 만들어 갔다.

나는 강화도로 여행을 갔다. 마냥 놀고도 싶었지만 역사 관광으로 가는 만큼 광성보도 둘러보기도 했고, 드라마에 나오는 것처럼 갯벌에서 미친 듯이 놀기도 했고, 괜찮은 숙소 프로그램을 이용하여 활쏘기 체험, 비누 만들기 체험 등을 하기도 했다. 교통편을 알아보는 것은 쉽지 않았지만 새로운 경험이었고, 하나하나 준비하면서 뿌듯함도 느낄 수 있었다. 그 전까지는 그냥 가정통신문으로 통보받고, 몸과 짐을 챙겨 관광버스에 타고 있으면 여기 갔다 저기 갔다가 숙소에 도착해서 쉬었던 여행과는 달랐다. 우리가 짠 프로그램이었기 때문에 더욱 재밌었고, 소규모로 원하는 친구끼리 놀 수 있어서 재밌었고, 또 몰랐던 친구들과 소규모로 모여 노니 새 친구를 금세 사귀게 되는 것도 묘미였다.

졸업 문집 기념 설문조사에서 학생들이 가장 기억에 남는 행사로 뽑고, 학생들이 대입을 준비하며 자신의 역량을 드러내기에도 좋았을 만큼 이 행사는 우리 학생들에게 의미 있는 행사였다. 물론 학생들의 신나는 기획을 하는 동안 선생님들이 소방 시설이나 기타 학생들이 간과하는 것들을 뒤에서 챙기시고, 2박 3일 동안 소규모인 만큼 확실히 챙기시느라 고생이 많으셨다고 한다. 선생님들이 너무 힘드셨던 만큼 학생들에게는 정말 행복한 시간이었다.

둘째는 두레 및 동아리 창설 활동이다. 우리는 1기였기 때문에 더더욱 우리 하고 싶은 동아리나 두레를 만들 기회가 많았다. 사실 별거 아닌 것 같지만 '하고 싶으면 한다!'라는 생각을 하는 게 쉽지만은 않다. 보통 검도 동아리가 하고 싶은데 그 학교에 검도 동아리가 없으면 '우리 학교는 검도 동아리가 없어서 못해.'라고 실망을 하지 '검도 동아리를 내가 만들어야겠네.'라는 생각으로 이어지기가 쉽지 않다. 알게 모르게 오랫동안 학생들의 사고가 그렇게 굳어졌기 때문이다. 체제에 순응해온 학생. 나는 완전 그런 학생이었다.

그런데 모든 게 0부터 시작이었던 우리 학교에서 내 손으로 하고 싶은 두레를 만들기도 하고, 동아리를 만들고 모집하는 친구들을 보면서 삶의 자세가 달라졌다. 학생은 학교에서 자신이 하고 싶은 것을 할 권리가 있고, 학교는 될 수 있는 대로 행정적, 재정적으로 그런 학생들 도와야 한다는 의식을 갖게 된 것이다. 그리고 졸업을 하고 대학교를 다니고 난 후에야 이런 자세는 대학교에서, 그리고 사회에서 가지고 살아야 할 의식이라는 것을 느끼며 삼각산고등학교에서의 일들에 감사하게 됐다. 항상 주어진 것에 충실한 것이 미덕이라고 생각했던 과거의 나를 생각한다면, 지금의 도적적인 의식은 학교를 다니며 알게 모르게 스며든 정말 좋은 태도라고 생각한다.

'나를 한 발짝 떨어져서' 보는 방법을 배우다

그리고 글쓰기 및 철학 등 사색할 수 있는 수업이 나에게 큰 도움을 주었다. 이 수업들은 나로 하여금 스스로를 돌아보는 법, 생각하는 법을 가르쳐주고, 삶에 관해 끊임없이 고민하게 했다. 우리 학교에는 '글쓰기'와 '철학', '진로' 과목이 정규 과목으로 있었다. 혁신학교인 만큼 교과과정을 자율적으로 할 수 있었기 때문에 다른 학교가 보통 배우는 컴퓨터, 가정 등의 과목 대신 만들 수 있었다. 여러 사색 과목 중 나는 특히 글쓰기에 애정이 많으므로 글쓰기에 관해 말해보려고 한다.

글쓰기 시간에는 정말 글을 썼다. 글에 관한 선생님의 이론적 지도는 딱 첫날에만 있었다. 그것도 우리가 직접 쓰고 말하고 상상하면서 받는 이론적 지도였다. 이후 1년 동안 매주 학생 스스로 글을 썼다. 처음에는 소설, 다음에는 시, 자기소개서, 수필, 감상문 등 여러 가지 글을 천천히 써갔다. 그 시간에 노트에 쓰거나, 집에 가서 글을 써오면 선생님은 항상 짧은 감상을 써주시거나 피드백을 해주셨다. 멋진 글을 만들라고 하는 충고가 아니라, 진심을 담아내도록 하는 충고였다. 그 충고는 마치 내 마음을 꿰뚫어 보는 것 같아서 충고를 따르다 보면 어느새 내 마음 가장 가까운 곳에 다다르게 되었다.

나는 이 글쓰기 시간에 쓴 소설로 내 과거 트라우마를 극복하기도 했다. 초등학교 시절 멋모르고 반항하고, 혼나고, 가족을 원망하던, 내 스스로를 용서할 수 없었던 그때에 관해 나는 가볍게 글을 쓰기 시작했다. 그런데 글을 쓰면서 글을 쓰기 위해서는 진심이 필요했다. 트라우마로는 글을 쓸 수 없었다. 거짓말을 글로 쓰기란 참 힘든 일이기 때문이다.

그때 선생님께서 자신을 한 발짝 떨어져서 보는 자세를 가지면 좋다고 하셨고, 그 방법을 고민하면서 찾아내고 사용하여 글을 완성했을 뿐 아니라 해묵은 내 트라우마를 극복할 수 있었다. 그리고 이런 과정을 거치면서 온전한 '나'에 관해 생각하는 방법, 생각하려는 의지를 기를 수 있었다.

이런 경험을 가진 것은 비단 나 혼자만이 아닐 것이라고 생각한다. 다른 친구들도 처음에는 별것 아닌 것처럼 또는 숙제처럼 생각했지만 글을 쓸 때의 친구들의 표정은 항상 진지했다. 그리고 나온 결과물에도 친구들의 진심이 어려 있었다. 소설을 쓰고, 시를 쓰면서 우리는 삶을 살아가는 데 있어 스스로를 풍성하게 만드는 자세를 배울 수 있었다. 그리고 이런 것을 통해 특히, 나는 국어교육을 희망하는 사람으로서 글이 무엇인지, 어떻게 삶과 가까운 국어를 가르칠 것인지에 관한 작은 힌트도 얻을 수 있었다. 글쓰기 시간은 공부, 공부만을 외치며 돌아가는 길은 무시하고, 쉬어가는 길은 반대하는 우리 사회에서 뒤를 돌아보는 자세와 돌아돌아 느리게 가는 삶의 미학을 알려준 시간들이었다.

'그래, 해라, 네가 하고 싶은 공부!' 1인 1프로젝트

그리고 마지막으로 1인 1프로젝트가 있다. 1인 1프로젝트는 나에게 공부하는 새로운 방법을 알려줬고, 내 관심 분야에 관한 더 큰 생각을 하게 했다. 1인 1프로젝트는 본인이 주제를 정해서 그 주제에 관해 탐구한 바를 A4 용지 약 10장 분량으로 보고서를 작성하는 활동이다. 나는 이 활동을 하면서 '아무리 학교에서 토론과 모둠 활동을 한다고 해도 진정한 자기주도 공부는 이런 것이겠구나!'라는 생각을 했다.

보통 학교에서는 어떤 활동을 하더라도 무엇을 공부할지, 어떻게 공부할지가 이미 정해져 있다. 그것은 선생님의 몫이다. 우리는 그 방식과 내용 속에서 최대한 능동적이고 적극적으로 활동할 뿐이다. 그런데 1인 1프로젝트는 내가 그 주제와 방식을 정해야 한다. 무엇을 공부할지, 그리고 어떻게 공부할지도 말이다. 이게 굉장히 별거 아닌 것 같아도 실제로 해보면 그렇지 않다.

나는 1학년 때 여러 드라마를 보며 뇌 과학에 관심이 있었기 때문에 뇌에 관한 탐구를 진행했다. 처음 하는 것이었으므로 소위 말하는 복사 붙여넣기 수준이었지만 여러 책을 읽을 기회가 됐고, 드라마를 통해 가졌던 뇌 과학에 관한 환상도 없앨 수 있었다. 그리고 2학년 때는 내가 정말 관심이 있는 독서 분야를 주제로 선정했다. 구체적이면서도 내 스스로 고민해볼 수 있는 주제가 뭐가 있을까 고민하다가 '최적의 독후감 방법론과 자가고찰'이라는 주제를 택했다.

최적의 방법을 찾으려다 보니 우선 어떤 여러 방법들이 있나 찾아야 했다. 그리고 독후감을 왜 써야 하는지 생각해야 했고, 왜 최적의 독후감 방법이 있어야 하는지, 현재 독서는 우리 삶에서 어느 위치에 있는지 등을 알아야 했다. 그래서 현재 학생들의 독후감 실상을 알아보기 위해 설문조사를 진행했고, 여러 방법을 찾기 위해 독서를 하고, 인터넷 조사를 진행했다. 그리고 무엇이 최적인지 가려내기 위해 실험을 해야 했다. 원래 실험도 나 외에 여러 사람을 대동해야 했지만 힘들게 되어 스스로 여러 가지를 체험해보고 최대한 객관적으로 분석하고 평가하기로 했다. 이런 식으로 물음에 물음이 꼬리를 무는 형식으로 프로젝트를 진행하다 보면 조금 힘은 들지만 내가 생각했던 것보다 훨씬 생각의 폭이 넓어진다. 비록 내 프로젝트는 어른들의 글에 비해서 허접하고 엉터리였겠지만, 겉으로 보이는 내용에서의 성장보다는 내 관심 분야를 대하는 태도를 길러줬다고 생각한다. 그렇게 학생들이 목 놓아 외치는 '내가 하고 싶은 공부'를 학교에서 '그래, 해라. 네가 하고 싶은 공부!'라며 던져준 것이다. 유명 드라마의 말이 떠오른다. 1인 1프로젝트는 학교 입장에서는 '내가 너에게 할 수 있는 가장 이기적인 짓'이 아니었나 싶다.

자기소개서에 본질적인 물음들에 대한 나의 진심을 담다

이렇게 여섯 가지 활동을 중심으로 나는 3년여를 보냈고, 그 시간을 디딤돌로 대입을 준비했다. 생각지도 못했던 입학사정관제로 대입 전체를 준비하게 되면서 사실 두려움이 많았다. 공부도 그렇게 잘하는 건 아니지만 그래도 어느 정도 성적으로 가늠할 수 있는 선이 있는 데 비해, 입학사정관제는 선이 없다. 그리고 들어갈 입구도 좁기에 정말 무모한 도전이라고 생각했다. 그런 입학사정관제 준비에 필요한 것은 딱 세 가지였다. 자기소개서, 면접, 수능 공부. 여기서 수능 공부는 부수적인 것이었다. 최저 등급이 걸려있는 몇 학교, 혹시나 다 떨어졌을 때를 대비하는 수능 공부였다. 하지만 수험생에게는 그렇게 가볍게 다가오지 않는다. 세 가지 모두 100%로 잘해야 하고 챙겨야 한다는 생각에 엄청난 부담을 갖는다.

우선 나는 자기소개서에 부담이 많았다. 그동안 학교에서 글을 써오면서, 개인적으로 글을 쓰면서도 항상 그랬지만 나는 아주 비효율적으로 글을 쓴다. 하루 종일 앉아서 글만 쓰면서도 한 줄도 못 쓰기도 하고, 한 달간 쓴 것들을 다 지워버리기도 하고, 써 놓고도 마음에 안 들어 한다. 자기소개서도 마찬가지였다. 여러 선생님들이 걱정할 정도로 오랫동안 공부도 못하고 글을 썼다. 하지만 도움을 주시는 여러 선생님들 덕에 힘을 낼 수 있었다.

돈을 주고 한다는 자기소개서 피드백을 나는 당시에 당연한 듯이 선생님들께 부탁했다. 글을 써 놓고 선생님에게 가서는 찡찡대며 '이렇게 쓰는 거 맞아요? 이상하지 않아요?'부터 시작해서 오히려 봐준다는 선생님에게 부끄럽다고 앙탈을 부리기도 하면서 글을 써갔다. 역시나 선생님들은 기술적인 부분보다는 학생의 진심을 담아내는 피드백을 해주셨다. '정말 이런 이유로 국어 선생님이 되고 싶니?', '왜 하필 국어 선생님이어야만 해?', '국어가 정말 힘이 있다고 생각해?', '정말 진심이 우러나서 이런 행동을 했었니?', '대학에선 뭘 하고 싶어?' 등의 본질적인 물음들이었다.

이런 물음이 나로 하여금 글 쓰는 시간을 더 늦추긴 했지만 내 짧은 전체 인생을 통틀어, 지금까지 가장 소중한 시간을 꼽으라면 울고불고 화내고 고민하며 내 진심을 파고들었던 이 순간을 꼽을 만큼 정말 좋았다. 대입을 위한 자기소개서만을 썼다면 나는 대학에 가도 아무 의미 없는 인간이었을 것이다. 하지만 저런 생각의 과정들, 속 터지는 고민의 순간들이 매일 나를 포기하고 싶게도 했지만 매일 나를 꿈꾸게 했고, 내 꿈을 더 가치 있게 했다. 혼자 고민하기도, 선생님이나 친구들과 얘기하기도 하면서 자기소개서를 완성했을 때 그 쾌감은 정말 이루 말할 수가 없다.

면접은 정말 불안 그 자체였다. 우선 '서류 통과를 해야 면접을 볼 수 있는데 내가 준비를 하는 게 맞는 걸까?'라는 고민이 있었고, 자기 자신을 벗겨서 보여주는 것 같기에 더 떨리는 게 있었다. 학교에서 면접 방과 후 수업을 한 것이 우리 학교 학생들의 면접 준비의 전부였다. 그리고 이 방과 후 수업은 모든 학생들이 입을 모아 말하듯 최고였다.

처음에는 다들 오합지졸이었다. 말 더듬기는 모두의 기본이었고, 다리 떨고, 말을 아예 하지 않거나 완전 딴소리를 하거나, 울기도 했다. 선생님들께서는 단편적으로 하나하나를 고치기보다는 모든 것의 문제인 생각 정리를 강조하셨다. 결국 말을 못하는 것은 긴장감과 생각의 혼돈이 원인이기 때문이다. 그래서 자꾸 자기소개서를 쓸 때처럼 말로 연습하기를 권유하셨고, 방과 후 면접 준비에서도 계속 실전처럼 연습을 했지만 친구들끼리 모여서도 하게 하셨다.

그러면서 계속 면접 방식에 적응해 가고, 서로 피드백을 받고, 동영상을 찍어 보면서 말 정리를 하면서 정말 면접 대응 능력이 많이 상승했고, 긴장감도 많이 사라졌다. 나 같은 경우에는 동국대 면접에서 연습했던 것과 거의 유사한 문제들이 많이 나와 정말 면접 연습의 큰 수혜자라고 생각하기도 했다. 서로 걱정거리도 말하고, 면접 태도도 고쳐주면서 놀았던 면접 준비 시간은 고등학교 시절 잊지 못할 추억으로 남을 것이다.

수능 공부는 두말할 필요도 없이 수험생에게는 큰 부담이다. 입학사정관 전형을 준비한다고 취사선택으로 공부는 포기한다고들 알고 있지만 그렇지 않다. 나 같은 경우에는 좀 더 특이한 경우일 수 있지만, 나는 뭔가를 포기하고 싶지 않았다. 그리고 불안감이 컸다. 한 가지에 몰두하자고 다른 하나를 완전히 버릴 만큼 선택한 것에 확신이 없었기 때문이다. 그러면서 자기소개서, 면접 연습 등과 공부를 병행해야 했기 때문에 더 불안했다. 이런 와중에 정말 도움이 됐던 것은 방과 후 수업과 야간 자율학습 시간이었다. 다른 방과 후 수업도 그랬지만 특히, 나는 수학 방과 후 학습을 수능 직전까지 했다. 그런데 이 방과 후 수업은 정말 특별했다. 보통 고3의 방과 후 학습이라면 많은 문제를 풀고 많은 것을 배우는 것이지만 우리는 그렇지 않았다. 5명 정도의 학생이 한 문제씩 맡아 앞에 나와서 풀고 설명하는 방식으로 이루어졌다. 대신 꽤 어려운 문제들을 푸는 것이었다. 우리는 매번 수월하게 풀지 못했고 끙끙대며 20분을 보냈다. 그러면 선생님이 힌트를 조금씩 주고, 또 우리는 생각하고, 서로 같이 고민하면서 공부했다. 원래 방과 후 시간을 훨씬 넘어서 3~4시간 동안 수업을 할 때도 여러 번 있었다. 많이 풀어도 하루에 30 문제를 풀었다. 다른 누군가 보면 뜨악할 광경이지만 이 시간이 우리에겐 큰 즐거움과 학습의 시간이었다. 기계적으로가 아니라 생각하는 힘을 길러줬다. 이런 방식으로 우리는 우리끼리 야간 자율학습 시간에 교실에서 공부하기도 하면서 어려운 수학에 대한 선입견도 깨고, 수능 때까지 웃으면서 공부할 수 있었다.

야간 자율학습이 공부에 도움을 주는 것은 당연하지만 나에게는 좀 다른 의미가 있다. 우리 학교 자율학습은 정말 '자율' 학습이었다. 그래서 항상 수가 많지 않았고 마지막에는 8명도 안 되는 수만 남아 공부를 했다. 나는 이런 점이 좋았다. 자율이라는 점. 만약 우리 학교가 학생들에게 똑같은 공부를 강요하고 압박을 줬다면 내가 과연 그만큼 할 수 있었을지 모르겠다. 어쩌면 압력을 가했으면 더 많은 공부를 해서 내 성적이 더 높았을 수도 있겠다. 하지만 나는 그렇게 생각하지 않는다. 나는 아마 미쳤을지도 모르고, 아니면 체제의 개가 되었을지도 모르겠다. 아무튼 정말 끔찍했을 것이다. 학교에서 공부하고 싶은 사람들끼리만 모였기에 서로 더 북돋아주고, 열심히 하는 분위기가 있었고, 위에서 말했듯이 교실로 나와 토론하며 공부할 수도 있었다. 그리고 때로는 떡볶이를 사와 웃고 떠들고, 밖에 나가 짧은 일탈을 즐기면서도 다시 돌아와 공부하기도 했고. 참 좋은 시간들이었다.

'생각대로 되지 않는다는 것이 멋지다'
가르쳐준 삼각산고등학교

내 고등학교 생활은 이랬다. 자부하건대 누구보다 열정적이었고 치열했고 즐거웠고 성장했다. 실망하고 있던 꿈에 관한 새로운 희망을 보았고, 함께하는 즐거움을 배웠고, 공부를 더 사랑하게 됐고, 모든 것에 부딪혀 도전하게 됐다. 그리고 나는 말랑말랑한 사람이 되었다. 어떤 사람을 보아도 벽을 치지 않으려고 노력한다. 내가 지금도 한편으로는 선입견이 있는 사람일지 모르지만 나는 언젠가 내게 있는 모든 벽들을 허물 준비를 해나갈 것이다. 그리고 그래야만 한다는 것을 삼각산고등학교가 내게 알려줬다. 돌이켜 보면 내가 배운 것들은 삶을 살아가기 위해 학교에서 학생이 체득해야 하는 당연한 것들이었다. 이상하게도, 많은 학교에서는 마치 당연한 듯 하고 있지 않지만.

'생각대로 되지 않는다는 것은 정말 멋지네요. 생각지도 못한 일들이 일어나는 걸요.' 내가 가장 좋아하는 말이다. 그리고 삼각산고등학교에서 뼈저리게 느낀 것들이다. 중학교 때 내가 생각했던 것과 진짜 3년간 고교 시절은 많이 달랐고 생각지도 못한 일들이 내게 일어났다. 떠나기 싫은 학교라고 생각했지만, 학교는 내게 떠나서 있을 더 멋진 세상을 보여주고 싶어 하는 것을 알기 때문에 나는 더 힘을 내고 싶다. 우리 학교가 이렇게 멋질 수 있었던 것은 혁신학교였기 때문이라고 생각한다. 좋은 모토 아래 좋은 선생님들과 통통 튀는 학생들이 모여 만들어냈다고 생각한다.

얼마 안 되지만 대학교에 와서 공부한 두 달간, 나는 심심치 않게 삼각산고등학교의 흔적들을 느끼곤 했다. '교육학개론' 시간에 제시되는 해결책 중 여러 가지가 우리가 했던 일이었고, '현대문학교육의 기초' 시간에 배우는 다양한 이론들과 표현 교육이 우리 학교 국어 시간에 적용됐던 것이 느껴졌고, '다문화사회의 삶'에서 진행되는 팀 프로젝트는 '1인 1 프로젝트'였으며, '존재와 역사 명작세미나'에서 하는 발표와 토론 수업도 익숙했고, '라틴아메리카 연구'에서 배우는 내용은 세계사 시간과 동아리 활동에서 배운 것들이었다. '공감과 소통의 리더십'에서는 모둠 활동을 했으며 UCC를 찍었다. 올해부터 혁신된 이런 교육과정에 많은 신입생들이 힘들어하고 있고, 나도 다시 고등학교 1학년이 된 것만 같다. 많은 팀 프로젝트와 발표, 토론, 글쓰기 과제 앞에서 나는 즐거워하고 있다. 고등학교 때보다 더 힘든 만큼 새로운 공부를 하고 있다. 대학에서도 새바람이 불고 있다. 앞으로 삼각산고등학교에서 겪었던 일들보다 더 새롭고 신나는 일들이 내 삶에서 펼쳐지기를 기대만 하지 않을 것이다. 내가 그런 일들을 펼쳐나가기를 바라면서 이것으로 지난 3년간의 행복한 회상을 마친다.

진짜

박 유 순

평범한 시작,
특별한 끝

"선배도 없고, 검증도 안 됐고, 신설 학교 가면 너 큰일 난다."

암사동에 선사고등학교가 들어설 무렵이었다. 선사고등학교에 대한 온갖 부정적인 소문이 사람들 입에서 오르내리고 있었다. 나 역시 신설되는 학교는 피하고 싶었고, 이왕이면 근처의 자율형사립고등학교에 들어가고 싶었다. 중상위권의 학생들만 모여 있어서 공부 분위기도 다른 학교들보다 좋을 것이라고 생각했기 때문이다. 하지만 결국 추첨에서 떨어지고 말았고, 1지망, 2지망 학교도 아니었던 선사고등학교에 입학하게 되었다.

중학교 시절, 나는 너무나 평범한 학생이었다. 성적은 중위권. 머리가 비상하지도 않고, 추진력이 강한 편도 아니었다. 학교에서 사귄 친구들 따라서 PC방을 다니거나, 학원 다녀오면 숙제 미루고 놀기도 하고. 다른 친구들과 마찬가지로 나 역시 공부에 별 흥미를 느끼지 못했다. 살면서 그 흔한 반장 한 번을 해본 적이 없었다. 하고 싶은 것도 딱히 없었고, 그저 남들보다 크게 뒤처지지 않게, 목표도 계획도 없이 흘러가는 대로 시간을 보내는 그런 인간이었다. 또한 그러한 상태를 딱히 벗어나고 싶지도 않았다. 그런 와중에 듣지도 보지도 못한 '혁신학교'에 입학하게 된 것이다. 마치 실험용 쥐가 된 것 같은 기분이 들었다. 이 학교에 다니게 된다면 나는 남들과는 다른 길을 걷게 되는 것이나 마찬가지라고 생각하니 극도로 불안하게 느껴졌다.

리더십을 가르쳐준 조별 수행평가

처음 학교를 다니기 시작했을 때, 모든 것이 부정적으로만 보였
다. 특이한 수행평가가 굉장히 많았고, 국악을 배우는 시간도 따
로 있었다. 특히, 다른 학교들에서는 자주 접하지 않는 발표 과제
와 조별 활동이 수시로 있었다. 나는 이 부분에 굉장히 큰 불만을
가지고 있었다. 이게 내가 대학을 가는 데 무슨 도움이 된다는 것
인지 당최 이해할 수가 없었고, 나보다 공부를 못하는 친구와 같
은 조가 되면 내가 피해를 보는 것처럼 느꼈다. 하지만 곧 그것이
편견이라는 것을 알게 되었다.

한번은 유명한 건축물에 대해서 조사하여 영어로 프레젠테이
션 발표를 하는 과제가 있었다. 조별 과제였기 때문에 반드시 모
두가 각자 맡은 부분을 영어로 발표해야 했다. 우리 조에는 공부
에 흥미가 없어 수업 시간마다 잠을 자는 친구가 한 명 있었는데,
나는 솔직히 그 친구가 자신이 맡은 역할을 잘해낼 수 있을까 심
히 걱정스러웠다. 조별 수행평가는 내신에 꽤 많은 비중을 차지
하고 있었기 때문에 더 신경 쓰이기도 했다. 하지만 우려와는 달
리 그 친구는 자신이 맡은 역할을 완벽히 해내었다. 같은 조 아이
들에게 피해를 줄 수는 없다며 자신이 먼저 적극적으로 발표 연
습을 한 것이었다. 오히려 내가 놓칠 수 있는 부분들을 그 친구가
내게 질문해주어서 도움이 되기도 했다. 내가 수많은 조별 활동
을 하면서 깨달은 것은, 남에게 피해를 끼치고 싶어 하는 사람은

없다는 것이다.

두려움과 반감을 가지고 시작한 학교생활이지만 얼마 안 가서 나도 혁신학교에 적응하게 되었다. 학교에서 이루어지는 여러 가지 능동적인 활동들을 통해서 내가 점점 변해가는 것을 느꼈다. 처음 보는 사람과는 말도 잘 못할 정도로 내성적이던 내가 내 또래의 새로운 친구를 사귀는 데 별로 어려움을 느끼지 못하는 사람이 되었다. 여전히 긴장을 많이 하기는 했지만, 발표 능력도 크게 향상되었다. 그렇게 나는 어느 정도 자신감 있는 사람으로 거듭나게 되었다. 중학교 시절의 나와 비교해보자면 아주 큰 변화였다. 물론 이것이 꼭 혁신학교 덕분이라고 할 수는 없겠지만, 혁신학교에서의 활동들이 내게 어떠한 긍정적인 영향을 미친 것은 분명하다.

물론 역할을 공평하게 나누기는 힘들다. 개인마다 실력 차이는 분명히 존재하기 때문이다. 보통은 공부를 좀 더 잘하는 친구가 조장이 되어 가장 많은 일을 분담하게 된다. 하지만 조장이 되었다고 해서 불평을 할 필요는 없다. 입학사정관제에 지원할 친구들이라면 이는 자기소개서에서 자신의 '리더십'에 대해 강조할 때 많이 활용될 수 있는 부분이다. 나 역시 조장으로서 활동했던 수많은 경험을 자기소개서에 기술하였고, 대학 면접에서 리더십에 관한 질문을 몇 개 받았으니, 분명 그 부분에서 좋은 점수를 얻었을 것이라고 생각한다.

또한 과제를 마친 후엔, 조원들 각자가 서로에 대한 평가를 내리는 상호평가지가 있어서, 가장 많은 일을 수행한 조장은 조원들로부터 당연히 좋은 점수를 받을 수 있을 것이다. 따라서 조장은 그만큼 좋은 내신을 확보하게 될 가능성이 더 높다. 조원들이 경쟁심 때문에 일부러 나쁜 점수를 줄 수도 있지 않느냐? 나는 혁신학교를 3년 동안 다니며 한 번도 그렇게 양심 없는 친구를 만난 적은 없었다. 그 정도로 나쁜 인성을 가진 학생은 만나보기 힘들 것이라고 장담할 수 있다.

선사고등학교에서는 매년 고등학교 1~2학년을 대상으로 '선사 연구 과제'라는 학술 발표회를 연다. 모든 학생들은 2인 이상 조를 이루어 자유롭게 주제를 정하고 논문을 작성해야 한다.

나는 1학년 때는 팀원으로서, 2학년 때는 팀장으로서의 역할을 했다. 나는 인원수가 다른 조보다 상대적으로 많은 6명인 조를 이끌어야 했다. 이과생들이기 때문에 과학이나 공학 분야에서 논문 주제를 찾기로 했다. 그런데 사람이 많다 보니 주제 선정 때부터 삐걱거리기 시작했다. 수많은 주제들이 쏟아져 나오면, 거기에 맞추어 또 수많은 반대 의견이 나타났다. 나는 팀의 리더였기 때문에 상황을 어떻게든 진전시켜야 했다. 일단은 주제 선정 범위를 좁히는 것이 급선무라고 생각하고, 학교에서 배우는 물리, 화학, 생명, 지구과학 중 하나를 선택하자고 제안했다. 투표를 진행하여 물리 과목이 채택되었고, 다시 어떤 주제를 선정할지 조사하기 시작했다. 그때 우리 조가 발견한 것은 '그래핀'이었는데, 원리가 매우 간단해보여서 우리 수준에서도 실험이 가능할 것이라고 판단

했다. 우리 조는 주제를 '그래핀의 특성에 따른 활용 방안'으로 정하고 곧바로 실험에 착수했다. 물론 우리가 그래핀을 추출할 수 있다고 생각한 것은 터무니없는 발상이었다. 추출이 되더라도, 추출되는 그래핀의 크기가 너무 작아서 그것으로는 실험이 도저히 불가능했다. 결국 그래핀 활용 샘플을 만드는 것은 실패로 돌아갔다.

비록 실패를 하기는 했지만 팀을 꾸려서 여러 시행착오를 거치며 직접 논문을 써보는 것은 일반 학교에선 아무나 체험해볼 수는 없는 경험이다. 선사 연구 과제의 경우엔 입학사정관 전형에서 '협동심'과 '리더십'을 발휘했다는 것을 강조하는 데 활용되었다. 또한, 논문 작성 같은 특이한 활동들은 면접관들의 눈에 띌 가능성이 더 높다고 생각한다.

이과생, 문과에 가까운 건축학에 매료되다

나는 선사고등학교에서 나쁘지 않은 1년을 보내고, 이과와 문과를 선택해야 하는 갈림길에 서게 되었다. 앞서 말한 것처럼 나는 목표가 없는 사람이었다. 내가 뭘 하고 싶은지도 몰랐지만, '그래도 대학은 가야겠다' 하는 안일한 생각을 가지고 있었다. 주변 어른들은 대학 진학이 더 쉽고, 취업률도 높은 이과로 가라고 말씀하셨다. 나는 별생각 없이 그 말을 따랐다. 이과생이 된 후, 아무

공대나 가서 취업이나 잘 하자는 생각이었다. 얼마 지나지 않아 나는 그 선택을 후회하게 되었다.

　나는 이과와는 전혀 어울리지 않는 사람이었다. 수학을 아무리 붙잡고 있어도 3~4등급밖에 나오지 않았고, 어떤 흥미도 느끼지 못했다. 과학은 그나마 괜찮았지만, 수학은 거의 혐오를 느끼는 수준이었다. 단순히 내가 수학을 못해서 싫어하는 것이 아니라, 답이 정확하게 떨어지는, 떨어져야만 하는 것이 싫었다. 나는 내가 나름대로 생각해서 정의를 내릴 수 있는 것들이 좋았다. 나는 문과에 더 가까운 사람이었다. 나는 혼란을 겪기 시작했다. 지금까지 내가 공부했던 것들을 모두 버리고 전과를 하는 것은 너무 부담스러운 일이었다. 또 전과를 한다고 해도 여전히 내가 하고 싶은 일은 찾지 못한 상황이었다. 나는 당장 진로를 탐색하기 시작했다. 하지만 17년 동안 살면서 찾지 못했던 것을 갑자기 쉽게 찾을 수 있을 리가 없었다.

　시간이 흘러 고등학교 2학년 말, 학교에서 정기적으로 열리는 진로 강연이 눈에 들어왔다.

《건축가 임형남 ― 이야기로 집을 짓다》

　나는 어쩌면 내 진로를 찾을 수 있을지도 모른다는 희망을 가지고 진로 강연을 듣기로 했다. 우연히 피어난 그 희망은 현실이 되었다. 건축에는 '답'이 없다. 건축가마다 다른 철학과 사상을 가지고 있으며, 각기 다른 개성을 가지고 있다. 또한, 사람들의 이야기를 집이라는 책에 담아내는 건축가의 스토리텔러와 같은 면모에 매료되었다. 이과에 속해 있지만 문과적인 자질을 더욱 필요로 하는 점도 나와 잘 맞겠다고 생각했다. 진로 강연이 끝나고 얼마 후, 내 고민을 알고 계시던 담임 선생님께서 연락을 해볼 테니 임형남 건축사의 설계 사무소를 직접 방문해 보는 것이 어떻겠냐고 물어보셨다. 나는 선생님의 도움으로 설계사무소에 방문해볼 수 있었다. 거기서 그들이 하는 작업을 살펴볼 수 있었고, 많은 조언을 얻을 수 있었다. 설계 사무소 방문 후, 나는 건축학과에 진학하기로 마음먹었다. 그리고 수능 공부에 전념하기 시작했다.

고등학교 3학년 초에, 진로탐색 보고서를 써서 제출하는 수행평가가 있었다. 자신이 희망하는 직업에 종사하는 전문가나 관련 학과 교수를 찾아가서 인터뷰하는 수행평가였다. 내심 속으로는 '고3한테도 이런 수행평가를 시키나?' 하고 별로 달갑지 않게 생각했었다. 벌써 고3 1학기가 다 끝나가고 있어서 마음이 조급해졌던 것이다. 나는 건축사를 인터뷰하기 위해서 여러 건축사 사무소에 메일을 보냈다. 한동안 소식 없이 잠잠하다가 며칠 후 경기도 화성에 있는 건축사 사무소에서 연락이 왔다. 그렇게 조환진 건축사를 찾아가게 되었다.

처음엔 그냥 상투적인 질문 몇 개만 하고 돌아와야겠다고 생각했지만, 이왕 멀리까지 온 거 이것저것 좀 현실적이고 도움이 되는 이야기를 듣고 싶어졌다. 결과적으로 이전에 임형남 건축사의 설계 사무소를 방문했을 때보다 훨씬 많은 조언을 얻을 수 있었다.

진로탐색 보고서는 내가 진로를 찾기 위해서 노력했다는 것을 강조하는 데 활용되었다. 내가 얼마나 건축에 관심과 열정을 가지고 있는지 면접관들에게 보여줄 수 있는 부분이었다. 만약 이 활동이 없었다면 면접관들 눈에는 내가 단순히 대학에 진학만을 목표로 뒤늦게 입학사정관 전형을 준비한 것처럼 보였을 것이다.

나도 모르게 어느새 쌓인 나의 활동 기록

이때까지만 해도 나는 입학사정관 전형을 준비할 생각이 전혀 없었다. 나는 입학사정관 전형은 1학년 때부터 따로 준비해두지 않으면 가능성이 없는 것이라고 생각했다. 관련 스펙들을 쌓아두고, 봉사 활동도 많이 다니고, 내신도 좋아야하고. 나와는 상관없는 것들이라고 생각했다. 그래서 그냥 남들처럼 논술 전형에 지원하려고 했다. 그것이 당시 나에게 가장 안전한 길이라고 믿었다. 하지만 고등학교 3학년이 된 후, 얼마 안 가 그 믿음은 흔들리기 시작했다. 역시나 수학 실력이 내 발목을 잡았던 것이다. 만년 3~4등급이 어떻게 그 어려운 수리 논술 문제를 풀 수 있다는 말인가? 아무리 해도 실력이 나아질 기미가 안 보였고, 거의 자포자기 상태에 빠져버렸다. 이 상태로 논술에 지원했다가는 돈만 버릴 것이 뻔했다. 수학 성적이 좋지 않으니 정시로 원하는 대학교에 지원할 수도 없는 노릇이었다. 그렇게 수능을 몇 개월 앞두고 나는 다시 혼란에 빠졌다. '재수를 해야 하나?' 가정 형편상 재수를 할 수도 없었기에 나는 마음을 다잡고 내게 맞는 전형을 찾기 시작했다.

처음엔 학생부 전형이 눈에 들어왔다. 나는 내신 2.7등급 정도로 그렇게 좋지도, 나쁘지도 않은 내신을 가지고 있었다. 합격 가능성이 있는 대학을 몇 곳 찾을 수 있었지만, 모든 대학에 학생부 전형으로 지원하기엔 부족했다. 그러던 어느 날, 학교 선생님께서 입학사정관 전형을 추천해주셨다. 내신도 이 정도면 도전해 볼 만하고, 활동도 다른 일반적인 학생들보다는 많이 하지 않았느냐고 하셨다. 나는 '이게 무슨 말씀이지?' 하고 생각했다. 벌써 고3 여름방학이 다가오고 있었고, 나는 아무것도 준비한 적이 없는데 내게 스펙이 존재한다니? 나는 선생님의 말씀을 이해하기 힘들었다. 하지만 내가 이해하지 못한다고 해서 멀쩡히 있던 활동 기록이 사라지는 것은 아니었다. 일반 인문계 고등학교 학생들보다 훨씬 많은 활동을 해왔던 것이다. 단지 내가 일반적인 고등학교를 다녀본 경험이 없어서 혁신학교와 일반 인문계 고등학교의 차이를 체감하지 못했을 뿐이었다. 내 학교생활기록부를 살펴보니 나도 모르는 사이에 꽤 많은 활동들이 기록되어 있었다.

영어 시간에 유네스코 세계문화유산에 등재된 곳을 직접 방문하여 영어 기행문을 작성하는 수행평가가 있었습니다. 저는 그나마 가장 가까운 종묘를 방문하기로 했습니다. 솔직히 정말 귀찮았습니다. 기말고사가 며칠밖에 안 남은 상황이었거든요. 멀리까지

가느라 힘이 빠지는데, 그 날은 비까지 추적추적 내리고 있어서 짜증이 났습니다. 그렇게 종묘에 도착해서 내부를 거닐기 시작했습니다.

참으로 신기했습니다. 종묘 내부를 걷기만 했을 뿐인데 조금 전까지만 해도 힘들고, 짜증나고, 시험 때문에 불안하기까지 했던 마음이 차분히 가라앉는 듯했습니다. 정전에 도착했을 때는 언제 마음이 불편했냐는 듯, 깨끗이 비워진 느낌마저 들었습니다. 종묘라는 장소가 주는 경건한 느낌 때문인지, 비에 젖은 흙냄새 때문인지는 몰라도 정전까지 가는 과정에서 저에게 변화가 일어나는 것을 분명히 느낄 수 있었습니다. 사람들 마음속 근심과 걱정을 지워주는 건축. 저는 이것이 건축에서 말하는 '기능'이라고 생각했습니다. '아름다우면서도 기능적인 건축'을 실현하는 것을 목표로 설정했습니다.

내가 대학 입시에 제출한 자기소개서의 내용 일부이다. 글에 있듯이, 나는 학교 수행평가에서 겪은 경험을 바탕으로 자기소개서를 작성했다. 주변의 많은 친구들이 "나는 자기소개서에 쓸 말이 없어." 하고 입학사정관 전형을 포기하는 모습을 보았다. 혁신학교에서는 남들이 고등학교에 다니면서 쉽게 접해볼 수 없는 경험들을 직접 체험해 볼 수 있는 기회가 많다. 이러한 기회들을 잘 살리면, 입학사정관제에 유리하게 활용할 수 있다. 활동을 통해 느낀 점과 내게 어떤 영향을 미쳤는지 서술할 수만 있다면 자기소개서를 쓰는 데 큰 도움이 된다.

'학습 동아리'에서 칼 세이건의 『Cosmos』를 함께 읽다

선사고등학교는 공부할 뜻이 통하는 친구들끼리 언제든 학습 동아리를 조직할 수 있다. 단순히 친구들끼리 모이는 것이 아니라, '정식 학습 동아리'로서 학교에 인정을 받는 것이다. 당연히 학생부에 기록으로 남는다. 학습 동아리가 조직되기 위해서는 지도교사가 필요한데, 학습 동아리의 성격에 맞는 선생님을 찾아가 지도교사를 부탁드릴 수 있다. 또한, 정기적으로 활동 보고서를 제출하면서 피드백을 받을 수 있고, 학년 말에는 우수 학습 동아리를 선정하여 상을 수여한다.

나는 고등학교 2학년 때, 영어 선생님의 지도 아래 칼 세이건의 『코스모스』 영어 원서를 읽는 학습 동아리 활동을 했다. 입학사정관 전형에 대비하기 위해 시작한 것이 아니라, 영어 선생님의 권유로 시작하게 되었다. 학습 동아리의 목적은 이과생으로서 과학 상식을 익히고, 영어를 한글처럼 자연스럽게 읽을 수 있는 능력을 키우는 것이었다.

처음에는 읽는 속도도 더디고, 거기에 과학 용어가 들어가다 보니 읽는 것이 매우 힘들었다. 솔직히 매일 새벽같이 학교에 나와 책을 읽는 것이 귀찮기도 하고 힘들어서 도중에 그만두고 싶은 마음도 있었다. 하지만 친구들과 함께 인내하며 학습 동아리 활동을 10개월 동안 꾸준히 지속했다. 해석이 어려운 문장은 친구들과 함께 어떻게든 읽어나갔고, 책 속의 과학 개념이 잘 이해가 안 될 때는 해당 과목의 선생님을 찾아가 질문을 하기도 했다. 그렇게 꿋꿋하게 활동을 하며 활동 보고서를 쌓은 결과, 학년 말에 '최우수 학습 동아리 상'을 수상할 수 있었다. 뿐만 아니라 영어 실력도 크게 향상되었다. 수상 내역과 활동 그 자체만으로도 중요한 스펙이 되었지만, 학습 동아리 활동 역시 '꾸준함'과 '협동심'을 강조하는 사례로서 자기소개서에서 활용될 수 있었다. 또한, 포트폴리오를 제작할 때 학습 동아리의 활동 보고서는 아주 중요한 역할을 해주었다. 그 이전까지는 한 가지 일에 이토록 끈질기게 매달려본 적이 별로 없었기에 입시를 떠나서 정말 값진 경험이었다.

초등학교 6학년 우연한 계기로 '모션 그래픽' 영상을 인터넷에서 처음 접하게 되었다. 그 날 이후로 나는 영상 편집을 공부하기로 마음먹었다. 고등학교 때는 영상 편집 프로그램을 어느 정도 다룰 수 있었다. 그래서 선사고등학교에 입학한 이후 영상제작부에서 활동했다. 영상제작부는 학교 홍보 및 축제용 영상 제작을 목표로 두었다. 나는 일단 아이디어 스케치부터 시작했다. 당시 학교 축제의 콘셉트가 '한국적 이미지'였기에 그 느낌을 살릴 수 있는 소재로 '붓과 먹물, 한국적 음악'을 채택했다. 또한 혁신학교의 새로움과 화목한 분위기를 보여줄 수 있는 영상 소스를 사용하기로 했다. 그렇게 아이디어 스케치가 끝난 후에는 저의 모션 그

래픽 작업 능력을 활용하여 한지에 붓으로 선을 그리는 모습을 형
상화하고, 먹물이 떨어진 자리에 미리 준비해둔 영상들이 비춰지
도록 만들었다. 사실 시간이 촉박해서 제 성에 차지는 않았지만,
축제 공연에서 상영되어 많은 친구들의 큰 박수를 받았다. 덕분에
밤샘 작업의 피로가 싹 풀리는 느낌이었다. 나는 자기소개서에 영
상제작부 활동을 통해 미적 감각과 기획력을 기를 수 있었음을 강
조하여 건축학과에 대한 '전공 적합성'을 보여주었다.

자기 성장을 보여주는 자기소개서

　나는 과학 탐구 과목을 배우기 위해 따로 학원을 다닌 적이 없
다. 학원을 다닐 필요가 없었기 때문이다. 나는 방과 후 학교 프로
그램을 통해 생명과학을 배웠다. 학교 선생님들 모두 실력이 출중
한 분들이셔서 자세히, 깊게 공부할 수 있었다. 이는 공립학교의
큰 장점 중 하나라고 생각한다. 나는 방과 후 학교 수업을 들은 이
후로 생명과학 성적이 급상승하여 모의고사에서 거의 항상 2등급
이상의 점수를 받을 수 있었다. 그리고 과학의 달 행사 때, 생명과
학 경시대회가 열렸고, 나는 2위를 하여 은상을 받았다. 입학사정
관제는 단순히 특이한 활동을 많이 한다고 학생을 뽑아주는 전형
이 아니다. 면접관들은 '공부를 잘하는 학생'들을 선호하는데, 나
는 생명과학 경시대회 수상 경력을 나의 학업 역량을 보여주는 데

활용하였다.

과학의 달 행사에서는 과학 경시대회만 여는 것이 아니라, 참여할 수 있는 다양한 활동과 대회들이 많은데, 나는 '과학영화 글쓰기' 대회에도 참가했었다. 공상과학영화를 감상하고 그에 대한 감상문을 작성하는 것이었다. 나는 이 대회에서 1위를 하여 금상을 수상했다. 나는 이것을 건축가에게 필요한 '인문학적 소양'을 강조하는 데 활용하였다.

내가 입학사정관제에 활용한 활동 기록은 이 정도지만 사실 다른 활동들도 굉장히 많았다. 공과대학 면접에 유리할 이공계 특강, 문과의 경우에는 인문학 특강이 있다. 또한 선사고등학교는 학생회 활동이 매우 활발하다. 대부분의 학교 행사를 학생회가 직접 나서서 계획하는 편이다. 만약 학생회에서 활동하게 된다면 역시 입학사정관 전형을 준비하는 데 큰 도움이 될 수 있을 것이다.

나는 이 활동 기록들을 가지고 입학사정관 전형을 준비하게 되었다. 하지만 아무리 활동 내용이 많이 있어도 자기소개서를 쓰는 것은 참 힘든 일이었다. 그 전까지 한 번도 자기소개서를 써 본적이 없었기 때문이다. 면접관들의 눈에 띄기 위해서는 '나만의 이야기'를 자기소개서에 녹여낼 필요가 있었다.

2006년 말, 형의 백혈병이 재발한 적이 있다. 부모님은 형을 돌봐야 했기에 나 홀로 집에 남겨져 있는 시간이 많았다. 철없는 어리광쟁이가 손을 벌릴 곳은 더 이상 존재하지 않았고, 나는 생전 처음으로 혼자 밥도 지어보고 설거지와 청소를 하게 되었다. 또한, 심심할 때는 영상 편집을 공부하며 시간을 보냈다.

나는 이 경험을 통해 내가 '독립적인 사람'이 될 수 있었다. 동정심을 유발하는 것이 아니라, 나의 성장 배경에 초점을 맞추어 역경을 딛고 내가 어떤 사람으로 성장했는지를 서술했다. 실제로 그렇게 대단한 일은 아니었다. 그냥 혼자 지내면서 밥 먹고, 심심하면 영상 제작하는 것이 다였다. 그렇지만 내게 어떤 영향을 준 경험임에 틀림없었다. 나는 거기에 의미를 부여했을 뿐이다. 내가 겪은 것이 결코 평범한 경험은 아니라는 점을 나도 알고 있다. 하지만 누구나 성장을 하며, 성장하게 된 배경이 있다. 그것을 찾는 것은 자기소개서를 쓰는 본인들의 몫이다.

처음엔 엉망진창이었지만, 국어 과목 담당이셨던 담임 선생님의 비평을 받으며 자기소개서를 점점 개선해나갔다. 한 달을 넘게 고생해서 결국 자기소개서를 완성할 수 있었다.

남들과 다른 이야기로 생각을 말한 면접시험

3학년 1학기에 입학사정관 전형 준비는 모두 끝났고, 수시에 지원했다. 5곳은 입학사정관 전형, 한 곳은 학생부 전형으로 지원했다. 내신이 부족했던 탓인지, 수능 이전에 결과가 발표되는 대학들은 모두 서류에서 떨어지고 말았다. 덕분에 수능 공부에 집중할 수 있었고, 수능 날에 좋은 컨디션으로 시험을 봐서 학생부 전형

최저 등급을 여유롭게 맞출 수 있었다.

시간이 흘러 남은 대학교의 1차 합격 발표일이 되었다. 사실 이전에 서류에서 탈락한 경험이 있어서 별로 기대하지 않기로 마음먹고 있었는데, 단국대학교에서 1차 합격 통지를 받았다. 나는 환호성을 질렀다. 태어나서 처음 받은 합격 통지였다. 하지만 곧 기쁜 마음보다는 두려운 마음이 들기 시작했다. 아직 면접이라는 크나큰 고비가 남아있었기 때문이다. 학교 수행평가 발표를 하면서도 긴장을 하는 내가 면접을 잘 볼 수 있을 리가 없었다.

다행히 학교 선생님들께서 1차 합격한 학생들을 대상으로 모의면접을 진행하셨다. 단순히 일대일로 상투적인 질문 몇 개를 던지는 것이 아니라, 해당 학과에 어울리는 과목의 선생님들과 다대일면접을 통해 면접 능력을 크게 키울 수 있었다. 나도 처음에는 긴장 때문에 얼어버려서 횡설수설했지만, 곧 면접 상황에 익숙해져서 완벽하지는 않지만 적어도 내 생각을 면접관 앞에서 말로 표현할 수 있게 되었다.

대망의 면접 날, 나는 기대 반 두려움 반으로 단국대학교 죽전캠퍼스에 도착했다. 시간이 남았기에 캠퍼스를 구경하며 긴장을 풀었다. 대기실에 들어간 이후부터는 면접 예상 질문을 계속해서 떠올리며 어떻게 대답해야 할지 생각했다. 단국대학교 건축학과는 입학사정관 전형의 일종인 'CT 전형'에 속해있었다. CT 전형은 창의력 등을 평가하는 것으로 어떤 과제를 15분 동안 완성한 후 면접실에 들어가서 과제에 대한 발표를 하고 심층면접을 보는 것이다. 이 과제의 방식은 매년 다르다. 나는 담임 선생님이 내주신 과제들로 이 면접에 대비하여 연습했었다.

2013년 CT 전형 과제는 한옥, 갯벌, 베인 나무, 공장, 성형수술, 영화 아바타 포스터, 고층 빌딩 등의 사진들 중 네 개를 골라, 개발과 보존의 차원에서 100년 후 우리나라의 모습이 어떠면 좋을지 흐름이 있는 이야기로 만드는 것이었다. 나는 머릿속이 하얘졌다. 이렇게 난해한 과제를 15분 내에 완성해야 한다니 굉장히 당혹스러웠다. 하지만 곧 정신을 차리고 나는 과제에 집중했다. 너무 '개발과 보존'에만 초점을 맞추면 식상한 결과물이 나올 수 있을 것 같아서, 아예 동화처럼 '이야기'를 만드는데 초점을 맞추었다. 나는 필름, 베인 나무, 연기를 내뿜는 공장, 들판 사진을 골라서 터무니없지만 동화 느낌이 나는 다음과 같은 이야기를 만들었다.

한 소년이 오래된 사진을 봅니다. 푸른 숲과 아름다운 초원이 펼쳐져 있는 사진입니다. 하지만 소년이 살고 있는 세상은 지구온난화로 인해 나무가 고사하여 더 이상 푸른 숲과 들판을 찾아보기 힘듭니다. 그래서 소년은 결심합니다. 내가 가뭄을 해결하여 다시금 아름답고 푸른 숲을 보겠노라고. 소년은 후에 과학자가 되어 수십 년을 연구실에서 밤을 지새웁니다. 결국 그는 먹구름을 만들어 비를 뿌리는 공장을 만들어 온 세상에 비를 뿌렸습니다. 그 후 세상에 다시 푸른 들판이 세상에 모습을 드러내기 시작했습니다.

남들과 차별을 두는 전략은 성공적이었다. 발표를 마치자 교수님께서 "발표하는 걸 보니 남들과 다른 점이 많은 것 같다. 자기소개서도 그렇고 문학적인 무언가가 있는 것 같은데." 하고 웃으시며 말씀하셨다. 나는 내가 만들어서 가져온 발표 과제에 대해 공격 질문을 받을 것이라고 생각했지만, 발표 주제인 '개발과 보존'에 대한 질문만 받았다. 지금 생각해보니 내가 만든 이야기는 공격받을 만한 점이 전혀 없었다. 그만큼 터무니없이 비현실적이기 때문이었다. 하지만 결과적으로 면접관들에게는 좋은 인상을 남길 수 있었다.

이어서 심층면접 질문을 받았다. 다행히도 내가 예상했던 질문들이 많이 쏟아져 나왔고, 어렵지 않게 대답을 할 수 있었다. 특히, 학교 모의 면접에서 담임 선생님이 질문했던 것을 면접관이 내게 똑같이 질문했다. "예술 작품과 건축의 차이점은 무엇이라고 생각하는가?"

덕분에 학교 모의 면접에서 대답하지 못했던 것을, 면접관들 앞에서 자신 있게 대답할 수 있었다. 만약 학교에서 면접 연습을 하지 않았더라면 대답하기 힘들었을 것이다. 면접관이 내게 질문을 하는 사이에 면접 시간이 지나버렸다. 질문을 20개 정도로 굉장히 많이 받았지만, 한 면접관은 질문을 다 못했다며 아쉬워하는 모습을 보였다. 그만큼 나는 그들에게 관심이 가는 학생이 아니었는가 하는 생각이 든다. 모든 질문에 완벽하게 대답한 것은 아니었지만, 굉장히 성공적인 면접이었다.

나는 단국대학교와 세종대학교에 합격했다. 나는 여러 가지를 비교해 본 후, 단국대학교를 선택했고, 성적 우수 장학금을 받으며 입학했다. 나는 입학사정관 전형을 고3 여름방학 무렵에 준비했다. 장학금까지 받을 줄은 꿈에도 몰랐다. 만약 내가 혁신학교에 다니지 않았더라면, 장학금은커녕 대학교에 진학하지도 못했을 것이다.

혁신학교 선사고등학교의 가르침을 가슴에 새기며

좀 진부한 말이지만, 고등학교에 입학한 지 정말 엊그제 같은데 어느덧 3년이라는 시간이 지나갔다. 신입생 오리엔테이션부터 시작하여, 새로운 친구들과의 만남, 툴툴대면서도 열심히 했던 수행평가 과제들 …… . 이제 와서야 고백하는 것이지만, 선생님들 몰래 친구들과 교실 시계와 전등을 깨먹고 몰래 치워놓은 적도 있었고, 친구들과 '야자 시간' 빼먹고 교실 TV로 야구 경기를 본 적도 있었다. 이 모든 일이 미소가 지어지다가도 아련해지는 추억이 되어버렸다.

우리 학교는 졸업식 날 강당 무대에서 교장 선생님이 한 명 한 명 졸업장을 나누어 주셨다. 졸업장을 받은 후엔 지금까지 뵈었던 모든 선생님들과 포옹을 나누었다. 모두가 선생님들의 축하와 격려를 받으며 무대를 내려왔고, 몇몇 친구들은 울음을 터뜨리기도 했다. 여태 보았던 것 중 가장 아름답고 감동적인 졸업식이었다. 내가 선사고등학교에 오지 않았더라면, 과연 이런 감동을 느낄 수 있었을까? 졸업식이 끝나고 학교를 나서는데 홀가분한 마음보다는 아쉬운 마음이 더 컸다. 지루할 틈이 없었던 선사고등학교에서 우리들의 10대는 이렇게 막을 내리게 되었다.

대학에 다니기 시작한 지 6일이 지났다. 좀 놀란 점이 있는데, 선사고등학교에서 배우던 방식과 별 차이가 없다는 점이다. 특히 과제 부분은, 선사고등학교에서 이미 수많은 리포트들을 작성해 보았기에, 너무나 친숙하게 다가왔다. 또한, 앞으로 있을 조별 과제들도 적응하기 어렵지 않을 것이라 생각된다. 이게 대체 어떻게 된 일인가? 내가 고등학교에서 3년 동안 겪어온 것이 대학교에서 그대로 이어지다니! 혁신학교에서의 활동들 덕분에 대학에 진학했는데, 이제는 대학 생활에도 큰 힘이 되어 주고 있는 것이다. 미래를 내다보는 교육이란 건 이런 것을 의미했던 것일까.

나는 아직 대학교를 졸업하고 무엇을 할 것인지 목표를 세우지 못했다. 건축에 대해서 아무것도 모르는 녀석이 어떻게 건축가로서의 목표를 세울 수 있다는 말인가? 당장의 내 목표는 학교생활 열심히 하면서 건축을 배우는 것 자체를 즐기는 것이다. 내가 나중에 건축설계를 하고 있을지조차 나는 잘 모른다. 지금 당장 배우고 싶은 것은 건축이며 내가 꿈꾸던 것을 한 번쯤 경험해보고 싶었다. 어쩌면 건축이 힘들어서 도중에 전과를 해버릴지도 모른다. 중요한 것은 나는 아직 20살도 안됐을 정도로 젊다는 것이고,

따라서 나의 길을 건축가로 한정 지어 놓지 않았다. 나는 미래에 어떤 사람이 되어있을까? 이번에 졸업한 선사고등학교 학생들은 학교의 맏이로서 분에 겨운 사랑을 받았다. 나에게 고등학교란 차가운 감옥이 아닌 따뜻한 모닥불 같은 존재였다. 이제 나는 수많은 역경과 고난이 존재할 고산을 오를 것이다. 1회 졸업생으로서 혁신학교에서 배운 소통, 협력, 돌봄, 이 모든 가르침을 가슴속에 새기고 실천하는, 후배들에게 부끄럽지 않은 선배가 될 것임을 다짐한다.

진짜

혁신학교를 만나고
가능성을 찾다

혁신학교를 만나고
가능성을 찾다

토론과 발표 수업에서 말하기의 자신감을 배우다

고등학교 1학년 입학할 때였다. 고등학교에서 첫 수업에 대한 긴장감과 설렘을 가지고 교실에 들어왔다. 8시 30분에 종소리가 울리는 동시에 국어 선생님께서 들어오셨고, 선생님께서는 첫 수업에 다룰 것은 "토론"이라고 하셨다. 중학교 시절 때, 수업을 듣고 문제집을 풀었던 나에게는 생소했던 단어였다. 선생님은 '인생은 운명의 연속인가? 선택의 연속인가?' 라는 주제로 팀을 나누어 토론을 진행하셨다. 나는 '인생은 선택의 연속이다'라는 의견 대표로 토론을 하게 되었다. 하지만, 토론의 방식이나 규칙에 대해서 모르는 상태여서 눈만 깜빡이고 상황만 지켜봤다. 토론은 제대로 진행이 되지 않았고, 당연히 배심원의 지지가 더 많았던 '인생은 운명의 연속이다'를 주장한 팀이 승리를 거두었다.

토론이 끝난 시점에서 선생님께서 말씀하셨다.

"토론이라는 것을 처음 접해본 친구들도 있을 것이고, 토론에 대해서 많이 접해본 친구들도 있을 거예요. 앞으로 수업 시간뿐만 아니라 사회생활을 하는 데 있어서도 자신의 입장을 말하거나 단체 내에서의 의견 조합 등과 같은 일들이 많을 거예요. 결국, 선생님은 여러분에게 토론의 필요성에 대해 일깨우고 싶어서 이렇게 토론을 하는 시간을 가지는 것이랍니다."

선생님께서 말을 마치시자마자 수업 종이 울렸고, 나는 스스로 무엇이 부족한지, 부족한 점을 채우기 위해서는 어떻게 해야 하는지 고민하고 계획을 세워나가기로 결심했다. 일단, 나는 학교에서 지원하는 한겨레 교육원 '디베이트 수업'을 신청하고 토론의 개념, 토론의 방식과 말하기 기술에 대해 1년 반 정도 꾸준히 배웠다.

고등학교 2학년 국어 시간 매주 세 번째 수업 시간에 반 친구들끼리 돌아가면서 자신이 읽은 작품에 대해서 소개하는 시간이 있었다. 나는 『자청비 이야기』를 프레젠테이션을 이용해 설명을 했다. 책의 주인공인 자청비의 성격, 등장인물 간의 갈등, 줄거리의 복선, 소재와 주제를 어떻게 친구들에게 효과적으로 전달할 수 있을지 생각하면서 프레젠테이션을 구성했다.

발표 당일, 고등학교 1학년 첫 토론 수업처럼 되지 않을까 걱정이 되었지만, 내가 전달하고자 하는 바를 친구들에게 설명할 때, 내가 읽으면서 인상 깊었던 장면, 이해가 잘 안되는 부분들을 첨가하여 설명하며 강의를 진행했다. 강의를 듣고 있던 친구들은 재미가 있었는지 고개를 끄덕이면서 듣는 모습을 볼 수 있었다. 발표를 하면서 지금까지 콤플렉스로 생각하던 말하기 영역에 대해 자신감을 가지게 되었고, 성공적으로 발표를 마칠 수 있었다.

이후로 발표 대회나 토론 활동에 적극적으로 참여하게 되었을 뿐만 아니라 영어 말하기 대회와 같은 다른 분야에 대해 관심을 가지게 되었다.

다양한 관점에서 문제를 보는 능력을 배우다

우리 학교는 선생님들께서 강의 수업보다는 학생들끼리 조를 구성해서 수업 내용에 대해 공부하고 모르는 점이나 궁금한 점을 적어서 토의하는 시간을 가졌다. 주로 사회, 국어 교과 수업 시간에 많이 하는 방식이다. 가장 기억에 남는 조별 수업은 고등학교 1학년 때의 한국사 수업이었다. 한국사 수업은 블록 수업이라고 해서 수업 시간 2시간을 하나로 묶어서 진행되었다. 한 시간은 교과서를 같은 조 학생들과 읽어보면서 모르는 점이나 의문이 드는 점을 질문 노트에 적는 시간을 갖고, 나머지 한 시간은 그 질문들을 조원끼리 토론과 토의를 거쳐서 답을 찾아보는 시간을 갖는다. 주어진 시간 내에 의문점을 해결하려고 해도 못하는 부분은 칠판에 적어서 다른 조의 학생들과 토의를 통해서 궁금증을 해소하기 위해 노력한다. 이 방법으로도 해결이 나지 않을 경우에는 선생님께서 힌트를 주시거나 설명을 해주셨다.

이 수업을 한 학기 동안 하면서 많은 것을 느낄 수 있었던 것 같다. 우선, 배울 수 있는 폭이 더 넓어진 것 같다. 나는 평소 활발한 성격을 가지고 있지만, 공부를 하는 데 함께하는 것보다 혼자 하는 것이 더 효과적일 것이라고 믿고 있었다. 하지만, 조별 과제를 하는 과정에서 교과서 및 참고 자료를 읽고, 문제를 해결해 나가는 과정에서 서로 모르는 부분을 가르쳐주고, 다양한 관점에서 문제를 바라볼 수 있는 능력을 기를 수 있었다.

두 번째로 다른 사람을 이해하는 마음을 배울 수 있었다. 평소 학교생활을 하면서 '저 친구는 왜 저럴까? 쟨 나와는 너무 다른 유형의 친구인 것 같아.'라는 생각을 가지고 피한 친구들이 많았다. 하지만, 그룹 과제를 서로 해결해 나가면서 그 친구의 가치관, 관점을 알아가면서 '내가 무턱대고 거리를 둔 것이구나!' 깨달을 수 있었다.

조사연구 수행평가를 통해 심화된 학습과 진로

우리 국어 수업의 수행평가는 다른 고등학교 수업과는 많이 색다르다. 학생들이 자신이 원하는 주제를 선정하고, 그 주제에 대해 연구하기 위해 어떤 수단을 사용할지 고민하고, 그 결과를 연구해서 보고서를 제출하는 수행평가이다.

나는 '친구들이 자신의 꿈을 위해서 어떤 노력을 하고 있는가?'에 대한 주제를 잡았다. 그 이유는 내가 고등학교 1학년 당시 진로 선택을 하지 못해서 다른 친구들은 어떤 노력을 하고 있는지 배워보고 싶어서였다. 우선, 어떤 방식으로 내가 선정한 주제를 효과적으로 연구할 수 있을까 고민하던 중 사회문화 시간에 배웠던 양적 질문법이 떠올라 설문지법을 사용하는 것이 좋겠다고 생각했다. 나는, 가장 단기간에 많은 친구들로부터 의견을 수렴할 수 있을 것이고, 체계적이고 구체적인 기초 정보를 얻을 수 있겠다고 생각했다.

그런데 한 가지 문제를 해결하니 다른 문제가 발생했다. 설문지를 작성하는 데 어떤 질문을 넣을 것인지, 세부적인 질문은 어떻게 할지 고민이 되었다. 그래서 학교 도서관에서 설문지법과 관련된 책들을 유심히 찾아보고 어떤 기준으로 선택지를 만드는지에 대해 공부를 하게 되었다. 그런 다음 설문지를 만들었다.

우선 설문조사를 하는 대상자의 정보, 만족도, 개선됐으면 바라는 점에 대한 항목을 넣었다. 나도 설문지 질문을 응용해서 '설문조사 대상자의 학년, 등수, 꿈의 유무, 학교 진로 수업을 통해 꿈을 찾을 수 있는지, 학교에서 해주기를 바라는 점, 스스로 꿈을 위해 노력하고 있는 것, 꿈을 찾는 프로그램이 개설된다면 참가할 의사가 있는지'와 같은 항목을 만들어 전교생들을 상중하로 구분하여 약 100명 정도를 엄선해서 설문조사를 진행했다. 설문지를 배부하고 수합한 뒤에 설문지를 분석을 해나가기 시작했다.

설문조사의 결과는 약간 충격적이었다. 나와 마찬가지로 꿈이 없는 사람이 많았을 뿐만 아니라 자신이 지금 무엇을 해야 하는지조차 모르는 친구들이 많았다. 그리고 학업적인 측면에서 우수한 학생들이 꿈이 없는 경우가 더 많다는 사실을 확인할 수 있었다. 이런 놀라운 결과를 가지고 보고서를 작성해 나가면서 무엇 때문에 친구들이 꿈을 찾지 못하는지, 학교에서는 학생들을 위해 어떤 노력을 해야 하는지 등을 연구 보고서에 담았다.

나는 왜 이런 현상이 나타났는지에 대해 교육 관련 책을 읽고 교육 분야 교수님과의 인터뷰를 통해 알아가기 위해 노력했다. 이 과정에서 '교육'이라는 분야가 나에게는 흥미로운 분야로 다가오기 시작했고, 학생들이 꿈을 찾을 수 있는 학교를 만드는 교육행정가가 되고 싶다고 다짐하는 계기가 되었다.

세부적인 관심 사항을 알게 도와주는 진로탐색 프로그램

우리 학교에서는 수능을 위한 공부가 아니라 꿈을 이루기 위한 공부를 목표로 하고 있다. 그래서 학교 교과에 진로 수업 및 꿈과 관련된 프로그램을 다양하게 기획하여 학생들에게 제공하고 있다. 고등학교를 다니는 동안 가장 기억에 남는 진로 프로그램이 세 가지 있다.

첫 번째로 고등학교 2학년 때, 서울대학교 법학전문대학원에서 진행한 '프로보노 모임'에 참가한 것이다. 나는 교육 관련 분야에 종사하는 것이 꿈이었기 때문에 사범대 분야의 강의를 선택해서 청강했다. 그 강의에서는 사범대학의 특성, 어떤 학과가 있는지, 향후 진로는 어떤 것이 있는지에 대해 배울 수 있었다. 이때 사범대학 이외의 학과에 다니는 학생이라도 교직 과목 이수를 통해 학점 관리를 잘한다면 교사 자격을 얻을 수 있다는 것을 알았다. 그리고 교육대학원에 진학해서도 교사 자격을 얻을 수 있음을 알 수 있었다. 강의가 끝난 후에는 1:1 멘토링을 받을 수 있었다. 나는 멘토 선생님께 평소에 궁금했었던 교육 관련 직업이 어떤 것이 있는지, 교육 공무원과 교육학자의 차이점이 무엇인지에 대해 물어볼 수 있는 시간을 가질 수 있었다. 이 진로 강연을 들은 이후로 사범대학에만 국한해서 생각하지 않고, 다른 분야 학과에 대해서 관심을 갖게 되었다.

두 번째로는 CUV 진로 캠프였다. 이 프로그램은 학교에서 주관한 진로 진학 비전 탐색 캠프로 직업분류 카드, 다중지능 검사, MBTI 프로그램 검사 및 개별 상담, 희망 학과 탐색, 맞춤식 진학 유형 찾기, 자기소개서 작성, 모의 면접, 비전 선포 등의 활동을 했다. 캠프 활동에서 가장 기억에 남았던 것은 비전 선포 활동이었다. 이 프로그램은 하루 동안 수행한 활동들을 정리할 수 있는 시간이 되었다. 1년, 5년, 10년, 20년 뒤의 모습을 계획하면서 내가 앞으로 어떻게 삶을 계획하고 이루어 나갈지 고민하고 계획할 수 있었던 기회가 되었다. 이 활동을 한 이후로, 어려움에 부딪히거나 목표로 하던 것을 포기하고 싶을 때마다 그때 적었던 종이를 다시 보면서 마음을 다잡고 공부를 해나갈 수 있었다.

그 이후 자신의 꿈을 위해 무엇을 준비하고 노력해왔는지를 보고서를 작성해서 발표하는 진로 보고서 대회가 있었다. 이 대회를 준비하기 위해서 나는 제 꿈을 이루기 위한 가장 효율적인 방법이 무엇인지, 꿈을 위해 어떤 노력을 해왔는지 그리고 앞으로 어떤 사람이 되고 싶은지를 진지하게 고민하고 계획하는 시간을 가졌다. 충분한 고민 끝에 문제가 발생했을 때, 다양한 관점으로 문제

를 바라보고 해결해나갈 수 있는 행정학과에 진학하는 것이 교육
행정가로서의 능력을 신장시킬 수 있다고 생각했다. 그리고 행정
학과 분야에서 최고의 대학인 서울시립대학교에 입학하여 행정학
을 배워나가고 싶다고 다짐했다.

고등학교 3학년 때, 입시 준비로 인해 정신적, 육체적으로 힘들
었던 시기가 있었다. 잠을 줄이고, 밥 먹는 시간마저 줄여가면서
공부를 해도 성적이 오르기는커녕 떨어지기만 했다. 그래서 내가
무엇을 위해 지금까지 앞만 보고 달려왔는지 회의감이 매일같이
들었다. '지금 나는 잘하고 있는 게 맞을까?', '난 왜 이 모양일까?',
'넌 언제나 완벽해야 돼!'와 같은 말들을 나 스스로에게 계속 세뇌
시켰다. 이 때문에 학업, 교우 관계에도 갈등이 생겼었다. 하지만,
진로 보고서 대회를 준비하면서 목표를 재설정할 수 있었고, 정체
성을 찾아나갈 수 있었다. 이 대회를 기점으로 목표를 다잡고 공
부를 해나갈 수 있었다.

세 번째, 우리 학교에서는 1년에 한 번 '잡코리아'라고 하는 기관
에서 직업 체험을 하거나 자신이 연구하고 싶은 분야의 전문가를
만나 인터뷰를 하고 보고서를 작성해 제출하는 활동을 하는 '진로
의 날' 행사가 있었다. 나는 교육행정 및 교사가 되고 싶어 하는 친
구들을 모아 소규모 동아리를 조직해서 교육 분야에 대해 잘 아시
는 전문가를 탐색하다가 교육학과 교수님과 인터뷰하는 것이 가
장 적합한 방법일 것이라고 생각되어 이메일을 보내어 교수님께
인터뷰 요청을 드렸다. 우리 소규모 동아리 부원들은 교수님이 계

시는 연구실로 찾아가 교육의 특징, 우리나라가 나아가야 할 교육, 우리나라 교육에서의 아쉬운 점, 행정과 교육의 공통점에 대해 질문할 수 있는 시간을 가졌다. '우리나라 교육이 나아가야 할 방향'에 대한 질문에 교수님께서는 학생들의 뛰어난 학업 능력에 비해 인성 교육이 부족한 현실이 변화되어야 한다고 말씀하셨다. 그리고 교육과 행정의 공통점과 차이점에 대해서는 '행정과 교육 모두 단일적인 학문이 아니라 복합적인 요소들이 들어 있는 학문'이라는 답변을 들을 수 있었다. 인터뷰를 마치고 친구들과 모여 자신의 꿈을 이루는 데 필요한 것이 무엇인지 생각하고 적으면서 자신의 미래를 구체적으로 상상해보는 시간을 가졌다. 이 기회를 통해 교육행정가로서 고민해야 될 과제가 많다고 생각했다.

인성, 예절, 전공 적합성, 이슈에 대한 심화된 면접 준비

우리 학교 입학사정관제 면접은 다른 학교들과는 다르게 일주일 동안 체계적인 시스템으로 구성이 되어 있다. 다른 지역에 있는 고등학교에서도 우리 학교의 시스템을 알아보기 위해 찾아올 뿐만 아니라 EBS에서도 '입학사정관 특성화 학교'로 소개될 만큼 전문성 있는 프로그램이다. 나 또한 이 방과 후 수업을 통해서 사람들에게 매력을 줄 수 있는 방법, 말하기 방법 등을 배우면서 실전 면접에서도 많은 도움을 얻었다. 이 프로그램은 크게 인성, 예절, 전문성, 토론과 같은 4가지로 구성되어 있다.

첫 번째, '인성'에 대해 자신의 장점, 단점, 가치관에 관련된 내용으로 진행되었을 뿐만 아니라 말하는 방법에 대해서도 배울 수 있었다. 면접이 진행되면 선생님들께서 '꿈이 무엇인지', '그것을 위해서 노력한 것은 무엇인지', '고등학교 생활 중 가장 기억에 남는 활동이 있다면?' 등과 같은 빈도수가 높은 질문들을 통해 스스로 잘하는 것은 무엇이고, 내가 왜 이 꿈을 원하는지, 내가 중요하게 생각하는 가치관은 무엇인지에 고민하는 시간을 가질 수 있었다.

두 번째, '예절'에 대해 면접장에 들어가는 자세, 앉는 자세, 제스처, 웃음, 목소리 톤, 그리고 응시하는 법을 배웠다. 우선, 면접 장소에 들어갈 때, 노크 후 입장한 후에 가벼운 목례, 의자 앞으로 가서 다시 한 번 인사를 드리는 방식으로 했다. 그리고 선생님들께서 질문을 하시면 30초 내지 번갈아 선생님들과 눈 맞춤을 하고, 강조하고 싶은 부분에 제스처를 넣어 답변을 했다. 마지막으로, 면접이 끝났을 때는 간단하게 다짐을 말하고 인사를 하고 나가는 방식으로 했다. 이 연습을 통해서 나의 경우에는 필요 없는 부분에도 제스처와 추임새를 많이 넣는다는 것을 알게 되었고, 고쳐나갈 수 있었다.

세 번째, 경영, 경제, 사범, 행정 등과 같이 학생들이 지원한 학과에 맞게 반을 나누어 진행되었다. 입학사정관제의 목표는 잠재능력을 가진 학생, 특정 학과에 대한 전문적인 지식을 가진 학생

 진짜 공부

들을 뽑는 것이라고 생각한다. 나의 경우에는 사범-행정반에 속해 있었는데, '교육에서 경쟁의 필요성', '교육 관련 서적', '교육행정가가 되기 위해서 무엇을 준비했는지', '교육법에 대한 아는 것을 다 말해 보시오.', '학습권이 무엇인지 아는가?', '사교육이 무엇이라고 생각하는가?'와 같은 질문들을 받았다. 이 전문성 평가 면접을 받으면서 이전에는 내가 몰랐던 것들이 많다는 것을 깨달았다. 이 면접 전까지만 해도 교육 관련 도서 20권, 교육 소모임 동아리와 다양한 프로그램들에 참여해서 교육 관련 지식이 많다고 생각했었는데, 그저 수박 겉 핥기 식으로만 알고 있었다는 것을 깨달았다. 그 이후로 교육법을 조사하고, 교육 관련 사설들을 찾아보면서 내 생각과 입장을 정리하는 시간을 갖고, 이전보다 학제적(學際的) 사고를 넓힐 수 있게 된 것 같다.

네 번째, 윤리적인 문제나 현재 이슈화 되고 있는 문제들에 대해서 토론을 하는 시간을 가졌다. 나의 경우에는 '우리나라 교육에서 경쟁이 필요한가?'라는 주제로 사범-행정반 친구들과 찬반을 나누어 토론을 했다. 나는 반대 입장을 맡아서 "우리나라 교육에서 경쟁이 초기에는 학생들의 학업 능력을 향상시키는 것에 기여한 것은 맞는 것 같다. 하지만, 현재 교육 현실 본다면, 선의의 경쟁이 아닌 지나친 경쟁으로 인하여 친구들끼리 경쟁하고, 명문대를 가기 위해서 공부만 하는 모습, 학업에 치여서 정작 자신이 꿈은 무엇이고, 지금 왜 공부를 하고 있는지조차 모르는 상태로 공부하는 학생들이 많다. 그런 점에서 봤을 때, 교육에서는 타인과의 경쟁이 아니라 자기 계발을 할 수 있는 교육이 필요하다고 생각한다. 자신이 진정이 필요한 것이 무엇인지, 자신이 하고 싶은 것은 무엇이고, 내 가치관이 무엇인지 알 수 있는 행복한 교육이 필요하다고 생각한다."는 주장을 했다. 평소의 나라면 논리적으로 말하는 방법, 다른 사람을 끌어들이는 방법을 잘 몰라서 말이 길어지거나, 지루하게 말할 수도 있던 것을 조리 있게 말할 수 있는 현재의 나의 모습을 보면서 뿌듯함과 면접을 치루는 자신감을 회복할 수 있었다.

미래를 위한 더 넓고 깊은 고민들

서울시립대학교 행정학과에 입학했다. 고등학교 3년 동안, 교육행정가라는 꿈을 이루기 위해서 앞을 보고 달려왔다면 입시를 마친 뒤의 저는 꿈을 이루기 위한 단순한 공부보다는 향후 미래에 도움이 될 수 있는 것이 무엇인가에 대해 깊이 고민해보는 시간을 가질 수 있었다. 나는 고3 겨울방학 동안 '첫째, 성인이 되기 전에 사회생활을 경험해보기', '둘째, 점수를 위한 영어 공부가 아닌 진짜 영어 공부하기', '셋째 혼자만의 시간 갖기(자아 탐구 시간을 갖기)'라는 3가지의 목표를 정했고, 실행해나갔다. 내가 이런 목표들을 정한 이유는 대인 관계를 관리하는 법을 익히고, 고등학교 3년 동안 최선의 선택이라고 생각한 학과에 진학하였으나 이것이 과

연 나의 길에 맞는지를 고민하고 학업에 대한 흥미를 키우며, '나는 누구인가'에 대해 진지하게 되돌아보기 위한 것이다.

대학에 입학하고 난 뒤에는 중앙 동아리, 과 소모임, 봉사 활동, 그 외에 활동을 주체적으로 계획했다. 그래서 첫째, 율동을 배워 스트레스를 해소하고 재미있는 대학 생활을 위해 즐기기 위해 율동 동아리 '동지랑'에 들어갔다. 고등학교 겨울방학 목표 중 하나였던 '나는 누구인가'라는 답에 내가 하고 싶은 것을 배워야겠다는 생각을 가지고 있다. 둘째, 교육행정가가 되기 위해 '행정'이라는 학문을 깊이 배우기 위해 행정학과 학술 소모임인 '행정연구회'에 가입하여 우리나라에서 발생하는 사회적 문제를 인식하고 해결 방안이 무엇이 있는지에 대해 고민하는 시간을 가지고 공부해 나가고 있다. 셋째, '공감플러스'라는 봉사 동아리에 가입하여 서울시 저소득층 학생들에게 우리 학과가 어떤 과인지에 대해 설명하는 진로탐색 강연을 준비하는 시간들을 갖고 있다. 대학에 와서 막연히 행정가가 되어야겠다는 생각뿐만 아니라 고등학생 때보다 확장된 관점으로 사람을 바라보고 꿈을 꾸고 행동을 계획하고 있는 것 같다. 그 외에도 학생회 활동, 토론 활동과 씨라이트 에듀 멘토링 봉사 등 다양한 경험을 쌓아 보려고 한다.

정 영 준

배 화 여 고 교 사

서울형 혁신학교인 배화여고의
지난 3년을 돌이켜보며

3년 전 배화여고(이하 '우리 학교')에서 혁신학교를 하겠다고 교장 선생님께서 발표하실 때 개인적으로는 환영하는 마음과 기대가 컸다. 다만 혁신학교에서 추구하는 교육 지향점을 공유하고 있는 교사가 많지 않은 상황에서 혁신학교의 운영이 잘될 것인지에 대한 우려가 있었다. 교장, 교감 선생님께서 혁신학교로의 전환 필요성에 대한 설명에 많은 구성원들이 동의를 하여 '서울형 혁신학교 중 유일한 사립 고등학교'가 탄생되었다. 혁신학교 초기 '사립학교'여서 많은 사람들로부터 관심을 받은 게 사실이었고, 서울형 혁신학교의 성공적 정착에 비록 '사립' 학교지만 일익을 감당할 지언정 누가 될지 말자는 생각과 서울형 혁신학교의 교육 지향점과 일반계 고등학교의 현실적인 과제인 입시 성적의 두 목표를 다 달성해야 한다는 막중한 책임감을 개인적으로 느끼며 혁신학교 일을 했던 것 같다. 벌써 3년이라는 시간이 지나고 4년째 접어들며 지난 날 우리 학교의 모습을 되짚으며 전망의 새 출발점으로 삼고자 하는 마음으로 글을 써본다.

교육과정의 구조와 운영

우리 학교는 사립학교 특성상 교사 수급이 탄력적으로 이루어질 수 없는 관계와 혁신학교의 교육 지향점에 동의하는 교사가 많지 않은 관계로 전형적인 교육과정의 구조와 운영이 불가피했다. 교육과정을 프로젝트 수업을 위해 조정한다든지, 활발한 활동 수업을 위한 블록 수업 등등을 실시하지 못하였다. 다만 정규 교육과정상의 새로운 시도가 전무한 것을 방과 후 학교 수업에서 소인수 강좌, 주문형 수업 개설 등으로 학생들의 강좌에 대한 수요에 부응함으로써 어느 정도 해소하려고 노력했다고 자평한다.

우리 학교는 여느 혁신학교처럼 '배움의 공동체' 수업이나 '수업 연구 활동의 적용', '프로젝트 수업'의 가시적인 수업 방식의 변화나 변화를 위한 학교 전체의 움직임, 분위기 전환의 모습이 보이지는 않았다. 몇몇 교사들이 이에 관심을 가지고 연수를 추진하여 교사 대상 연수가 실시되었으나 교사들의 수업 연구 동아리 활동이나 교사들의 집단적 수업 연구 분위기 조성 등으로 이어지지는 않았다. 다만 교사 개개인의 역량에 따라 과목별, 교사 개인별로 준비된 다양한 수업(선 주제 선정 후 개인 발표 수업, 주어진 자료

읽고 정리하여 생각 발표하기 등등)이 전개되어 학생들에게 다양한 학습 경험을 제공하는 모습을 보였다.

진로탐색 및 학생 자치

혁신학교가 되기 전 우리 학교는 지역사회에서 생활지도가 강하다고 평가받고 있던 학교여서 혁신학교 중 생활지도에서 선도적인 위치에 있는 학교에서 행해지는 '3주체' 참여의 생활지도 규정 정하기라든가, 학생 자치 법정의 운영이라든가 하는 가시적인 프로그램 운영으로 이어지는 변화가 일어나지는 않았다. 이러한 변화를 꾀하고자 하는 몇몇 교사들이 있어서 이를 이끌어내고자 하였으나 많은 교사들로부터 지지를 받지 못하고 예전의 틀을 그대로 유지한 생활지도가 이루어지고 있다. 다만 전통적인 용의 복장 단속 위주의 생활지도에 대한 변화 필요성에 대한 인식이 점차 확산되어 올바른 생활 태도 함양을 위한 캠페인 성격의 생활지도가 활발히 진행되고 있고 이러한 생활지도 모습은 학생들로부터도 호의적인 반응을 얻고 있으며 전통적인 용의 복장 단속 위주의 생활지도의 모습에서 점차 벗어나서 학생들의 실질적 생활 태도의 교육 차원으로 생활지도가 변화하고 있는 상황이다.

우리 학교는 창체 시간을 적극적으로 활용하여 학생들의 미래에 대해 스스로 생각해보는 시간을 자주 갖게 하고 교사의 인도에 따라 수업 시간을 활용하여 다양한 진로에 대해 탐색해 보는 시간을 가지고 있다. 이를 위해 창체 담당 교사들의 헌신적인 노력이 따르고 있음은 물론이다. 창체 시간에 학생 스스로 진로에 대해 탐색하여 나름 정리한 진로 탐색 내용을 서로 발표하여 다른 학생들의 진로 탐색 내용과 자신의 진로 탐색 내용을 비교하며 다양한 진로에 대해 알아가는 과정을 거쳐 학생이 진로에 대한 깊이 있는 탐색을 할 수 있도록 동기와 흥미를 유도하는 시간을 가지게 하였다고 평할 수 있다.

학생 자치활동 중 학생회의 회장, 부회장은 전교생의 무기명 비밀 투표로 선출이 되고, 선출된 회장, 부회장이 중심이 되어 학생회 구성원을 동아리에서 부원들을 선발하는 방식으로 뽑는 형식을 취했다. 학생들의 자발적인 학생회 참여와 적극적인 학생회 활동을 기대하며 이러한 방식을 취한 것인데 이런 의도가 잘 맞아떨어졌다. 선발된 학생회 구성원은 본인이 잘하거나 관심 있는 분야의 일을 학생회 내에서 맡게 되어 각 부서의 활동이 좀 더 세련되게 진행되고 선발된 학생회 구성원의 소속감이나 유대감이 남달라 학생회 주최 각종 행사에 준비와 참여가 적극적이었던 것을 볼 수 있었다. 학생회는 학생 자치활동을 통해 학생들의 다양한 의견을 하나로 모아 학교에 전달하고 학교에 건의하는 것이 있으면 많은 학생들의 의견을 수렴한 후 적극적으로 의견을 개진하여 학생 복지와 관련된 문제들을 대화로써 풀어나가는 성숙한 모습을 보이기도 하였다. 이러한 학생 자치활동은 자치활동에 적극적으로 참여하는 학생들에게는 민주 사회 시민으로서 갖추어야 할 자율성과 책임 의식, 법과 절차의 존중, 공동체 의식, 권리 의식 등을 키울 수 있는 직접적인 기회가 되고 이러한 학생 자치활동을 옆에서 지켜보며 겪는 많은 학생들은 민주 사회 시민으로 성장하는 데 중요한 것들을 간접적이나마 경험하게 되어 그 교육적 파급 효과가 적지 않다고 생각된다.

우리 학교 동아리는 두 종류로 나눌 수 있다. 교사가 먼저 동아리를 만들고 그 동아리에 관심 있는 학생들이 지원하여 동아리를 배정받아 정규 수업 시간을 위주로 활동하는 동아리(흔히 CA를 말함)와 학생이 어떤 특정한 분야에 관심이 있어 동아리를 만들고 그 관심을 공유하는 학생들이 참여하여 활동하는 동아리가 있다. 정규 수업 시간에 이루어지는 동아리나 학생 스스로 조직한 동아리 모두 활발한 활동을 하였다. 이러한 동아리의 활동은 우리 학교 축제인 난원제의 동아리 부스 활동으로, 그리고 학기 중의 동아리 활동 보고서 대회의 보고서로, 학술제의 많은 보고서와 작품, 논문들로 그 결실을 맺었다. 다양한 동아리 활동이 많은 학생들 개인의 성장을 도모하는 기회가 되었을 것은 당연한다고 생각한다.

진로 및 진학 준비

우리 학교는 진로 지도 전담 교사가 배치되어 있어 원하는 학생은 언제라도 상담 시간을 약속하여 학생 본인의 진로에 대한 자세한 정보 제공과 상담을 받을 수 있다. 물론 진로 지도 전담 교사가 전교생을 모두 다 상담하는 것은 무리가 있으나 상담을 원하는 학생은 상담을 신청하여 원하는 상담을 받을 수 있다. 또한 창체 시간을 활용하여 다양한 진로에 대한 소개가 이루어지고 담임교사와의 상담 시간을 통해서도 진로에 대한 학생의 고민을 나눌 수 있는 분위기가 조성되어 있다. 진로 지도 전담 교사가 준비한 프로그램을 통해서도 진로에 대한 정보를 얻을 수 있다. 연세대학교 학과 홍보 동아리 대학생들과의 만남이 그것인데, 이 프로그램을 통해 현재 대학 재학 중인 대학생들로부터 전공별로 따끈따끈한 정보를 접할 수 있으며 대학생 언니, 오빠로부터 생생한 조언을 들으며 희망 전공을 찾는 데 큰 도움을 받고 있어 매년 이뤄지는 프로그램에 석식 후 저녁에도 많은 학생들이 참여하고 있다.

진학 상담은 기본적으로 담임교사들의 몫이라 생각한다. 학생들과 밀접한 관계를 유지하는 본교의 분위기상 학생들이 본인 진학에 대한 문의를 교사에게 많이 해온다. 담임교사들은 평소 진학 정보의 공유를 통해 알고 있는 지식과 자료를 통해 정확한 진학 지도를 위해 힘쓰고 있으며 진로진학부에서는 진학 상담 방과 후 학교 수업을 개설하여 수업 신청 학생에게 양질의 진학 정보와 진학 상담을 제공하고 있어 학생들의 만족도가 상당히 높다.

학생부 종합 전형의 중요 요소인 내신의 관리를 위해서는 성실하고 꾸준한 학습과 수업 시간에의 집중이 필수 요건인데 우리 학교에서는 학교가 직접 제작한 학습 플래너를 전교생에게 제공하고 성실하고 꾸준한 학습의 지속적인 관리를 위한 도구로써 활용하도록 하였다. 또 학습 플래너의 활용을 장려하기 위해 학습 플래너 활용에서 두각을 나타낸 학생을 표창하고 있다. 내신 관리의 필수 요건 중 나머지 하나인 수업 시간에 집중하는 것은 학교 분위기상 잘되고 있다는 것이 자타가 공인하는 사실이다. 교사가 수업 시간에 학습 분위기 조성을 위한 특별한 노력이 없어도 학생들의 수업 집중도가 좋은 편이다. 다만 이러한 성실한 태도와 자세가 내신 점수 획득의 치열한 경쟁으로 이어지는 면이 없지 않아 좋은 내신을 얻기 위해 많은 학생들이 부담을 가지고 있는 것이 사실이긴 하다. 하지만 면학 분위기가 조성되어 있는 것이 일반계 고등학교에서 장점이라면 장점이지 결코 흠이 될 수 없다고 생각하며 이러한 경쟁의 좋은 점들을 보려고 한다.

현재 학교 종합 전형에서는 포트폴리오 작성이 중요하지 않게 되었지만 다양한 체험활동과 비교과 활동, 교과에서의 협력 활동 등등이 포트폴리오의 내용이라 보았을 때 그 포트폴리오를 채우는 다양한 활동이 우리 학교에 존재한다는 것이 중요하다고 생각된다. 다양한 활동을 통해 학생들의 지적 호기심, 타인에 대한 관심, 감수성, 문제 해결을 위한 통찰력과 추진력 등이 길러진다고

  진짜 공부

보면 이런 다양한 활동들은 굳이 입학이라는 관문을 통과하기 위한 그 무엇 이상으로 학생들의 전인적인 성장을 위한 훌륭한 자양분 역할을 한다고 생각한다. 독도 플래시몹, 효창원, 전쟁기념관 방문(우리 학교가 나라사랑 실천학교이기 때문에), 한 학급 한 생명 살리기 운동 참여, 한울공부방(재학생끼리 멘토, 멘티가 되어 학습 면에서 도움을 주고받는 경우, 재학생이 같은 재단 중학교 학생에게 학습 면에서 도움주는 경우), 사직동 동사무소와 연계한 폐휴대폰, 폐건전지 수거 캠페인, 한글 티셔츠 만들기 대회, 아름다운 배화 만들기(벽화 그리기), 학급 구성원의 친목 도모를 위한 왕따 없는 학급 만들기 행사(학년별, 학급별 삼겹살 파티), 명사 특강, 각종 보고서 대회, 배화 독서 인증제, 교과별로 진행되는 발표 수업, 각종 캠프 활동, 배화 FC 등 스포츠클럽 활동, 금관악기반 등 예체능 교실, 김장 나누기 행사 등등이 있다.

이러한 활동들이 고스란히 자기소개서로 녹아들게 하는 것은 학생과 교사의 공동의 노력이라고 생각한다. 우리 학교는 1학년 때부터 학기별로 한 번 정도씩 자기소개서를 쓰도록 한다. 학생부 종합 전형에 지원하지 않을 학생들도 모두 자기소개서를 작성토록 하는데 이는 자기소개서 쓰기가 단순히 대학 입시의 특정 전형을 대비한다는 것을 떠나 학생 본인에 대한 성찰의 기회와 학생 본인의 학교생활을 되돌아보는 기회를 제공한다는 중요한 측면이 있다. 물론 학생들이 자기소개서 쓰기를 힘들어하지만 정기적인 자기소개서 쓰는 연습을 통해 기술적인 측면에 대한 지도는 물론이고 자아 성찰의 기회를 자주 제공한다는 데 그 교육적 의미가 있다. 생활기록부는 담임교사가 평소 학생을 예의 주시하며 관찰한 내용들을 세세하게 적어 그 기록으로 학생을 어느 정도 파악할 수 있게 하고 되도록 에피소드 중심으로 기록해주려고 노력하고 있다. 때때로 담임교사의 재량으로 실시하는 학생 간 상호 평가를 통해 파악된 사실들을 기록하여 학생의 실제 모습에 가까운 것들을 기록하고자 노력하고 있다.

앞에서 열거하였던 학생들과 교사들의 여러 활동과 노력의 결과로 혁신학교가 되고 나서도 우리 학교는 입시 성적에서 다른 학교에 뒤떨어지지 않는 성적을 내고 있으며 특히 학생부 종합 전형(구 입학사정관제)을 통해서 학생 본인이 원하는 진로를 탐색하여 준비하고 준비된 모습으로 대학에 입학하는 데 많은 도움을 주고 있다고 평가하고 있다. 우리 학교 대학 입학의 중요한 전형으로 학생부 종합 전형이 꼽히는 것으로 우리 학교와 학생들의 노력이 그 결실을 맺고 있다고 생각이 된다.

지난 3여년간 혁신학교로서의 우리 학교 모습은 기존 전형적인 혁신학교와는 그 모습이 달랐다고 말할 수 있다. 혁신학교의 교육적 지향점에 대한 학교 구성원의 적극적인 지지가 미흡한 상태에서 출발하였고, 집단적인 교육운동 지향과 실천이 없었다. 그럼에도 불구하고 학교를 사랑하는 교사와 학생들의 노력으로 나름대로 서울형 혁신학교 중 '배화형' 혁신학교를 만들어 온 것 같다는 생각이다. 서울형 혁신학교의 행정. 재정적 지원이 언제까지 계속

될지는 모르겠으나 지난 3년을 돌이켜보면 다소 불만족스러웠던 우리 학교의 혁신 내용이 앞으로도 계속 '배화형'의 모습을 띄고 학생들의 다양한 지적 호기심과 체험에의 욕구를 충족시키는 방향으로 발전될 것으로 믿어 의심치 않는다. 우리 학교를 사랑하는 교사와 학생들이 존재하는 한 말이다.

김 정 안

삼 각 산 고 교 사

'성장, 나눔, 평화의 배움 공동체'
― 삼각산고등학교

3주체가 함께 여는 공교육의 새로운 미래

삼각산고등학교는 2011년에 서울형 혁신학교 1기로 지정되어 개교한, 강북구 삼각산동에 위치한 공립 일반고입니다. 학생, 교사, 학부모 모두가 주인이 되어 개인적 차원의 전인적 성장, 사회적 차원의 나눔, 지구촌 차원의 평화를 구현하는 '성장, 나눔, 평화의 배움 공동체'를 만들기 위해 노력하고 있습니다.

혁신 교육에 대한 강한 의지와 동료성을 바탕으로 상호 존중의 학교문화 , 수업 혁신을 위해 함께 노력하는 교사 문화 , 민주적 운영 시스템을 만들어가며, 미래 사회에 주체적으로 살아갈 사람으로서의 인성, 역량, 창의성을 키우는 교육 활동을 통해 공교육의 새로운 미래를 여는 실험을 하고 있습니다. 교과 수업 내용과 방법은 물론, 학교의 모든 교육 활동은 이러한 교육 목표를 지향합니다. 삼각산고 교육 공동체 형성의 한 축을 이루는 학부모들은 참여와 협력으로 책임 교육 실현을 위해 함께 노력합니다.

학생들은 교사, 학부모와 더불어 신명나게 '새로운 학교 만들기 프로젝트'를 수행하는 주체입니다. 신설학교로서 학생 생활 규정을 처음 제정하는 과정에서부터 교사, 학부모와 더불어 교육의 3주체로서 참여했습니다. 수차례 토론을 통한 학급 단위의 의견 수렴, 학생회의 토의, 3자 참여 공청회 등 3개월여에 걸친 규칙 제정 과정을 거쳤고, 또 이를 준수하도록 하는 캠페인과 실천 운동을 학생회 중심으로 자발적으로 전개하는 등 민주 시민의 자질을 키우고 전인적인 성장을 이루기 위한 노력을 했습니다. 이후 개정 과정에서도 마찬가지의 과정과 절차를 지켜오고 있습니다.

학생 생활 규정 제정부터 시작된 자발적이고 창조적인 학생 중심 문화는 이제 삼각산고의 전통으로서 자리매김하고 있습니다. 참여 수업, 학생회, 동아리, 학습 두레, 테마별 수학여행 등에서 활기 넘치는 학생들의 모습을 찾아볼 수 있습니다.

학생들의 존경을 받던 초대 교장 선생님께서 2013년 1월 지병인 폐암으로 유명을 달리하셨을 때 학생들은 평소의 자치 경험을 살려 장례를 주도하였습니다. 학생회는 자발적으로 모인 일반 학생들과 더불어 상주 및 상조회 교사와 상의하고 자체 토론과 회의를 통해 장례식 참여와 역할을 결정했고, 학생회 편제를 활용하여 체계적으로 대처하였습니다. 예를 들어 행사부는 빈소의 문상객 접대를, 홍보부는 추도사 작성을, 소통부는 학생 대상 연락 및 노제 준비를 하였습니다. 그리하여 방학 중임에도 불구하고 학교에서의 노제가 대다수 학생들의 추모 속에서 학생 주도로 이루어질 수 있었습니다. 이러한 적극성과 자발성은 혁신학교 학생회장들의 네트워크를 만들어 정보와 자료를 공유하고 건전한 학생 문화를 만들어가고자 하는 움직임을 주도하는 것으로 이어졌습니다.

학생들은 이렇듯 학교생활 전반에서 자발성과 자율성, 협력을 토대로 기획 능력과 문제 해결 능력을 놀라울 정도로 발전시키며 '성장, 나눔, 평화의 배움 공동체'의 주인으로서 성장하고 있습니다.

'통합적 지식'과 창의성을 추구하는 수업과 교육과정

삼각산고 교사와 학생은 학생과 교사 모두가 참여자가 되어 함께 지식을 만들어가는 창의적인 수업을 지향합니다. 사실 교사, 학생 모두 강의식 수업, 교사 중심 수업에 익숙해져 있기 때문에 수업을 바꾸는 일은 쉽지 않습니다. 가장 어렵고, 시간이 많이 필요한 혁신 과제라고도 볼 수 있습니다. 삼각산고 교사들은 긴 호흡으로 수업 혁신 노력을 계속하고 있습니다. 토론 수업, 발표 수업, 프로젝트 연구 활동으로 학습자의 문제 해결 능력을 키우고, 협력 수업과 공동의 과제 수행을 통해서 학습 효과를 높일 뿐 아니라 협력성과 더불어 살아가는 능력을 키우는 인성 교육 , 평화 교육도 실시하고 있습니다. 그러므로 선다형 지필 평가뿐 아니라 과정을 평가하는 수행평가를 중요시합니다. 학생들은 열심히 노력한 과정을 인정받을 수 있으며, 이는 학습을 포기하지 않도록 격려하는 힘이 됩니다.

수업이 바뀌려면 교육과정 혁신이 함께 이루어져야 합니다. 삼각산고는 자율적 교육과정 72단위를 십분 활용하여 국영수 편중 교육과정, 획일적 교육과정에서 벗어나 차별화된 교육과정을 운영해 왔습니다. 학생들의 미래 능력들을 키워주고, 선택을 넓혀주기 위해서입니다. (2014년부터는 모든 일반고에서 94단위까지 자율 교육과정을 운영할 수 있습니다.)

점점 더 복잡해지고 급변하는 미래 사회에 적응하기 위해서는 여러 가지 미래 능력이 필요합니다. 그중에서도 세상을 연결해서 이해하는 '통합적 사고능력'이 가장 중요하고, 이 능력을 키우려면 통합교육과정 운영이 절대 필요합니다. 삼각산고는 '생활과 철학'(연 4단위), '진로와 직업'(연 2단위) 교과를 아예 통합적 내용으로 재구성하여 1년간 수업합니다. 더불어 특별 기간을 정해 특정 주제나 활동을 중심으로 한 통합교육과정을 운영합니다. 환경, 도시 생활, 평화, 공동체, 인권, 공정무역 등 본교의 핵심 가치 관련 주제들이나 수련회 활동 중심으로 다양한 교과 및 체험활동을 통합하여 다각적 측면에서 배우는 것입니다.

2011년에 과학, 지리, 영어, 역사, 미술 등 7개 교과에서 기후변화를 주제로 통합교과 프로젝트 수업을 했고, 4개의 동아리는 수업 연계 동아리 활동, 봉사 활동, 축제 참여로까지 나아갔습니다.

‘소통과 표현 능력’ 역시 특정 교과를 넘어서는 통합교과적인 미래 능력입니다. 삼각산고는 이를 위해 모든 학생 대상으로 창의적 글쓰기 수업을 실시합니다. 학교 자율 활동으로서 1학년과 2학년 문과반은 국어 교사가, 2학년 이과반은 과학 교사가, 3학년은 3학년 담임교사들이 지도합니다. 일회성 백일장을 지양하고 수업 결과물로 대회를 여는 수업-대회 연계 시스템을 정립하고, 학년 말에는 글쓰기 성과물과 학습 자료를 모아 학급 문집을 제작합니다.

학생 선택 중심의 개방 교육과정은 삼각산고의 또 하나의 차별화 프로그램입니다. 선택 여지가 극히 적은 현재 교육과정 체제 안에서 학생들의 필요와 관심을 최대한 충족시키고자 도입했습니다. 학생들은 한 과목을 선택해 전공 관련 심화 학습을 할 수도 있고, 예체능 공부를 더 할 수도 있고, 취업 준비를 할 수도 있습니다. 2012년에 ‘수학의 활용’, ‘음악의 이해’, ‘미술 감상’ 개설로 시작된 개방 교육과정은 2014년에는 2학년의 경우 ‘과제 연구’, ‘시각 디자인’, ‘패션 디자인’, ‘반려동물 관리’ 등 12개 과목, 3학년 대상으로는 지구과학1, 중국어2, 스포츠문화, 마케팅, ‘반려동물 관리’, 한문 등 8과목으로 확대됐습니다.

능동적 문제 해결에 도전하는 비교과 특색 교육과정

삼각산고 학생들은 여러 비교과 특색 활동을 통해서도 능동적 문제 해결에 도전하고 있습니다. 1인 1프로젝트 연구, 테마별 소규모 수학여행, 학습 두레 활동은 그 대표적 프로그램입니다.

　모든 1, 2학년 학생은 매년 1개의 프로젝트 연구를 실행해야 합니다. 혼자서 해도 되고 팀을 만들어 해도 되지만 5월~11월에 걸쳐 주제 선정부터 탐구, 발표 대회 참여에 이르기까지 스스로 해결합니다. 1, 2학년은 창의적 글쓰기 교과 담당 교사가 수업 시간을 활용해 연구 방법 및 소논문 작성법에 대해 지도하고, 주제 관련 교과 담당 교사는 소논문의 내용 지도를 맡습니다. 3학년 프로젝트 대회 참가 희망자는 새로운 주제 탐구보다는 1, 2학년 때 진행한 프로젝트 연구를 질적으로 발전, 보완하도록 권유하고 있습니다. 교과 학습과 진로탐색, 학습 두레 활동, 동아리 활동과 연결성을 갖게 하여 연구 성과를 높이는 한편으로 진로나 전공 선택에 실질적 도움이 되도록 하는 것이 중요합니다.

　상설 학습 동아리인 학습 두레는 삼각산고 학생들이 매우 좋아하고 활발하게 참여하는 프로그램입니다. 관심사가 같은 학생들끼리 자발적으로 모여 공부 계획을 세우고 서로에게 배웁니다. 학습두레 활동 분야는 주지 교과 학습부터 예체능 분야에 이르기까지 매우 다양하며, 창체 동아리 활동이나 1인 1프로젝트 연구를 겸하기도 합니다. 활동 주제 관련 교사들이 멘토 교사로서 지원합니다. 멘토 교사 및 학습 두레 총괄 지도 교사에게 일주일에 한 번씩 활동 보고서를, 학년말에는 종합적 활동 보고서를 제출해야 합니다. 1년간의 활동 내용과 종합 보고서를 토대로 우수 두레를 뽑아 시상합니다.

삼각산고는 2011년부터 학생들이 소규모 단위의 테마 수학여행을 직접 기획하고 진행해 왔습니다. 여행을 통해 여행지에 대한 학습 효과뿐 아니라 삼각산고가 중시하는 기획 능력, 협력 능력, 자기주도적 문제 해결 능력을 최대로 살리려는 취지에서입니다. 교통, 숙박, 식사 섭외, 프로그램 기획부터 진행, 평가까지 모두 학생들이 자율적으로 추진하고, 여행 후에는 팀별 발표를 통해 전교생이 그 내용을 공유합니다. 테마별 소규모 수학여행은 구성원의 적극적인 참여, 소통과 친밀감을 극대화할 수 있는 기회이기도 하며, 학생, 학부모의 만족도도 매우 높습니다. 공동체 주제 중심 통합교과수업, '평화로운 공동체를 위한 약속 제정 활동' 등과 결합시켜 수학여행이 나눔과 평화를 실천하는 공동체 문화 정착의 계기가 되도록 지도하고 있습니다.

학교 혁신의 또 다른 성과, 진학과 만나다

토론과 발표 수업, 프로젝트 수업, 교과별로 진행되는 다양한 행사활동, 인문사회예술특강, 이공계특강, 진로특강, 두레활동, 1인 1프로젝트 소논문 쓰기, 다양한 글쓰기, 동아리 활동, 자치활동 등 이런 것들이 3년 내내 일상적으로 행해졌습니다. 또 각각의 활동에서 학생이 보여준 능력과 특성들이 학교생활기록부에 고스란히 기록되어 있기 때문에, 대학 입시를 앞두고 입학사정관 전형에 대한 관심과 비중이 자연히 높아질 수밖에 없습니다.

입학사정관 전형 준비에서 가장 기본이 되는 것은 학생 스스로가 자기 자신을 아는 것입니다. 솔직한 자기 자신과 만나, 정말 내가 하고 싶은 일이 무엇인지, 정말 내가 원하는 공부가 무엇인지 알아야 합니다. 학생들은 그 과정을 자신의 멘토 교사와 함께 합니다. 멘토 교사는 삼각산고등학교에서 성장하는 데 가장 영향을 많이 주셨던 선생님, 그리고 자신을 가장 가까이에서 관찰하셨던 선생님들입니다. 담임 선생님이 될 수도 있고, 아니면 동아리 지도 선생님 혹은 전공하고 싶은 분야 관련 교과 선생님이 될 수도 있습니다. 멘토 교사의 도움은 자기소개서를 쓰는 과정까지 이어집니다.

학생들은 자신을 끊임없이 관찰하고 숙고하면서 자기소개서를 쓰는 동안 그 동안의 자신의 삶을 정리하고, 앞으로의 인생 계획을 차분히 준비합니다. 자신에 대해서 많이 알게 되었고, 그리고 그것을 글로 표현해보았기 때문에, 입학사정관 전형의 2단계인 면접 대비도 하는 셈입니다. 교사는 교사대로 자신이 맡은 학생을 위해서 그 학생을 가르친 다른 교사들로부터의 평가를 최대한으로 모아 추천서를 쓰는데 참조합니다.

학교에서는 면접 대비로 방과 후 학교 면접반을 운영하였습니다. 학생들의 폭발적인 관심과 기대 속에 3학년 담임교사 10명 전원이 지도교사로 나서서 소수의 맞춤식 면접을 진행했습니다. 회를 거듭할수록 점차 대범하고 차분하게 면접시험에 임하는 학생들을 볼 수 있었습니다.

진학 결과를 놓고 볼 때 삼각산고 1기 졸업생들이 이룬 성과는 '작은 혁명, 소리 없는 혁명'으로 불러도 좋겠지요. 삼각산고 졸업생들은 수시 입학사정관 전형을 중심으로 괄목할 만한 성과를 보여주었습니다. 더욱 중요한 것은 그것이 입시 중심 교육의 산물이 아니라 공교육 혁신 노력들이 자연스럽게 귀결된 것이라는 점입니다. 어떻게 해서 가능했던 것일까요?

한 명의 학생도 차별하지 않으며, 포기하지 않으려 애를 쓴 교사들의 배려와 돌봄이 학생들에게 학습동기와 꿈 실현 동기를 높여준 것으로 보입니다. 삼각산고의 상호 존중과 협력의 문화도 중요한 바탕이 됐다고 생각합니다. 모든 구성원들이 존중, 합의, 협력의 미덕을 3년 동안 견지함으로써 집단지성에 의해 함께 성장하는 학습 성과 및 진학 성과를 이루어낸 것이지요. 마지막으로 학교 혁신 전략의 적절성을 덧붙일 수 있겠습니다. 수업과 교육과정 혁신, 생활지도 혁신, 진학지도 혁신을 연계, 상호작용토록 하여 미래 능력을 최대로 기르는 전략을 추진해 왔는데 그 결과로 입시 성과까지 높이는 시너지 효과가 만들어진 것 같습니다.

이 선 미

선 사 고 교 사

선사고는 진화 중이다

선사고등학교는 2011학년도에 신설된 서울형 혁신학교로서 '소통, 협력, 돌봄으로 꿈을 키우며 성장하는 행복한 학교'라는 교육목표 아래, '배움과 성장을 위한 열린 교육, 서로 존중하고 배려하는 돌봄 교육, 모두에게 학습이 일어나는 배움 교육, 소통하며 창조하는 나눔 교육'이라는 교육 원리를 실현하고 일반학교에 적용 가능한 대안적인 교육 시스템을 만들어 가고자 모든 교사가 노력하고 있다.

개교 당시 대학 입시 결과로 고등학교의 모든 것을 평가하고 재단하는 현재의 교육 현실에서 과연 고등학교에서 혁신학교라는 것이 가능한지에 대해 주변의 회의적인 시각이 많았던 것도 사실이다. 하지만 형식적이고 보여주기 위한, 하지 않아도 될 활동은 되도록 하지 않으며, 교육적으로 의미 있는 기본적인 활동은 아무리 어려워도 모두의 머리를 짜내고 몸을 움직여 최선을 다해 해보자는 아주 단순한 원칙하에, 교직원회의에서 민주적인 토론과 합의를 통해 모든 교육 활동을 결정하고 실행해왔다.

2011년 배정 당시에는 신설 혁신학교라는 데에 막연한 불안과 불만이 높았던 학생들이 점차로 학교와 교사의 교육 방침에 대해 긍정적이 되고 신뢰도가 높아졌으며, 선사고 학생들을 취재한 뒤 그 특징을 '살아있네'라고 한마디로 표현한 EBS 어떤 PD의 말처럼 자신의 생각과 의견을 표현함에 있어 주저함이 없고 자유로우며, 밝고 활기차며 도전 의식이 강한 학생들로 성장했다. 그리고 2년 6개월 후 원칙에 충실했던 선사고의 여러 교육 활동들은 대입 입학사정관 전형에서 맞춤형임이 드러나 더욱 자신감과 자부심을 갖게 되었다.

'배움'과 모둠 활동, 그리고 '배움'의 공유

학교 교육 활동의 근간은 수업이다. 선사고에서는 수업 혁신을 위해서 교사의 개인적 노력 못지않게 공동의 고민과 연구로 새로운 방법을 모색하고 있다. 학생 모두가 참여하는 즐거운 수업을 만들기 위해 온오프라인을 통해 배움의 공동체 연수를 해오고 있고, 수업 공개 주간을 통해 모든 교사가 수업을 공개하고 수업 연구회 활동을 통해 수업과 학생에 대한 고민을 공유하고 있다.

'배움' 중심의 수업 혁신을 위해 끊임없이 노력하고 있는 선사고 교육 방식의 특징은 첫째로 교사의 '가르침'에 의한 수동적 이해보다는 학습자의 '배움'에 의한 능동적 지식 창출 수업을 지향한다는 점이다. 둘째로, 개인적 학습을 통한 암기와 습득보다는 모둠별 공동체 학습을 통해 지식을 창출하도록 돕는다. 모둠 활동을 통해서 협력을 통한 지적 탐구 능력 및 협업 능력의 신장을 목표로 하고 있으며, 모둠 활동에 필수적인 토의, 토론을 통한 공동 사고 과정을 통해 분석하고 비판하는 종합적 사고 능력을 키울 수 있다. 셋째로, 다양한 형식의 발표를 통해 '앎'을 나누고 '배움'을 공유하도록 한다. 즉 이해를 넘어서서 이를 창조적으로 적용하여 표현하도록 유도한다는 점이다. 이는 평가와도 밀접한 관련을 갖는데, 선사고에서는 모둠별로 과제를 수행하여 발표하는 수행평가가 모든 교과에서 다양하게 이루어졌고 성적에서 차지하는 비율도 다른 학교보다 훨씬 높은 편이었다. 심지어 3학년 때에도 이러한 발표 수행평가를 실시한 교과가 있었다. 처음에 학생들은 이를 상당히 부담스러워했다. 특히 협업 능력을 필요로 하는 모둠 활동을 어려워했는데, 교사들의 지속적인 설득과 지도로 프레젠테이션에 점차로 익숙해졌고 익숙해진 만큼 발표 준비 과정에서의 갈등 해결 능력 및 발표 능력이 향상되었다. 때로는 평가 과정에 교사뿐만 아니라 학생들도 함께 참여함으로써 비판적 안목도 키울 수 있었다. 평소 교사 위주의 강의 수업에는 무관심하거나 소외되었던 학생들도 발표 수업에는 눈을 빛내며 적극적으로 참여했다.

스스로 탐구하는 '자발적'인 공부

　지금 대한민국의 많은 고등학생들이 그저 대학에 잘 가기 위해서 공부한다. 부모의 요구에 의해 그리고 사회의 압력에 의해 학교에서 학원으로, 또 학원에서 학교로, 그저 하라는 대로 주어진 공부만을 한다. 그러면서 공부에 질려가고 학교를 졸업하면 손에서 영원히 책을 놓아버리는 그런 사람이 되어버린다. 선사고에서는 아이들이 학원에 의존하기보다는 스스로 자발적으로 공부하도록 하고 싶었다. 그래서 평생 공부를 즐기는 그런 사람이 되게 하고 싶었다. 그리고 공부는 함께 할 때 더 효과적일 수도 있음을, 교사 없이도 스스로 공부라는 것을 할 수 있음을 알게 하고 싶었다.

　학생들의 이러한 자기주도적 학습 능력을 기르기 위한 대표적인 선사고 활동으로 '선사학습동아리'를 꼽을 수 있다. 학습동아리는 학생들의 자발적인 학습 모임으로, 관심과 흥미가 같거나 부족한 과목 또는 심화 학습 주제를 중심으로 3~6명의 학생들이 멘토 교사를 섭외하여 구성할 수 있다. 이들은 방과 후나 적절한 시간을 활용하여 함께 공부한다. 학생들끼리 가르치고 배우고 토의한다. 모르는 것은 멘토 교사에게 질문한다. 이러한 학습동아리 활동은 국어, 영어, 수학, 물리, 화학, 경제, 역사 등 각 과목 학습을 위한 동아리뿐만 아니라 영어원서읽기 동아리, 미술 동아리 등 그 영역이 다양했고, 교사 못지않게 친구들을 잘 가르쳐 스타가 탄생하기도 했으며, 학년을 올라가며 더욱 활성화되는 경향이 있었다.

교육 활동의 실시 여부를 결정하면서 교사들이 가장 자신 없었던 프로그램 중의 하나가 바로 '선사연구과제'였다. 이는 1학년 때 한 번, 2학년 때 한 번, 고등학교 시절 모두 두 번 모든 선사고 학생들이 해야만 하는, 학생 스스로 모둠을 구성하여 연구 주제를 선정하고 심층 연구를 거쳐 학술 논문 형식의 최종 보고서를 작성하는 활동이다. 심층적인 탐구 능력, 자율적인 문제해결 능력, 창의적 과제 수행 능력, 기본적 학문 능력을 배양하는 것을 목적으로 한 이 활동을 통해 연구란 것이 공부 잘하는 일부 사람들의 전유물이 아니라 자신의 주변에서 일어나는 일에 호기심을 가진, 당연한 것에 대해 의문을 가진 모든 사람들이 할 수 있는 것이라는 것을 학생들이 직접 경험하도록 하고 싶었다. 학생들을 지도해야 하는 교사들도 경험이 없어 어둠 속에서 길을 찾듯 천천히 손으로 더듬어가며 진행했던 선사연구과제 활동은 시행착오를 거쳐 이제는 모든 교과에서 협력하여 어느 정도 제 틀을 잡아가고 있다. '암사시장 상인들(업종별, 연령별)의 행복지수 연구', '강동·송파구 고등학교 1학년 학생들의 진로에 대한 고민과 해결 방안', '서울형 혁신학교의 현황과 성과를 바탕으로 한 서울교육의 대안 모색' 등 그 연구 주제와 내용도 다양하며, 학생들에게 가장 기억 나는 활동 중의 하나로 꼽히고 있다.

선사고의 문을 열면서 가장 잘해보고 싶었던 분야 중 하나가 창의적 체험활동이었다. 공부뿐만 아니라 몸을 움직여 무엇인가를

    진짜 공부

만들어보면서 창의성과 문화적 감수성을 키울 기회도 주고 싶었다. 그래서 영순위로 떠오른 활동이 목공예였다. 그러나 장소 문제와 1억여 원에 이르는 장비의 구비 문제, 그리고 사고의 위험성이라는 현실에 밀려 아쉽지만 그 꿈을 접었다. 지금도 아쉽다. 그다음 순위가 국악이었다. 아는 만큼 보이고 아는 만큼 들린다. 아이들이 전통문화를 이해하고 우리 음악을 연주하면서 즐길 수 있기를 바랐다. 그래서 국악 전문 강사를 섭외하여, 모든 아이들이 주 1회씩 1년 동안 장구의 기본 장단을 배워 풍물을 익혔다. 2학년 때에는 교육청의 강사 지원으로 공예 활동도 했다. 공동체 정신을 키우기 위한 학급 대항 구기 대회 및 체육대회, 스포츠클럽 체육 활동도 활성화되었다. 2014학년도 대입부터 서울대가 예체능 분야의 활동을 중시하게 된 것은 중요 교육 활동에 대한 선사고의 판단이 대학과 일치한 하나의 사례이다.

폭넓고 깊이 있는 공부가 필요한 재능 있는 학생들을 위해서도 선사고는 다양한 기회를 만들었다. 여러 분야의 전문 강사를 모시고 꾸준하게 교양 강좌도 열었고, 인문사회 과정 학생들을 위해서는 전문 강사의 지도하에 토론 위주로 진행되는 인문학 특강을, 이학공학 과정 학생들을 위해서는 실험 위주로 진행되는 대학 연계 심화 특강을 열었다.

자율과 자치 역량의 강화

선사고를 졸업한 학생들, 지금 선사고에 재학 중인 학생들은 모두 선사고의 첫 번째 특징으로 '자유로운 학교'를 꼽는데 주저하지 않을 것이다. 이는 어디에서 연유할까?

선사고에는 학생에 대한 일방적인 훈육이나 처벌보다는 소통을 통한 믿음과 기다림, 치료를 통해 교육하려는 교육관을 갖고 있는 교사들이 많다. 이는 쉽지 않은 길이지만 교사와 학생 사이에 서서히 래포와 신뢰를 형성하게 한다. 또한 교사가 일방적으로 정하고 시행하는 학생 생활 규정이 아니라 교사·학생·학부모가 공동으로 규정을 정하고 자율적으로 책임지는 방식을 선사고는 택했다. 그 결과 개성의 표현은 존중하되 공동체에 지나친 위화감을 주거나 해를 끼치는 행동에 대해서는 시정을 요구하는 규정이 선택되었다. 그런데 부모님들의 우려와는 달리 화장이나 염색, 피어싱을 하는 학생들이 나중에는 오히려 점차로 줄어들어 우리 아이들에게 자정 능력이 있음을 보여주었고, 3년 후 자신의 행동에 대해 책임질 줄 아는 의젓한 아이들로 성장했다. 이는 아직도 규제 일변도인 한국의 학생 생활지도와 비교하여 중요한 사례로 시사하는 바가 크다고 본다.

선사고의 실질적 주체 중의 하나는 바로 학생이다. 선사고의 교가는 학생들이 만들었다. 신입생 오리엔테이션에서 공동 작업을 통해 작사를 하고 아름다운 선율을 붙여 현재 교가로 쓰이고 있다. 선사고의 교칙은 학생들이 만들었다. 학교 자율 규정인 '3주체 공동체생활협약'과 타율 규정인 '8조법금'을 교사, 학부모와 함께 만들었다. 이 규정은 매년 초 신입생들의 의견을 받아들여 개정되고 있다. 선사고의 교복도 학생들이 만들었다. '교복 디자인 공모전'을 통해 교복, 활동복, 체육복의 디자인을 선정했다.

선사고 학생들이 자랑스러워 하는 것 중 하나는 바로 활발한 학생회 활동이다. 예산 등을 통해 학교가 학생회를 전폭적으로 지원하고 있고, 정기적으로 대의원회가 열려 학생회 사업을 기획하고 있고, 학생회가 추진하는 사업 대부분은 학교에서 승인한다. 학생들의 적극적인 참여로 학생회 임원 선출 시 경쟁률이 10:1을 넘으며, SNS(페이스북, 트위터)를 이용하여 일반 학생들과 일상적으로 소통하고, 학생회 자체 여론 조사도 정기적으로 실시한다. 이러한 학생들의 지지를 바탕으로 스승의 날 행사, 선사축전, 학생의 날 행사, 반별 구기 대회, 학생회 신문 발행을 학생회가 기획부터 진행까지 모두 맡으며, 신입생 오리엔테이션이나 학교 홍보 활동에도 적극적으로 참여한다. 이러한 학생회 활동을 통해 학생들은 자치 역량을 키워나가며 눈에 띄게 성장해 나갔다.

진로탐색 활동 및 진로 진학 준비

학생들의 학과 전공 선택은 일생의 활동 방향을 정하는 중요한 결정 중의 하나이다. 선사고에서 특색 있게 진행한 진로탐색 활동으로는 먼저 '수요 직업인 특강'이 있다. 작가, 기자, 메이크업 전문가, 의사, 건축가, 과학자 등을 초청하여 방과 후에 관심 있는 학생들을 대상으로 강연을 진행했다. '수요 직업인 특강'을 듣고 진로를 결정한 학생들이 다수 있을 만큼 내실 있게 진행되었다. 다음으로 한국잡월드를 방문하고 진로직업박람회에 참가하였으며 수시로 전공 희망 학과 체험활동 기회를 부여함으로써 다양한 직업 세계를 체험하고 계열 및 학과 선택 등 학생들의 진로 설계를 지원하였다.

2학년 2학기 중반에 들어서면서부터는 학생들에게 그간의 학교 활동들을 정리할 기회를 주는 좀 더 구체적인 진로 진학 활동들을 벌였다. 선사고 선생님들과의 진로 및 진학 상담은 수시로 이루어졌지만, 대교협 소속 다른 학교 진학 전문 선생님들로부터 부모님들과 함께 상담받을 수 있는 기회도 만들어 줌으로써 좀 더 객관적인 평가를 들을 수 있게 했다. 또한 입학사정관 전형의 준비 중 하나로 학생들의 포트폴리오 작업을 돕기 위해 2학년 말에 선사 포트폴리오 경진 대회를 개최했고, 자기소개서 작성 강좌도 열었다. 진로가 거의 결정되는 3학년 때에도 진로탐색 보고서 경진 대회를 열어 학생들로 하여금 관련 학과 교수와의 인터뷰를 통해 다시 한번 학과 전공 탐색 활동을 하도록 했다. 수능 준비에 매진해야 하는 3학년 시기인지라 부담스럽기는 했지만, 이메일을 통해 연락했음에도 학생들과의 인터뷰를 승낙하고 성의 있게 임해주

 진짜 공부

신 교수님들과의 만남을 통해 학생들이 배운 바도 많았고, 또 진로 선택에 많은 도움을 받았다. 대학교와 학과, 그리고 전형 방식이 너무나 다양해서, 과연 가능할지에 대한 교사진 내부의 우려도 있었으나, 학생들의 면접 준비를 지원하기 위해 방과 후 수업의 일환으로 3학년 2학기에 '모의 면접'을 실시하였다. 이를 준비하기 위해 교사들은 너무나 고생했으나 그 성과는 컸다고 본다.

작은 학급제

선사고에는 '작은 학급제'라는 것이 있다. '작은 학급'이란 학생들의 자치·자율 역량을 강화하기 위하여 1학년 수업 학급(30명)을 A, B로 나누어 15명 단위의 '작은 학급'으로 재편성한 소규모 공동체이다. 담임은 1학년 8학급에 16명이고, 한 담임이 맡게 되는 학생은 15~16명이다. '작은 학급'은 각기 다른 교실에서 조례, 종례, 아침 30분 창체 시간 등의 학급 단위 자치활동이 이루어진다. 당연히 학생과 교사, 학생과 학생 사이의 교감은 높을 수밖에 없으며 다양한 공동체적 학급 문화가 가능해졌다. 학급당 인원수의 감축을 통한 1:1 대면 관계를 일상화하는 것, 이를 통한 신뢰의 구축, 그리고 소통, 협력, 돌봄이라는 공동체 문화를 만들기 위한 학급별 테마 여행을 비롯한 모둠 일기, 학급 잔치, 플래너, 독서 등의 학급 학교 활동 등이 가능했다. 나는 개인적으로 선사고의 모든 교육 활동의 성과를 떠받치는 것들 중의 하나가 바로 이 '작은 학급제'라고 믿는다. 1학년뿐 아니라 2학년, 3학년에서도 '작은 학급제'가 실시되었더라면, 학급 활동뿐만 아니라 수업도 15명씩 이루어졌다면 그 교육적 성과는 더욱더 컸을 것이다.

1기 서울형 혁신학교로서의 선사고의 교육 활동들은 입시를 염두에 두지 않고 교육적 목적만을 위해 고안되었고 실행되었다. 그런데도 1회 졸업생을 배출한 지금 학생들의 입시 준비를 도와야 하는 일반고로서의 기능도 아주 훌륭하게 수행했음을 입증했다고 본다. 물론 선사고에도 부족한 점도 많고 개선할 점도 많다. 하지만 일반학교에 적용 가능한 교육 모델을 개발하고 장기적인 교육의 구조적 변화를 이끌어낼 역할을 하고 있다고 믿는다. 선사고는 계속 진화 중이다.

김인호

인헌고 교사

인헌고, 혁신 프로젝트

강감찬 장군의 시호는 '인헌'이다. 인헌고는 강감찬 장군의 탄생지인 관악산 기슭에 학교를 열어 '구주대첩'의 기세를 꿈꾸었다. 하지만 신자유주의 물결 속에 생겨난 특목고와 서울에 자리 잡은 25개 자사고의 위세에 눌려 '갈수록 숨통이 끊어지는' 일반고의 위기를 피하지 못했다. 그때 '혁신'이라는 별 하나가 관악산 기슭에 떨어졌다.

별은 매력적이었고 그것은 교사와 아이들에게 꿈을 심어주었다. 그간 '혁신학교'라는 브랜드는 초등학교와 중학교에서 성공적으로 자리를 잡았다. 하지만 그것이 고등학교 입시에까지 적용될 수 있을 것인지 아무도 알지 못했다. 그 성공 여부가 불투명했던 것이다. 그래도 인헌고 교사 몇몇이 거기에 승부를 걸고 뜻을 모았다. 어떻게든 무기력한 학교를 변화시켜야 했던 것이다. 때마침 정부가 대학에 입학사정관제를 권장했고, 대학에서도 '과정 중심'의 교육과정을 강조했다. 창의성과 도전 정신을 가진 인재가 필요

     진짜 공부

했던 것이다. 그것은 혁신학교의 꿈과 일치했다. 우리는 일반고에서도 혁신학교를 성공시킬 수 있다는 계기를 마련하고자 했다.

현재 인헌고는 혁신 3년째로서, 준비하는 과정까지 포함한다면 4년 정도 혁신 시스템을 돌리고 있다. 그간 수많은 우여곡절을 거쳤고 모든 시스템을 새로 바꾸었다. 그러자 학생들의 학교생활 태도와 예법이 바뀌었고, 입시에서 좋은 성과를 거두게 되었다. 학생을 위한 학교, 신나는 학교, 좋은 대학을 갈 수 있는 학교. 이런 소문이 지역에 퍼져나갔고 교사와 학생은 물론 학부모들도 만족스러워했다. 그것은 많은 교사들이 수없이 노력한 결과였다. 민주적 절차로 만들어진 혁신 시스템은 교사들의 의욕을 배가시켰고, 1/n로 자기 역할을 맡게 된 교사들은 때때로 7~8시간 마라톤 회의를 열면서 '자기 학교'를 만들기 위해 헌신했다. 그리고 무엇인가를 합의한 뒤에는 최선을 다해 그 일에 매달렸다.

업무와 담임이 이원화되어 업무는 각 부서 부장들과 새로 고용된 업무 행정사들이 책임졌고, 담임들은 한 교무실에 모여 서로 의논하고 아이들을 상담하면서 아이들이 필요로 하는 것들을 찾아냈다. 담임들의 의견은 곧바로 각 부서에 전달되었고, 교무혁신부와 학생자치부, 창의체험부, 인문사회부 등에서 그것을 곧바로 추진했다. 그리하여 학교는 교장, 교감의 리더십과 학부모의 뒷받침과 교사들의 협력 속에서 조화로운 공동체를 이루었다.

사실상 2009개정 교육과정은 '일반고 버리기' 기획이었다. 교육관료들은 신자유주의 물결에 편승해 외국어고와 영재고, 그리고 자사고를 우대했다. 심지어 자공고, 마이스터고, 과학중점고를 만들어 거기에 포함되지 못한 일반고를 '슬럼화'시켰다. 그런 정책을 통해 우리나라에 인재가 더 많이 늘어났다는 증거는 어디에도 없다. 특혜를 받아 우수 학생들을 선발한 몇몇 고등학교가 대학 진학의 위치를 선점했을 뿐, 이명박 정권 내내 추진되었던 학교 다양화 정책은 일반고를 죽이는 역할만 했다. 결국 다른 모든 학교의 학생 수를 합한 것보다 더 많은 일반고 학생들이 대책 없이 방치되었고, 교사들은 의욕을 잃었다. 그렇다면 학교를 변화시키고, 교사들의 열정에 불을 지필 수 있는 방법은 무엇일까? 우리는 선생님들에게 간절하게 요청했다.

당신 자식들이 다닐 수 있는 학교를 만들자

이런 구호 아래 교사들이 모였다. 학교를 한번 변화시켜 보자는 것이었다. 84%의 지지로 추진된 예비혁신학교에서 교사들은 연수와 회의에 동참하며 학교 시스템을 만들어나갔다. 그것은 교사들이 처음으로 자발성을 가지고 만들어가는 이상적인 공동체였다. 하지만 진통도 뒤따랐다. 일부 교사는 비선호 학교에 편하게 쉬러 왔는데 공연한 일을 만든다며 반발했다. 또한 몇몇 교사들은 이런 운동조차 누군가의 사욕에서 비롯된 일이라고 비난하면서 매사에 부정적 반응을 보였다. 하지만 이런 갈등을 이겨내면서 인헌고는 2011년 9월 예비혁신학교를 거쳐, "어울림 속에서 꿈을 키워가는 행복공동체"를 만들자는 기치 하에 2012년 혁신학교를 열었다.

우리는 먼저 교과교실제를 받아들이고 블록 수업을 장려했다. 그러자 토론과 발표 수업이 시도되고 '배움의 공동체'나 핀란드식 수업을 연구하는 모임이 생겨났다. 아이들이 그런 수업에 아직 익숙하지 않았지만 교사들의 노력에 따라 좋은 수업 모형이 만들어졌고, 발표와 토론을 잘하고 자료를 잘 만드는 아이들이 늘어났다. 또한 아이들이 다양한 학교 활동에 주체적으로 참여하자 학교 생활기록부의 내용이 충실해지면서 대학에서도 관심을 갖는 학교로 변해 갔다. 그에 따라 입시에서도 좋은 성과를 거두었다. 그것은 주로 수시 입학사정관 전형에 초점을 맞춰 얻어낸 결과였다.

입학사정관 전형은 2008년 자리잡은 이래 꾸준히 인원을 늘려오다가 올해에는 110개 대학에서 총 입학생 중에서 15.6%를 선발한다. 다만 2015학년도에 그 명칭이 '학생부 종합 전형'으로 바뀌었을 따름이다. 우리는 일반고를 살릴 수 있는 길이 입학사정관제에 있다고 믿었다. 학교를 살아 움직이게 만들면서 대학을 보내는 방법. 우리는 일반고에서 잊혀져가던 학생 자치활동을 다시 살려내 학급에서 스스로 수학여행지와 숙소 등을 알아보게 만들며, 학생들이 회의를 통해 새로운 교칙을 만들게 했다. 학교의 문제점과 규율이 무너진 것을 학생 스스로 잘 알고 있었고, 그들은 스스로 더 엄격한 규칙을 만들었다. 창의적 체험활동을 내실화하면서

30여 명 외부 강사를 동아리 지도교사로 초빙해 오기도 했다. 직업별 전문가들을 초청해서 강연회를 자주 열었고, 인근 서울대와 숭실대 대학원생의 멘토링 활동을 학생들과 연결시켜 주었다. 우리는 대교협의 입시설명회를 학교 안으로 유치하고, 수시로 대학의 입학사정관을 초청해 교사들이 대학마다 다른 입시 특성을 파악하게 했고, 연수를 다니면서 우리 학교에 맞는 입학사정관제 전형에 대해 연구하게 했다. 그러면서 대학-고교 연계 활동도 늘려갔다. 가톨릭대, 서울여대 등의 입학사정관을 모셔와 모의 면접을 실시하고, 아이들이 자기소개서 쓰기와 구술 면접에 대한 적응력을 높였으며, 대학에 제출할 학생부와 자료가 어떤 평가를 받는지 미리 경험하게 했다. 그리고 진로 포트폴리오 대회를 열어 학생들의 활동을 종합적으로 정리할 수 있게 도왔다. 물론 그런 모든 활동들을 학생부에 기록할 수 있도록 교사들에게 연수를 실시했다.

3월 학부모 총회 이후로 학부모 연수를 격주로 진행했다. 우리는 학교와 학부모가 팀워크를 이루어야 입시에서 성과를 거둘 수 있다는 믿음을 가졌다. 입학사정관 전형에 대한 소개, 그것에 대한 대비방법, 대학별 입시 전략, 학교생활기록부(학생부)를 기록하는 전략, 자기소개서와 포트폴리오 준비, 구술 면접 준비 등에 대한 설명회를 가졌다. 그러자 학부모들의 의식이 바뀌었고 진로 코치가 되는 학부모도 생겨났다. 학부모들은 힘이 나서 학교를 찾기 시작했고, '음성 꽃동네'에 아이들을 데리고 가 봉사 활동을 하고, 대학캠프와 대학 입시설명회에 참여하고, 대학 입학처를 찾아가 아이의 입시 전략을 짜오는 학부모도 생겼다. 그 당시 입시 방법이 너무나 복잡해 학부모가 관심을 가져야만 아이를 목표 대학에 들여보낼 수 있었던 것이다.

인헌고의 입시 전략은 입학사정관 전형 중심이었다. 아이들이 논술의 우선 선발이나 정시에 필요한 수능 등급을 맞추지 못했기 때문이다. 그래서 실제로 정시를 준비하거나 논술을 준비한 학생들이 낙방의 쓴 잔을 마신데 반해, 입학사정관제를 준비한 학생들은 대부분 대학에 합격했다. 작년 입시를 살펴볼 때, 합격자 중에서 거의 80% 학생들이 입학사정관제로 서울과 수도권 4년제 대학에 합격했다. 그것은 1, 2학년 때부터 치밀하게 준비했기 때문에 가능한 일이었다. 중요한 것은 내신 3등급도 입학사정관 전형으로 수도권 대학에 들어가기 힘든 시절에 내신 5등급 아이들도 대학에 갈 수 있다는 자신감을 갖게 되었고, 그로 인해 6등급 이하의 아이들도 부쩍 의욕을 내는 경우가 늘었다는 점이다.

우리는 학생들에게 봄/가을로 입학사정관 전형 준비 요령을 설명했다. 특히 수능이 끝난 직후, 수시 합격자 선배들이 어떤 준비로 합격의 영광을 얻게 되었는지 1, 2학년 후배들에게 자신의 경험담을 소개하게 했다. 그러자 1, 2학년 학생들이 움직이기 시작했다. 성적 상위권의 학생들도 모의 학력고사 점수가 제대로 나오지 않아 대학 갈 길이 막막했던 것이다. 독서와 봉사 활동 기록뿐만 아니라, 학교 내에서 NGO 활동이나, 지역 구청과 관련된 활동을 하는 아이들도 늘어났다. 소규모 동아리가 활성화되고, 학급의 소음악제와 독서 카페 등 새로운 특별활동이 자리를 잡았다. 방과 후 학습 보충반에 원어민과 디베이트 코치, 논술 전문가가 외부에서 초빙되고, 아이들은 대학 교수와 전문가를 인터뷰하고, 장애우들을 돕는 힘든 봉사 활동에 적극적으로 참여했다. 다양한 교내상을 만들자 동기 부여가 된 학생들의 수준과 참여도도 향상되었다. 학생들의 모든 활동에는 소감문과 보고서를 제출하게 했으며 이를 토대로 학생부에 기록해 주는 것이 시스템으로 정착되었다. 물론 이런 시스템에 대해 반발하는 교사도 있었지만 대학 진학률에 의해 그것이 검증되면서 차츰 교사들은 자신의 헌신에 보람을 느꼈다. 그에 따라 학교에 대한 신뢰도는 더욱 높아졌고 지역사회의 긍정적 평가가 뒤따랐다.

학교생활기록부에 기록된 내용으로
대학 면접관이 아이의 모습을 떠올리게 하자

그것은 교사의 성실성과 아이들에 대한 애정으로 이루어졌다. 10장도 되지 않던 학생부 기록이 해를 거듭할수록 15장, 20장으로 늘어났다. 블록 수업을 통해 발표와 토론, 융합(프로젝트) 수업이 확산되었고, 그에 대한 수업 방식과 아이들의 활동을 구체적으로 학생부에 적어주는 교사가 많아졌다. 실제로 문학을 좋아하고 시집을 많이 읽으며 독서 토론 활동을 주도하던 학생이 교과별 세부 능력의 내용만으로 중앙대 국문과에 합격하는 사례가 나왔다. 어떤 국어 교사는 중간고사를 논술식 글쓰기로 대체하고, 그에 앞서 수행평가에서 다섯 차례나 보고서를 제출하게 한 경우도 있었다. 사회 교과에서는 시사와 역사와 관련된 주제를 가지고 토론과 발표 수업을 했고, '진로탐색반'이라는 방과후 보충반이 아이들에게 각광을 받기도 했다. 아이들은 이런 수업과 학교 활동 속에서 프레젠테이션을 만들고 자료를 만드는 일에 익숙해졌다.

그런 가운데 자율학습 정착을 위해, 야간 자율학습실을 '자기주도학습실'로 개칭하고 한 학기에 두 차례씩 자기주도학습 인증제를 실시했다. 또한 자기주도학습 일지(플래너) 대회를 열어 아이들의 자기주도학습이 뿌리내리게 만들었다. 학생들이 스스로 운영위원에 참여해 분위기를 조성하고, 담임교사 및 감독 코치(졸업한 자기주도학습 우수 선배 중에서 선발)의 3원화된 체제를 구축하여 엄격한 자습 분위기를 만드는 데 성공했다. 그런 가운데 열성적인 자기주도학습 운영위원이 연세대와 시립대에 합격하는 사례가 나왔다. 그것은 그 아이들의 모의고사 성적과 대비시켜 보면 놀라운 결과였다.

학급에서는 성적이 우수한 학생들이 학습부진 친구들을 가르치는 멘토링 활동이 퍼졌다. 무엇보다 멘토링 일지를 개선해 멘토링한 내용과 멘토와 멘티의 소감, 그리고 담임교사의 조언을 쓰게 한 것이 주효했다. 어떤 아이는 거기에 공부하는 사진을 축소해 붙이기도 했다. 대학 측이 그것을 아주 좋게 평가했고 그것은 합격에 결정적인 역할을 했다. 그런 활동을 통해서 교실 분위기는 더욱 좋아졌고, 학습이 뒤처진 아이들도 점점 성적이 향상되었다. 그런 결과, 1학년 때까지 내신 6등급을 하던 아이가 2학년 때에는 몇 개 과목에서 1등급을 받는 놀라운 일이 벌어졌고, 그 결과로 서울의 중위권 이상의 대학에 진학하는 경사도 생겼다.

학생 자치 면에서도 괄목할 만한 변화가 생겼다. 런닝메이트를 중심으로 한 학생회 임원 선출이 끝나면, 인헌제를 준비하는 것으로 끝나던 학생회가 학교를 변화시키는 일에 주역이 되었다. '오픈 스페이스'(전교생 대토론회)를 열어 학부모, 학생, 교사가 힘을 합해 교칙을 개정했고, 학생회 임원들은 학급 자치를 통해 의견을 모아 '8조 법금(法禁)'을 만들었다. 그것이 이루어지자 임원들은 피켓을 들고 교칙을 홍보하면서 학생들에게 자신들이 만든 새로운 교칙을 지켜야 한다는 사실을 일깨웠다. 그것은 학생 리더십의 모범적인 사례였다. 이제 4차례 흡연을 하거나, 벌점을 100점 받은 학생은 학교를 떠나야 했다. 그런 엄격한 규율 속에서 예절과 인성을 갖춘 학교 분위기가 만들어졌고, 선배는 후배를 돌보고 후배는 선배를 따르는 교풍이 형성되었다. 학교는 KBS 〈도전! 골든벨〉(2013년 9월 1일 KBS1 방영)을 유치해 학생들에게 자긍심을 심어주었고, 인조잔디 구장과 도서관, 야자실, 식당 등을 증축해 쾌적한 환경을 만들었다. 2월에 신입생 오리엔테이션을 대천임해수련원에서 1박2일로 열어, 신입생들이 학교생활을 미리 계획 세울 수 있게 하고, 선배들이 후배들에게 학교생활을 안내하도록 했다.

외부 강사를 모셔와 특색 있는 동아리를 만들었고 학생들은 100여 개의 소규모 동아리를 만들어 독서 토론과 전공 탐색, 스터디그룹 활동을 통해 자신의 전공과 진로 관련 역량을 끌어올렸다. 학생들은 자신의 원하는 진로의 멘토를 찾아냈고, 어떤 학생은 노벨상을 탄 무하마드 유누스와 이메일 인터뷰를 하기도 했다. 또한 어떤 학생은 관현악단으로 활동하면서 행사 때마다 바이올린을 연주한 것을 높이 평가받아 서강대에 합격하는 영광을 누리기도 했다. 국립극장에서 공연한 〈서편제〉, 한울림 소극장에서 공연한 사무엘 베케트의 〈고도를 기다리며〉, 동숭동에서 공연한 셰익스피어 탄생 450주년 기념 〈템페스트〉 등을 관람하게 했고, '서울환경영화제'와 '기형도 문학제' 등과 같은 행사에도 많은 학생들을 참여시켰다. 또한 월드카페를 발전시킨 '독서카페'를 만들어 학생들의 독서 능력을 향상시키면서, 자발적으로 독서의 깊은 세계에 빠져들게 만들었다.

한편, '나의 꿈 발표대회', '롤모델노트 대회', '역경극복수기대회', '봉사활동수기 대회', 'NIE대회', '(전공)탐구발표대회', '소규모 동아리 발표 대회', '진로 포트폴리오 대회' 등 진로와 관련된 교내상을 많이 만들었다. 백일장 대회도 기존의 내용에서 확장해 '영화 감상문 쓰기 대회'와 '만화그리기 대회', '시 쓰고 시화 그리기 대회' 등을 포함시켰다. 또한 교과마다 경시대회를 열고 독서 토론과 영어 토론 대회 등을 개최했다.

R=VD

(생생하게[vivid] 꿈을 꾸면[dream] 이루어진다[realization])

　　신입생들은 OT 참가 전에 자기 계발서를 한두 권씩 읽어 와야 했다. 재학생들은 '드림트리'에 자신의 소망을 붙였다. 그리고 그들의 모든 꿈은 진학과 관련된 진로 활동으로 이어졌다. 그러자 아이들의 눈빛이 달라지고 교사에게 예절 바른 태도를 보였다. 교사와 친밀해져야 대학에 진학한다는 것을 알게 된 것이다. 아이들은 대학 홈페이지에 들어가 대학의 교육이념을 탐색하고, 학과의 특성과 커리큘럼을 조사해 왔다. 그러면서 전공 교수에게 이메일을 보내 인터뷰 요청을 하기도 했다. 2013년에는 3학년 300여 명 중에서 200여 명이 대학 교수와 전문가를 인터뷰했다. 어떤 아이는 대학 교수 서너 분씩 인터뷰해 오기도 했다. 그러자 학생들의 전공에 대한 이해가 깊어지고, 자기소개서에 전공 관련 활동에 쓸 수 있는 좋은 내용을 확보하게 되었다. 그런 학생들을 면접을 보는 대학 교수가 어찌 좋아하지 않을 수 있겠는가. 학교 활동을 하면서 진로와 진학에 대한 뚜렷한 소신을 갖게 되자 대학이 우선 선발하는 학생이 된 것이다.

　　아이들이 좋아하는 방과 후 학습에 '디베이트반'이 있었다. 입론과 교차 질의와 논박을 통해 자기 주장을 체계적으로 하게 만드는 이 수업은 학생들의 말하기와 글쓰기 능력을 향상시켰다. '논술 및 R&E반'을 통해 아이들의 논리적 글쓰기 능력이 향상되고, 마침내 전공 관련 보고서와 소논문을 만들 정도로 수준이 높아졌다. '영어 에세이반'을 맡은 원어민 교사는 학생부에 영어로 가르친 아이들의 발전하는 모습을 기록해 주었다. 그 학생부에는 학교의 노고와 교사의 열정이 담겨 있었다.

1학기 기말고사가 끝나면, 곧장 입학사정관 전형을 택할 학생들을 모집해 여름방학 때부터 구술 면접 방과 후 수업을 실시했다. 합격한 선배와 교사 10여 분이 참여하는 대대적인 학교 활동에 해마다 90여 명의 3학년 학생들이 참여했고, 제주 모 고교에서 10여 분의 교사들이 찾아와 그 과정을 참관하기도 했다. 면접 연습은 태도와 소양과 관련된 것을 묻는 것에서부터, 전공과 시사와 관련된 질문까지 집요하게 파고들어가 아이들을 궁지로 몰아넣는 방식으로 진행되었다. 아이들은 교실 입구에서 목례를 하고 자기 구호(멘트)를 붙이면서 인사를 했고, 바른 자세로 면접관의 질문에 응했다. 이때 목소리의 크기와 무릎의 자세까지 철저하게 살폈다. 학생들은 면접 노트에 학생부에서 나올 만한 질문들을 정리했고, 자신의 전공에 대한 답변을 준비하기도 했다.

모든 것들이 톱니바퀴처럼 잘 맞물려 돌아갔다. 하지만 모두가 원하는 학교를 만드는 일은 쉽지 않았다. 학력 저하로 함량이 미달된 상태에서 진학한 아이들을 돌보는 일은 정말이지 어려운 일이었다. 그래도 의욕이 넘치는 교사들이 학생들에게 목표를 갖게 하고, 그 목표를 향해 돌진할 수 있게 했다. 그 결과로 인헌고 학생들은 적어도 같은 수준의 다른 학교 아이들보다는 훨씬 더 나은 대학에 진학했다. 다른 일반고가 학생부가 7장이라면, 우리 아이들은 15장 이상을 일반적으로 지니게 되었다. 그럴 경우 입시에서 경쟁이 되지 않았다. 교사들의 노고는 대학에서 인정을 받았고, 학교 이름도 조금씩 지역을 넘어 멀리 퍼져나갔다. 그리하여 지방에서 찾아오거나, 심지어 자사고에서 전학 오는 아이들도 생겨났다.

우리 학교의 입시 사례를 말하자면 몇 개의 지면으로 소개해도 부족하다. 그것은 모두 혁신학교로서 시스템 정비와 진학과 관련된 치밀한 준비가 있었기에 가능한 일이었다. 무엇보다 업무와 진학의 일원화, 모든 교사의 목표를 진학에 맞춘 점이 성공을 가능하게 했다. 많은 학교의 경우에 진로 담당 교사는 입시를 모르고, 진학 담당 교사는 진로에 대한 이해가 부족했지만, 우리 학교의 경우에는 그것을 하나로 모아 시너지 효과를 거두게 했다. 교무혁신부, 연구부, 창체부, 학생자치부, 인문사회부 등이 학년부와 머리를 모아 아이디어를 내놓고 뒤를 받쳐주었다. 그리하여 자율, 동아리, 봉사, 진로 활동과 교내상, 진로 멘토링, 전문가 인터뷰, 구술 면접 준비 등이 활성화되었다. 그러자 내신 5.5등급 학생이 인하대 항공우주공학과에 들어가고, 내신 3등급이 넘는 학생들이 한양대와 중앙대에 들어가는 일이 발생했다. 심지어 내신 4등급인 학생들이 숭실대, 서울여대, 상명대 등에 들어가기도 했다. 1학년 때부터 어느 정도 준비를 한 아이들은 '인서울'에 쉽게 들어

갔다.

 학생부 종합 전형(입학사정관 전형)은 올해에도 인원이 크게 늘었고, 3년 예고제가 시행되어 앞으로 몇 년간 큰 변화가 올 것 같지는 않다. 그렇다면 이제 학교 활동이 부족한 고등학교는 대학에 아이들을 진학시킬 수 없는 시대가 된 것이다. 따라서 고등학교 교사는 대학의 면접관이 원하는 것을 준비하여 학생부를 '상품'처럼 내놓아야 했다. 그러자면 교사와 면접관은 서로 탐색하고 심지어 신경전을 벌이기도 해야 했다. 그래야 고등학교에서 대학이 요구하는 인재를 만들어주고, 대학이 관심을 가질 만한 학교 활동을 시켜줄 수 있었다. 또한 '과정 중심'의 교육과정을 충실히 실행해야 학생들이 신바람나는 고등학교 생활을 경험할 수 있게 되었다. 다시 말해 아이들의 열정과 창의성이 꽃피어야 좋은 대학을 들어갈 수 있는 시대가 된 것이다. 그러자면 교육부와 교육청은 혁신학교가 만개할 수 있도록 더욱 지원해야 할 것이다.

삶과 교육을 바꾸는 맘에드림 출판사 교육 도서

나는 혁신학교에 간다

경태영 지음 / 값 14,000원

공교육을 바꾸겠다는 거대한 희망을 품고 시작된 '혁신학교'. 이 책은 일곱 개 혁신학교의 이야기를 담고 있다. 지금 우리 교육이 변화하는 생생한 현장의 모습과 아이들이 꿈을 키우고 행복하게 공부하는 희망의 터로 새롭게 자리매김하는 학교들을 이 책에서 만날 수 있다.

혁신학교란 무엇인가

김성천 지음 / 값 15,000원

교육 공동체가 만들어내는 우리 시대 혁신학교 들여다보기. 혁신학교 전반에 관한 이야기를 다루고 있는 책으로, 공교육 안에서 혁신학교가 생기게 된 역사에서부터 혁신학교의 핵심 가치, 이론적 토대, 원리와 원칙, 성공적인 혁신학교의 모습을 보이고 있는 단위 학교의 모습까지 담아냈다.

학부모가 알아야 할 혁신학교의 모든 것

김성천, 오재길 지음 / 값 15,000원

학부모들을 위한 혁신학교 지침서!
'혁신학교에서는 무엇을, 어떻게 가르치고 있는지, 교사 · 학생 · 학부모는 어떻게 만나서 대화하고 관계를 맺어가는지, 어떤 교육 목표를 지향하고 있는지 등 이 책은 대한민국 학부모들의 궁금증에 친절하게 답을 한다.

덕양중학교 혁신학교 도전기

김삼진 외 지음 / 값 14,500원

이 책의 1부는 지난 4년 동안 덕양중학교가 시도한 혁신과 도전, 성장을 사실과 경험에 기반한 스토리텔링 방식의 성장기로 전개하고 있다. 그리고 2부는 지역사회와 협력하여 펼치고 있는 교육 프로그램, 배움의 공동체 수업 등을 현장 사례 중심의 교육적 에세이 형태로 담고 있다.

학교 바꾸기 그 후 12년

권새봄 외 지음 / 값 14,500원

MBC PD 수첩에 방영되어 화제가 되었던 남한산초등학교. 아이들이 모두 행복하고, 얼굴 표정이 밝은 아이들. 학교 가는 것을 무엇보다 좋아하고, 방학을 싫어하는 아이들. 수업과 발표를 즐겼던 이 학교를 졸업한 아이들이 그 후 12년의 삶을 세상에 이야기한다.

교사는 수업으로 성장한다

박현숙 지음 / 값 12,000원

그동안 교사는 수업에서 아이들을 만나지 못해왔다. 관계와 만남이 없는 성장의 결손을 낳았다. 그리하여 우리 아이들과 교사들은 모두 참 아프고 외로웠다. 이 책에서는 교사, 학생, 학부모, 지역사회가 공동체로서 서로 관계를 맺을 때에만 배움은 즐거운 활동으로서 모두가 성장하는 삶의 일부가 될 수 있음을 보여준다.

교사와 학부모가 함께 읽는 주제 통합 수업

김정안 외 지음 / 값 15,000원

'서울형 혁신학교'로 지정된 7개 혁신학교들이 지난 1~2년 동안 운영한 주제 중심 통합 교육 과정과 수업 사례를 소개한 책이다. 이 학교들의 교육과정은 전국적으로 이루어지는 혁신학교들의 성과를 반영하였고, 자신의 지역사회의 실제 환경과 경험을 살려 실제 수업에 적용한 것이다.

혁신교육 미래를 말한다

서용선 외 지음 / 값 14,000원

혁신교육은 2009년 이후 공교육 되살리기의 새로운 희망이 되어왔다. 이러한 정책을 입안하고 추진하는 데 기여해왔던 6명의 교사 출신 연구자들이 혁신교육 발전에 필요한 정책 과제들을 모아 하나의 책으로 제시한다. 이 책은 교육철학, 교육과정, 교육행정과 학교 운영(거버넌스) 등에서 주요 이슈들을 정리하고 혁신교육의 성과와 과제가 무엇인가를 보여준다.

수업을 살리는 교육과정

서우철 외 지음 / 값 16,500원

최근 교육과정을 재구성하는 논의가 활발한 가운데, 이 책에서는 개별 교과목과 교과서의 형식에 얽매이지 않고 아이들의 발달을 고려하여 주제를 중심으로 교육과정을 재구성하여 통합적으로 운영하는 방법과 구체적인 실천 사례를 설명하고 있다. 이러한 과정은 같은 학년을 맡고 있는 교사들의 토론과 협력을 통해서 이루어진 것임을 이야기한다.

수업 딜레마

이규철 지음 / 값 14,000원

이 책을 관통하는 키워드는 '사람'이다. 저자의 노하우를 전수하는 것이 아니라, 수업 속에서 딜레마에 맞닥뜨려 고통받고 있는 선생님들의 고민을 담고, 신념을 담고, 그것을 이겨내기 위한 한 분 한 분의 마음을 담고 있다. 이런 고민 속에 이 책을 집어 든 나를 귀하게 여기며 다시 한 번 교사로 잘 살아보고 싶은 도전을 하게 한다.

좋은 엄마가 스마트폰을 이긴다

깨끗한미디어를위한교사운동 지음 / 값 13,500원

스마트폰에 대한 아이들의 집착은 대단하다. 스마트폰은 '재미있고 편리하다.' 그러나 스마트폰 때문에 아이들은 시간을 빼앗기고, 건강이 나빠지고, 대화가 사라지며, 공부와 휴식, 수면마저 방해를 받는다. 이 책은 이러한 사례들을 생생하게 소개하고 부모들에게 아이들의 스마트폰 사용에 어떻게 대응해야 하는지 대안을 제시한다.

엄선생의 학급운영 레시피

엄은남 지음 / 값 14,000원

34년 경력의 현직 교사가 쓴 생동감 넘치는 학급운영 지침서. 초등학교에서 아이들은 문자와 숫자를 익히는 것보다 학교와 교실에서 낯설고 모험적인 사건을 겪으면서 더 많은 것을 배운다. 이 책은 초등학교에서 교과서 지식보다 더 중요한 역할을 하는 학교생활과 학급문화를 만드는 데 담임교사의 역할을 다룬다. 교사와 아이들이 서로 존중하고 신뢰하는 관계를 어떻게 만들어야 하는지 구체적인 경험과 사례로 설명해준다.

수업 디자인

남경운, 서동석, 이경은 지음 / 값 15,000원

서울형 혁신학교의 대표적인 수업 혁신을 담은 이야기. 아이들이 서로 협력하면서 배우는 수업을 목표로 삼은 저자들은 범교과 수업모임을 통한 공동 수업설계를 대안으로 제시한다. 아이들은 교사의 설명을 통해 배우는 것이 아니라 서로 '옥신각신'하며 함께 문제에 도전할 때 수업에 몰입하고 배우게 된다. 이 책은 이러한 수업을 위해서 교사들이 교과를 넘어 어떻게 협력하고 수업을 연구해야 하는지 잘 보여준다.

아이들이 가진 생각의 힘

데보라 마이어 지음 / 정훈 옮김 / 값 15,000원

미국 공교육 개혁의 전설적 인물 데보라 마이어가 전하는 교육 개혁에 대한 경이롭고도 신선한 제언. 이 책은 학교 혁신의 생생한 기록을 통해 우리가 학교에서 무엇을 왜 가르치고 배워야 하는지에 대한 근원적인 성찰을 담고 있다. 아이들이 지성적으로 생각하는 마음의 습관을 배우는 것이 얼마나 중요하고 그것을 위해 학교가 무엇을 해야 하는지를 일깨워준다.

어! 교육과정? 아하! 교육과정 재구성!

박현숙 · 이경숙 지음 / 값 16,500원

교육과정 재구성을 고민하는 교사를 위한 현장 지침서. 이 책은 저자들이 학교 현장에서 교육과정 재구성이라는 화두를 고민하고, 실행한 사례들이 담겨져 있다. 책의 내용은 주제 통합 수업, 교과 통합 수업, 범교과 주제 학습, 교과 체험 학습, 프로젝트 수업 등 학교 현장에서 적용해 큰 성과를 본 것들을 세밀하게 소개하면서 교육과정 재구성 작업의 노하우를 펼쳐 보인다.

행복한 나는 혁신학교 학부모입니다

서울형혁신학교학부모네트워크 지음 / 값 16,000원

이 책은 학부모가 자신의 눈높이에서 일러주는 아이들의 혁신학교 적응기일 뿐 아니라, 학부모 역시 학교를 통해 자신의 삶을 고양시켜가는 부모 성장기라는 점에서 대한민국의 모든 학부모에게 건네는 희망 보고서이기도 하다. 혁신학교가 궁금한 학부모들이 이 책을 통해 혁신학교 학부모로서의 체험을 미리 하는 데 부족함이 없을 것이다.

삶과 교육을 바꾸는 맘에드림 출판사 교육 도서

일반고 리모델링 혁신고가 정답이다

김인호, 오안근 지음 / 값 15,000원

교육 환경이 열악한 지역에 있던, 서울의 한 일반계 고등학교가 혁신학교로서 4년간 도전과 변화를 겪으면서 쌓은 진로, 진학의 비결을 우리 사회 모든 학생, 학부모, 교사, 시민 등에게 낱낱이 소개해주는 책. 이 책은 무엇보다 '혁신학교는 대학 입시에 도움이 안 된다.'는 세간의 편견을 말끔히 떨어 없앤다. 이 책에서 저자들은 '결과' 중심 교육과정을 '과정' 중심으로 바꾸고, 교내 대회와 동아리 활동, 봉사 활동을 장려함으로써 대학 진학이란 놀라운 결과가 어떻게 이루어질 수 있었는지 보여주고 있다.

우리가 신뢰하는 학교, 어떻게 만들 것인가?

데보라 마이어 지음 / 서용선 옮김 / 값 15,000원

이 책의 저자인 데보라 마이어는 보수와 진보를 막론하고 미국 공교육 개혁 분야에서 가장 신뢰받는 실천가이자 이론가로 평가받는다. 학교 안에서 '신뢰의 붕괴'를 오늘날 공교육이 직면한 가장 큰 도전으로 인식한다. 이 책의 원제 'In Schools We Trust'에서 나타나듯, 저자는 신뢰할 수 있는 공교육의 조건이 무엇인지 자신의 경험 속에서 제안하고, 탐색하고, 성찰한다.

교사, 어떻게 살아야 하는가

김성천 외 지음 / 값 15,000원

오랫동안 교육 현장에서 교육과 연구를 병행해온 저자 5인이 쓴 '신규 교사를 위한 이 시대의 교사론'. 이 책은 학교 구성원과의 관계 맺기부터 학교 현장에서 맞닥뜨리게 되는 여러 가지 문제들과 극복 방법, 교육 개혁에 어떻게 주체로 설 수 있는지, 어떤 과정을 통해 개인의 성장을 도모해야 하는지 등 신규 교사의 궁금점에 대해 두루 답하고 있다.

리셋, 교육과정 재구성

서울신은초등학교 교육과정 연구회 모임 지음 / 값 16,000원

서울형 혁신학교인 서울신은초등학교 교사들이 1학년부터 6학년까지 모든 학년의 교육과정을 재구성하고 실천한 경험을 모두 담았다. 이 책에 소개된 혁신학교 4년의 경험은 진정한 학습이란 몸과 마음을 통해 경험함으로써, 생각이나 감정을 다른 사람과 주고받음으로써, 과거 경험을 새로운 지식으로 다시 생각함으로써 실현된다는 점을 잘 보여주고 있다.

다섯 빛깔 교육이야기

이상님 지음 / 값 16,000원

충북 혁신학교(행복씨앗학교)인 청주 동화초등학교의 동화 작가 출신 선생님이 아이들과 함께 보낸 한해살이 이야기다. 이오덕 선생의 "아이들의 삶을 가꾸는 교육"을 고민하던 저자가 동화초 아이들을 만나면서 초등학생의 특성에 맞도록 활동 중심의 교육과정을 재구성하는 한편, 표현 위주의 교육을 위한 생활 글쓰기 교육을 실천하면서, 학교 교육을 아이들의 놀이와 생활, 삶과 연결시키고자 노력한 교단 일지를 바탕으로 구성되었다.

만들자, 학교협동조합

박주희 · 주수원 지음 / 값 14,500원

이 책은 학교협동조합이 무엇인지, 어떤 유형의 학교협동조합이 가능한지, 전국적으로 현재 학교협동조합의 추진 상황은 어떠한지 국내외 사례를 통해 소개하고 안내하는 한편, 학교협동조합을 운영하는 원리와 구체적인 교육방법을 상세하게 풀어놓고 있다. 저자들의 실천적 지침들을 따라가다 보면 학교협동조합은 더 이상 상상이 아니라 학교 구성원의 필요와 의지, 실천으로 극복할 수 있는 실현 가능한 미래라는 점을 알게 된다.

땀샘 최진수의 초등 수업 백과

최진수 지음 / 값 21,000원

초등학교에서 20여 년간 아이들을 가르쳐온 저자가 초등학교 수업에 대해서 기록하고 연구하고 실천하며 쌓아온 경험을 바탕으로 초등학생들과 수업을 함께하는 방법을 담고 있다. 아이들의 학습 동기, 아이들이 수업에 참여하는 방법, 칠판과 공책을 사용하는 방법, 모둠 활동, 교과별 수업, 조사와 발표 등 초등학교 교사가 아이들을 가르칠 때 알아야 할 가장 기본적이면서도 가장 중요한 모든 것을 다루고 있다.

혁신 교육 내비게이터 곽노현입니다

곽노현 편저 · 해제 / 값 17,000원

서울시 18대 교육감이자 첫 번째 진보 교육감으로서 혁신 교육을 펼쳤던, 곽노현은 우리 사회 전반을 아우르는 주요 교육 현안들을 이 책에서 포괄적으로 다루고 있다. 2014년 3월부터 1년간 방송된 교육 전문 팟캐스트 '나비 프로젝트' 인터뷰에 출연한 전문가들과 나눈 대화와 그에 대한 성찰적 후기를 담고 있다. 이 책은 그야말로 우리가 '지금 알아야 할 최소한의 교육 이야기'를 포괄하고 있다.

삶과 교육을 바꾸는 맘에드림 출판사 교육 도서

무엇이 학교 혁신을 지속가능하게 하는가

권성호, 김현철, 유병규 정진헌, 정훈 지음 / 값 14,500원

독일 '괴팅겐 통합학교', 미국 '센트럴파크이스트 중등학교', 한국 혁신학교의 사례들을 통해 성공적인 학교 혁신의 공통점을 찾아내고 그것을 지속가능하도록 만들기 위해서 필요한 것은 무엇인지를 보여준다. 독자들은 이 책에서 괴팅겐 통합학교의 볼프강 교장이 말한 것처럼 "좋은 학교"를 만들기 위한 학교 혁신에 세계적으로 보편적이라고 할 만한 공통점을 찾을 수 있다.

교과를 꽃 피게하는 독서 수업

시흥 혁신교육지구 중등 독서교육 연구회 지음 / 값 16,500원

이 책은 지난 5년 동안 진행된 혁신교육지구 사업의 일환으로 학교에서 고군분투하며 독서교육을 이끌어왔던 독서지도사들이 실천 경험을 엮어낸 것으로 청소년기 학생들에게 장래 진로, 사랑, 우정, 삶의 지혜를 찾는 데 도움을 주는 독서교육을 잘 보여주고 있다. 특히 이 책에 소개된 국어, 수학, 과학, 사회, 도덕, 미술, 역사 등 다양한 교과와 연계한 협력수업은 독서교육의 새로운 전망을 보여주는 결실이다.

혁신학교의 거의 모든 것

김성천, 서용선, 홍섭근 지음 / 값 15,000원

저자들은 이 책에서 혁신학교에 대한 100가지 질문에 답하면서 혁신학교의 역사, 배경, 현황, 평가와 전망을 구체적인 증거를 통해 설명하고 있다. 이 책에 서술된 혁신학교에 관한 100문 100답을 통하여 우리 사회에 필요한 교육은 무엇인지, 교사와 학생들이 더 즐겁게 가르치고 배우면서 성장할 수 있는 교육을 위해 필요한 것이 무엇인지, 그것을 위해서 우리 사회 시민 각자가 자신의 위치에서 무엇을 하면 좋은가를 더 깊이 생각해볼 기회를 얻을 것이다.

교실 속 비주얼씽킹

김해동 / 값 14,500원

이 책은 비주얼씽킹 기본기부터 시작하여 교과별 수업, 생활교육, 학급운영 등에 비주얼씽킹을 응용하는 방법을 설명하고 있다. 특히 교사들이 초등학교 1학년부터 고등학교 3학년까지 국어, 수학, 영어, 과학, 사회 등 모든 교과 수업에 비주얼씽킹을 활용할 수 있도록 수업 지도안을 상세하면서도 간결하게 제시하고 있다. 또한 독자들이 책 내용에 대해 더욱 풍부한 이미지와 자료를 접할 수 있도록 저자의 블로그로 연결되는 QR코드를 담고 있다.

교육과정-수업-평가 어떻게 혁신할 것인가

이형빈 지음 / 값 15,500원

이 책은 교육과정 사회학자 번스타인(Basil Bernstein)이 제시한 '재맥락화(recontextualized)'의 관점에 따라 저자가 장기간에 걸쳐 일반 학교 한 곳과 혁신학교 두 곳의 수업을 현장에서 면밀하게 관찰하고 심층 인터뷰와 설문조사를 통한 연구를 바탕으로 무기력과 불평등을 재생산하는 교실을 민주적이고 평등한 구조로 바꾸기 위해 교육과정-수업-평가를 어떻게 혁신해야 하는지 제안하는 내용을 담고 있다.

혁신학교 효과

한희정 지음 / 값 15,000원

이 책에서 혁신학교 효과를 살펴보기 위해서 저자가 접근하는 방법은 시험 점수보다 단순하지 않지만 훨씬 더 구체적이고 현실적이다. 저자는 혁신학교가 OECD DeSeCo 프로젝트에 제시된 '핵심 역량'을 가르치고 있는지, 학생·학부모·교사가 서로 배우는 교육 공동체를 이루고 있는지, 학생의 발달을 위한 다양한 교육과정을 운영하고 있는지, 교사의 자율성과 전문성을 강화하고 있는지, 자치적이고 민주적인 학교문화를 가지고 있는지, 지역사회와 협력하고 있는지를 다른 일반 학교와 비교하여 설명한다.

독자 여러분의 소중한 원고를 기다립니다

맘에드림 출판사는 독자 여러분의 소중한 원고를 기다리고 있습니다. 원고가 있으신 분은 nurio1@naver.com으로 원고의 간단한 소개와 연락처를 보내주시면 빠른 시간에 검토하여 연락을 드리겠습니다.